小型建设工程施工项目负责人岗位培训教材

建设工程法规及相关知识

小型建设工程施工项目负责人岗位培训教材编写委员会　编写

中国建筑工业出版社

图书在版编目（CIP）数据

建设工程法规及相关知识/小型建设工程施工项目负责人岗位培训教材编写委员会编写.—北京：中国建筑工业出版社，2013.8
小型建设工程施工项目负责人岗位培训教材
ISBN 978-7-112-15565-1

Ⅰ.①建… Ⅱ.①小… Ⅲ.①建筑法—中国—岗位培训—教材
Ⅳ.①D922.297

中国版本图书馆 CIP 数据核字（2013）第 143368 号

本书是《小型建设工程施工项目负责人岗位培训教材》中的一本，是各专业小型建设工程施工项目负责人参加岗位培训的参考教材。全书共分7章，包括建设工程的发包与承包，合同法律制度，建设工程安全生产法律制度，建设工程质量法律制度，建设工程环境保护、节约能源及文物保护法律制度，建设工程纠纷解决与法律责任，建设工程规模标准等。本书可供各专业小型建设工程施工项目负责人作为岗位培训参考教材，也可供各专业相关技术人员和管理人员参考使用。

* * *

责任编辑：刘　江　岳建光　王砾瑶
责任设计：李志立
责任校对：王雪竹　党　蕾

小型建设工程施工项目负责人岗位培训教材
建设工程法规及相关知识
小型建设工程施工项目负责人岗位培训教材编写委员会　编写

*

中国建筑工业出版社出版、发行（北京西郊百万庄）
各地新华书店、建筑书店经销
北京永峥排版公司制版
河北省零五印刷厂印刷

*

开本：787×1092毫米　1/16　印张：15¼　字数：370千字
2014年4月第一版　2014年4月第一次印刷
定价：**41.00**元
ISBN 978-7-112-15565-1
(24151)

小型建设工程施工项目负责人岗位培训教材

编 写 委 员 会

主　编：缪长江

编　委：（按姓氏笔画排序）

王　莹　　王晓峥　　王海滨　　王雪青

王清训　　史汉星　　冯桂烜　　成　银

刘伊生　　刘雪迎　　孙继德　　李启明

杨卫东　　何孝贵　　张云富　　庞南生

贺　铭　　高尔新　　唐江华　　潘名先

序

为了加强建设工程施工管理，提高工程管理专业人员素质，保证工程质量和施工安全，建设部会同有关部门自 2002 年以来陆续颁布了《建造师执业资格制度暂行规定》、《注册建造师管理规定》、《注册建造师执业工程规模标准》（试行）、《注册建造师施工管理签章文件目录》（试行）、《注册建造师执业管理办法》（试行）等一系列文件，对从事建设工程项目总承包及施工管理的专业技术人员实行建造师执业资格制度。

《注册建造师执业管理办法》（试行）第五条规定：各专业大、中、小型工程分类标准按《注册建造师执业工程规模标准》（试行）执行；第二十八条规定：小型工程施工项目负责人任职条件和小型工程管理办法由各省、自治区、直辖市人民政府建设行政主管部门会同有关部门根据本地实际情况规定。该文件对小型工程的管理工作做出了总体部署，但目前我国小型建设工程还未形成一个有效、系统的管理体系，尤其是对于小型建设工程施工项目负责人的管理仍是一项空白，为此，本套培训教材编写委员会组织全国具有丰富理论和实践经验的专家、学者以及工程技术人员，编写了《小型建设工程施工项目负责人岗位培训教材》（以下简称《培训教材》），力求能够提高小型建设工程施工项目负责人的素质；缓解"小工程、大事故"的矛盾；帮助地方建立小型工程管理体系；完善和补充建造师执业资格制度体系。

本套《培训教材》共 17 册，分别为《建设工程施工管理》、《建设工程施工技术》、《建设工程施工成本管理》、《建设工程法规及相关知识》、《房屋建筑工程》、《农村公路工程》、《铁路工程》、《港口与航道工程》、《水利水电工程》、《电力工程》、《矿山工程》、《冶炼工程》、《石油化工工程》、《市政公用工程》、《通信与广电工程》、《机电安装工程》、《装饰装修工程》。其中《建设工程施工成本管理》、《建设工程法规及相关知识》、《建设工程施工管理》、《建设工程施工技术》为综合科目，其余专业分册按照《注册建造师执业工程规模标准》（试行）来划分。本套《培训教材》可供相关专业小型建设工程施工项目负责人作为岗位培训参考教材，也可供相关专业相关技术人员和管理人员参考使用。

对参与本套《培训教材》编写的大专院校、行政管理、行业协会和施工企业的专家和学者，表示衷心感谢。

在《培训教材》的编写过程中，虽经反复推敲核证，仍难免有不妥甚至疏漏之处，恳请广大读者提出宝贵意见。

小型建设工程施工项目负责人岗位培训教材编写委员会

2013 年 9 月

前　言

　　小型工程施工项目负责人培训教材是根据小型工程施工项目负责人的特点和存在问题而专门编写的，目的是帮助地方建立小型工程管理体系；提高小型工程施工项目负责人素质，促进工程质量安全水平提高；缓解"小工程、大事故"矛盾；完善和补充建造师执业资格制度体系。

　　《建设工程法规及相关知识》共分 7 章，包括建设工程的发包与承包、合同法律制度、建设工程安全生产法律制度、建设工程质量法律制度、建设工程环境保护、节约能源及文物保护法律制度、建设工程纠纷解决与法律责任以及建设工程规模标准等内容。全书突出综合性、通用性、基础性、普遍适用性，力求简明通俗、理论与实践紧密结合，每章均配有大量的案例分析，供读者参考学习。

　　本书由李启明任主编，吴伟巍、袁竞峰任副主编。本书不足之处，敬请读者批评指正。

目　　录

第1章 建设工程的发包与承包

1.1 建设工程招标与投标

1.1.1 小型工程招标活动的原则及适用范围

1.1.1.1 原则

依据《中华人民共和国招标投标法》第 5 条规定，招标投标活动应当遵守公开、公平、公正和诚实信用的原则。同时，根据小型工程的特点，应坚持投标的平等性，评标的公正性，定标的合理性，以及整个招标投标过程的简便快速性。总结而言，即为依法办事、透明公正、诚实守信、操作简便、节约成本、保证质量。

招标投标行为是市场经济的产物，并随着市场的发展而发展，必须遵循市场经济活动的基本原则。各国立法及国际惯例普遍确定，招标投标活动必须遵循公开、公平、公正的原则。例如，《世界银行贷款项目国内竞争性招标采购指南》中规定："本指南的原则是充分竞争，程序公开，机会均等，公平一律地对待所有投标人，并根据事先公布的标准将合同授予最低评标价的投标人"。《联合国贸易法委员会货物、工程和服务采购示范法》在立法宗旨中写道："促进供应商和承包商为供应拟采购的货物、工程或服务进行竞争，规定给予所有供应商和承包商以公平和平等的待遇，促使采购过程诚实、公平，提高公众对采购过程的信任"。

所谓"公开"原则，就是要求招标投标活动具有高的透明度，实行招标信息、招标程序公开，即发布招标通告，公开开标，公开中标结果，使每一个投标人获得同等的信息，知悉招标的一切条件和要求。"公平"原则，就是要求给予所有投标人平等的机会，使其享有同等的权利并履行相应的义务，不歧视任何一方。"公正"原则，就是要求评标时按事先公布的标准对待所有的投标人。鉴于"三公"原则在招标投标活动中的重要性，《招标投标法》始终以其为主线，在总则及各章的各个条款中予以具体体现。

所谓诚实信用原则，也称诚信原则，是民事活动的基本原则之一。《中华人民共和国民法通则》第 4 条规定，"民事活动应当遵循自愿、公平、等价有偿、诚实信用的原则。"这条原则的含义是，招标投标当事人应以诚实、善意的态度行使权利，履行义务，以维持双方的利益平衡，以及自身利益与社会利益的平衡。在当事人之间的利益关系中，诚信原则要求尊重他人利益，以对待自己事务的注意对待他人事务，保证彼此都能得到自己应得的利益。在当事人与社会的利益关系中，诚信原则要求当事人不得通过自己的活动损害第三人和社会的利益，必须在法律范围内以符合其社会经济目的的方式行使自己的权利。从这一原则出发，《招标投标法》规定了不得规避招标、串通投标、泄露标底、骗取中标、转包合同等诸多义务，要求当事人遵守，并规定了相应的罚则。

1

1.1.1.2 招标的项目范围和规模标准

依据《中华人民共和国招标投标法》第3条规定，在中华人民共和国境内进行下列工程建设项目包括项目的勘察、设计、施工、监理以及与工程建设有关的重要设备、材料等的采购，必须进行招标：

（1）大型基础设施、公用事业等关系社会公共利益、公众安全的项目；

（2）全部或者部分使用国有资金投资或者国家融资的项目；

（3）使用国际组织或者外国政府贷款、援助资金的项目。

同时，《工程建设项目招标范围和规模标准规定》第7条指出：包括项目的勘察、设计、施工、监理以及与工程建设有关的重要设备、材料等的采购，达到下列标准之一的，必须进行招标：

（1）施工单项合同估算价在200万元人民币以上的；

（2）重要设备、材料等货物的采购，单项合同估算价在100万元人民币以上的；

（3）勘察、设计、监理等服务的采购，单项合同估算价在50万元人民币以上的；

（4）单项合同估算价低于第（1）、（2）、（3）项规定的标准，但项目总投资额在3000万元人民币以上的。

因此，使用国有资金的小型工程均应进行招标，并按各地规定采用相应的招标方式。各地的做法并不一致。

例如，江苏省南京市对于国有资金投资小型建设工程（实行公开招标投标的项目除外）的规定包括：（1）施工单项合同在10万~100万元（含10万，不含100万元）的项目；（2）勘探、设计、监理等服务项目，单项合同估算价在5万~30万元（含5万，不含30万元）；（3）与建设工程有关的非政府采购部分的设备和材料的采购，单项合同估算价在10万~50万元的项目；（4）前面三项是指项目总投资低于2000万元的项目（不含2000万元）。如安徽省淮北市规定全部使用国有资金投资或者国有资金投资占控股或者主导地位，以及国家融资的小型工程建设招标范围为施工单项合同估价在50万元人民币以下、20万元人民币以上的所有类别的工程和土地整治、农业综合开发等项目，类别相同的市政园林维修工程应实行打捆招标。

江苏省泰州市则规定政府投资的小型建设工程项目是指投资估算额在10万元以上、50万元以下的建设工程项目，包括房屋建筑、市政基础设施、设备安装、桩基、材料设备采购、管道敷设、装饰装修、绿化等。

浙江省桐乡市对国有、集体资金投资并负责实施的各类小型工程建设项目的总承包、勘察、设计、施工、监理以及设备、材料采购等进行了规定，指投资额不满50万元人民币的工程建设项目（含建筑安装、市政、装饰、绿化、水利、交通、拆房、土地整理、农综项目等），小型工程建设项目符合后面标准之一的，必须进行招标：（1）施工单项合同或总变更估算价5万元以上，不满50万元的；（2）设备材料等货物的采购，单项合同估算价5万元以上，不满50万元的；（3）勘察、设计、监理等服务的采购，单项合同估算价5万元以上，不满20万元的。

因此，应根据工程所在地的具体规定来确定相应的招标范围、规模和标准。

需要明确的是，使用国有资金投资项目的范围可以依据《工程建设项目招标范围和规模标准规定》第4条来确定，应包括：（1）使用各级财政预算资金的项目；（2）使用纳入财政管理的各种政府性专项建设基金或行政事业性收费资金的项目；（3）国有企事业单位自有资金或借贷资金的项目；（4）使用各街道、各部门、各单位自有资金或者借贷资金的项目；（5）使用村、社区集体资金的项目。

1.1.2　发包制度与招标方式

进行招标的小型工程建设项目，应当具备相应的条件包括：（1）已办理了规定的手续；（2）有相应的资金或资金来源已经落实；（3）有设计图纸及技术资料；（4）按规定应当具备的其他条件。

小型工程建设项目的招标可分为公开招标和邀请招标。公开招标是指招标人以招标公告的方式邀请不特定的法人或者其他组织投标。邀请招标是指招标人以投标邀请书的方式邀请特定的法人或者其他组织投标。

原则上应采用公开招标的方式确定承包人，应由招标人通过工程所在地招标采购管理部门发布招标信息。对一些有特殊专业要求或拟公开招标的费用与项目的价值相比不值得的，经相关部门招标投标管理领导小组批准后，可进行邀请招标，参加邀请投标的单位不得少于3家，且应符合承担相应工程的资质要求。对于特殊情形的小型建设工程项目，可采用竞争性谈判或询价择优方式直接发包，具体要求和注意点详见第1.2节。

1.1.3　发包制度中的禁止性规定

1. 禁止发包单位将建设工程肢解发包

肢解发包指的是建设单位将应当由一个承包单位完成的建设工程分解成若干部分发包给不同的承包单位的行为。肢解发包的弊端在于：

（1）肢解发包可能导致发包人变相规避招标。发包人可能会将大的工程项目肢解成若干小的工程项目，使得每一个小的工程项目都不满足关于招标规模和标准的规定，从而达到了变相规避招标的效果。

（2）肢解发包会不利于投资和进度目标的控制。肢解发包意味着本来应该由一家承包商完成的项目，现在由两家或者两家以上的承包商完成了。这就会使得一些岗位出现重复设置的人员，也不利于各工序的协调，难以形成流水作业。这些弊端的结果就是不利于投资和进度目标的控制。

（3）肢解发包也会增加发包的成本。肢解发包必然会使得发包的次数增加，这就必然会导致发包的费用增加。

（4）肢解发包增加了发包人管理的成本。肢解发包会导致合同数增加，这就必然会导致发包人在管理上会增加难度，进一步导致发包人在合同管理上会增加成本。

由于肢解发包存在上面这些弊端，所以，《建筑法》第24条规定，"禁止将建筑工程肢解发包，不得将应当由一个承包单位完成的建筑工程肢解成若干部分发包给几个承包单位"。

2. 禁止违法采购

工程建设项目不符合《工程建设项目招标范围和规模标准规定》（原国家计委令第3号）规定的范围和标准的小规模的建筑材料、建筑构配件和设备的采购主要有三种形式：

（1）由建设单位负责采购；

（2）由承包商负责采购；

（3）由双方约定的供应商供应。

按照合同约定，建筑材料、建筑构配件和设备由工程承包单位采购的，发包单位不得指定承包单位购入用于工程的建筑材料、建筑构配件和设备或者指定生产厂、供应商。

1.1.4　招标程序、组织形式和招标代理

1. 招标人应当具备的条件

小型建设工程项目采取招标方式发包的，招标人应当具备下列条件：（1）具有法人资格或依法成立的其他组织；（2）具有与招标工程相适应的技术、经济及管理人员；（3）具备编制招标文件和组织评标的能力；（4）不具备前款第2、3项条件的，应当委托具有相应资质的招标代理机构代理招标。

2. 招标程序

小型工程的招标程序各异，一般可以归纳为：（1）招标人向招标投标管理机构提出招标申请；（2）研究确定招标方案，编制招标文件和评标办法；（3）发布招标公告或发出招标邀请书；（4）按招标公告要求接受潜在投标人的报名；（5）在规定的时间内向潜在投标人出售或发放招标文件；（6）在规定的时间和地点接受潜在投标人的投标文件，并组织开标；（7）按招标文件确定的评标办法进行评标；（8）确定中标候选人名单，并形成书面评标报告；（9）对拟中标人进行3个工作日公示；（10）发出中标通知书；（11）按规定签订承包合同和工程建设廉政合同。

3. 招标公告与资格审查

招标公告应包括招标人的名称和地址，招标项目性质、规模、实施时间，资格审查的条件、标准和方法以及确定潜在投标人的方式。招标人不得以不合理的条件限制或排斥潜在投标人。资格审查分为资格预审和资格后审。资格预审，是指在投标前对潜在投标人进行的资格审查。资格后审，是指在开标后对投标人进行的资格审查。进行资格预审的，一般不再进行资格后审，但招标文件另有规定的除外。

资格审查应主要审查潜在投标人或者投标人是否符合下列条件：

（1）具有独立订立合同的权利；

（2）具有履行合同的能力，包括专业、技术资格和能力，资金、设备和其他物质设施状况，管理能力，经验、信誉和相应的从业人员；

（3）没有处于被责令停业，投标资格被取消，财产被接管、冻结，破产状态；

（4）在最近三年内没有骗取中标和严重违约及重大工程质量问题；

（5）法律、行政法规规定的其他资格条件。

资格审查时，招标人不得以不合理的条件限制、排斥潜在投标人或者投标人，不得对潜在投标人或者投标人实行歧视待遇。任何单位和个人不得以行政手段或者其他不合理方式限制投标人的数量。

4. 招标文件的内容

小型建设工程项目招标文件应包括投标报价要求和评标标准等所有实质性要求以及拟签订合同的主要条款。依据《中华人民共和国招标投标法》第19条规定，"招标人应当根据招标项目的特点和需要编制招标文件。招标文件应当包括招标项目的技术要求、对投

标人资格审查的标准、投标报价要求和评标标准等所有实质性要求和条件以及拟签订合同的主要条款。国家对招标项目的技术、标准有规定的，招标人应当按照其规定在招标文件中提出相应要求。招标项目需要划分标段、确定工期的，招标人应当合理划分标段、确定工期，并在招标文件中载明。"

小型工程招标文件的内容一般包括：（1）投标须知；（2）工程项目的综合说明：工程名称、工程地点、发包范围、发包方式、开竣工日期、质量要求等；（3）投标保证金和履约保证金数额；（4）完整的施工图设计文件等资料；（5）采用的技术规范，工程质量要求、检查标准；（6）工程款支付方式；（7）投标文件的编制要求，评标、定标办法；（8）拟订立合同的主要条款；（9）招标投标日程安排；（10）其他需要说明的事项。

5. 标底的编制

依据《工程建设项目施工招标投标办法》第34条，招标人可根据项目特点决定是否编制标底。编制标底的，标底编制过程和标底必须保密。招标项目编制标底的，应根据批准的初步设计、投资概算，依据有关计价办法，参照有关工程定额，结合市场供求状况，综合考虑投资、工期和质量等方面的因素合理确定。标底由招标人自行编制或委托中介机构编制。一个工程只能编制一个标底。任何单位和个人不得强制招标人编制或报审标底，或干预其确定标底。招标项目可以不设标底，进行无标底招标。同时，在各地小型工程实施过程中出现了"明标暗投"和"明标明投"两种做法。

江苏省泰州市规定小型建设工程项目采取招标方式发包的，一般应采用"明标暗投"的方式报价。即招标人委托有资质的中介单位编制工程预算，在开标前公布或发放给所有投标人，投标人依据发放的工程预算，结合企业自身实际情况，进行投标报价，同时对绿化、装饰装修、广场建设等专业性较强的小型建设工程项目不适宜编制工程正式预算的，招标人应编制发放工程量清单。小型建设工程项目采用"明标暗投"方式报价的，招标人可以在招标文件中明确期望中标价（招标人期望中标价一般为工程正式预算价的93%），高于招标人期望中标价的投标文件作为无效投标文件处理。

江苏省南京市则推行了"明标明投"的做法：发包人不采取公开招标方式发包的，在发包人确定发包价后，通过小型工程电子发包系统公开发布发包信息，接受具备相应资质、已进入小型工程施工企业管理库、承诺接受所有发包条件的潜在承包人报名，并采用电脑随机抽取方式确定承包人的发包方式。南京市的小型工程发包文件编制均由中介机构完成，已经依法成立并有相应资金或资金来源已经落实的发包人，可以从中介机构库中选择具备相应资质的中介机构编制发包文件。发包文件应包括发包范围内容、施工图纸、工程量清单及造价、质量安全和工期要求、合同条款等内容。关于发包信息发布和报名。发包人应当在指定信息网站发布发包公告和发包文件，公告发布时间不得少于2个工作日。潜在承包人实行网上报名，且应在报名有效期内，按照发包文件的规定提交承诺书，并同时完成报名工作。

浙江省江山市则规定，小型建设工程招标标底一般应采用明标底，一个工程招标项目只能编制一个标底，一个标段只能有一个标底，作为投标有效报价的最高限价。小型建设工程招标标底，原则上以核准的工程概算扣除适当下浮额确定，下浮率参照该市的建设工程施工招标评标办法执行。招标人没有编制的工程预算能力的，应当委托中介机构编制。

6. 招标组织形式

招标组织形式包括自行招标和委托招标。依据《工程建设项目施工招标投标办法》第21条，招标人符合法律规定的自行招标条件的，可以自行办理招标事宜。任何单位和个人不得强制其委托招标代理机构办理招标事宜。

7. 招标代理

《工程建设项目施工招标投标办法》第22条规定，招标代理机构应当在招标人委托的范围内承担招标事宜。招标代理机构可以在其资格等级范围内承担下列招标事宜：

（1）拟订招标方案，编制和出售招标文件、资格预审文件；

（2）审查投标人资格；

（3）编制标底；

（4）组织投标人踏勘现场；

（5）组织开标、评标，协助招标人定标；

（6）草拟合同；

（7）招标人委托的其他事项。

招标代理机构不得无权代理、越权代理，不得明知委托事项违法而进行代理。招标代理机构不得接受同一招标项目的投标代理和投标咨询业务；未经招标人同意，不得转让招标代理业务。

1.1.5 投标的要求

1. 投标人资格

投标人是响应招标、参加投标竞争的法人或者其他组织。投标人应当具备承担招标项目的能力，国家有关规定对投标人资格条件或招标文件对投标人资格条件有规定的，投标人应当具备规定的资格条件。

投标人应当具备承担招标项目的能力，对于建设工程投标来讲，其实质就是投标人应当具备法律法规规定的资质等级。对于建设工程施工企业，这种能力体现在不同资质等级的认定上。对于小型工程而言，投标人的资质依然可参考《建筑业企业资质管理规定》（2007年6月26日建设部发布）。根据该规定，建筑业企业资质分为施工总承包、专业承包和劳务分包三个序列，每个序列各有其相应的等级规定。对于建设工程勘察设计企业来讲，其法律依据为《建设工程勘察设计企业资质管理规定》（2007年6月26日建设部发布），根据该规定，工程勘察资质分为工程勘察综合资质、工程勘察专业资质、工程勘察劳务资质；工程设计资质分为工程设计综合资质、工程设计行业资质、工程设计专项资质。每种资质各有其相应等级（工程勘察设计综合资质只设甲级）。

《建筑业企业资质管理规定》和《建设工程勘察设计企业资质管理规定》规定了各资质等级具有不同的承担工程项目的能力，各企业应当在其资质等级范围内承担工程。

需要注意的是，根据《建筑业企业资质管理规定》和《建筑工程勘察设计企业资质管理规定》的有关规定，新设立的建筑业企业或建设工程勘察设计企业，到工商行政管理部门办理登记注册手续并取得企业法人营业执照后，方可到建设行政主管部门办理资质申请手续。这些规定，实际上就把建设工程施工和勘察、设计投标人的资格限定在企业法人上。

投标人应符合的其他条件。招标文件对投标人的资格条件有规定的，投标人应当符合该规定的条件。

此外，根据《国家基本建设大中型项目实行招标投标的暂行规定》中规定的条件，参加建设项目主体工程的设计、建筑安装和监理以及主要设备、材料供应等投标单位，必须具备下列条件：

（1）具有招标条件要求的资质证书，并为独立的法人实体；

（2）承担过类似建设项目的相关工作，并有良好的工作业绩和履约记录；

（3）财产状况良好，没有财产被接管、破产或者其他关、停、并、转状态；

（4）在最近三年没有参与骗取合同以及其他经济方面的严重违法行为；

（5）近几年有较好的安全记录，投标当年内没有发生重大质量、特大安全事故。

一些地区对小型工程承包商采取了建立施工企业管理库的管理办法，因而投标资格更为严格。如江苏省南京市建邺区规定，承建政府投资小型工程的施工单位出现下列情形之一的，将被系统锁定，半年内将不得参与建邺区政府投资小型工程报名抽签。

（1）一年内信用满意度评价三次被发包单位评定为不满意的。

（2）中签后无故放弃承包权或不与发包单位签订合同，拒绝接受业务的。

（3）项目负责人及项目部主要人员不按规定到场上岗的。

（4）将承包的工程转包或违反规定进行分包的。

（5）不按时进场施工，不能按时按质按量完成施工任务的。

该区同时也对施工企业管理库采用了动态管理的办法，在该区承建政府投资小型工程的施工单位出现下列情形之一的，将被清除出建邺区政府投资工程施工企业管理库。

（1）随意进行工程变更，随意提高工程造价的。

（2）不落实安全生产责任制的。

（3）不服从行政管理部门监督管理的。

（4）虚假、恶意投诉的。

（5）其他违法和不诚信行为。

2. 投标文件

《招标投标法》第27条规定，投标人应当按照招标文件的要求编制投标文件。投标文件应当对招标文件提出的实质性要求和条件做出响应。招标项目属于建设施工的，投标文件的内容应当包括拟派出的项目负责人与主要技术人员的简历、业绩和拟用于完成招标项目的机械设备等。

依据《工程建设项目施工招标投标办法》第37条，招标人可以在招标文件中要求投标人提交投标保证金。投标保证金除现金外，可以是银行出具的银行保函、保兑支票、银行汇票或现金支票。投标保证金一般不得超过投标总价的2%，但最高不得超过80万元人民币。投标保证金有效期应当超出投标有效期30天。投标人应当按照招标文件要求的方式和金额，将投标保证金随投标文件提交给招标人。投标人不按招标文件要求提交投标保证金的，该投标文件将被拒绝，作废标处理。由于小型工程规模较小，一些地区也直接给出投标保证金的最高额度，如江苏省泰州市规定招标人在招标文件中要求投标人提供投标担保的，其数额不得超过1000元。

投标人应当在招标文件规定的投标截止时间前，将投标文件按招标文件的规定密封后，送达指定地点由招标人签收。在开标前，任何单位和个人均不得开启投标文件。在招标文件要求提交投标文件的截止时间后送达的投标文件，为无效的投标文件，招标人应当拒收。提交投标文件的投标人少于3个的，招标人应当重新组织招标。重新组织招标后投标人仍少于3个的，经有关部门批准后可以不再进行招标，或者对2家合格投标人进行开标和评标。

投标报价通常可采用施工图预算报价、实物工程量清单报价、综合单价报价等形式，依据招标文件的要求变化。投标人在投标截止时间前，可以补充、修改、替代或者撤回已提交的投标文件，并书面通知招标人。补充、修改的内容为投标文件的组成部分。投标人撤回投标文件的，其投标保证金将被没收。

3. 联合体投标

工程建设联合体投标指的是由两个或两个以上实行独立核算、能够独立承担民事责任、均具备承担招标项目的相应能力及资质条件的法人或其他组织自愿组成临时的、松散型的联合体，对招标人及招标项目以一个投标人的身份共同投标的行为。

我国《招标投标法》第31条第4款、《工程建设项目施工招标投标办法》第42条第1款规定：两个以上的法人或者其他组织可以组成一个联合体，以一个投标人的身份共同投标。《建筑法》第27条规定：大型建筑工程或者结构复杂的建筑工程，可以由两个以上承包单位联合共同承包。

小型工程同样允许联合体投标。虽然小型工程的工程量偏小，复杂度不高，但是联合体投标仍具有优势，受到建设单位的认可：（1）是拥有专业施工队伍。联合体各方充分利用自己作业队伍专长的优势强强联合，对所建设工程项目提供了专业化施工作业人员保证；（2）是掌握先进技术水平。可以填补各方的技术缺口、提高企业竞争力以及分散、降低企业经营风险，发挥各成员的专业特长、确保建设工程质量与工期；（3）是承担风险能力增强。联合体成员相互承担法定的连带责任，有利于分散风险，使建设单位更有保障。

4. 禁止投标人实施的不正当竞争行为

（1）投标人相互串通投标报价。包括：

1）投标人之间相互约定抬高或降低投标报价；

2）投标人之间相互约定，在招标项目中分别以高、中、低价位报价；

3）投标人之间先进行内部竞价，内定中标人，然后再参加投标；

4）投标人之间其他串通投标报价行为。

（2）投标人与招标人串通投标。包括：

1）招标人在开标前开启投标文件，并将投标情况告知其他投标人，或者协助投标人撤换投标文件，更改报价；

2）招标人向投标人泄露标底；

3）招标人与投标人商定，投标时压低或抬高标价，中标后再给投标人或招标人额外补偿；

4）招标人预先内定中标人；

5）其他串通投标行为。

（3）以向招标人或者评委会成员行贿的手段谋取中标。

（4）以低于成本的报价竞标，所谓"成本"，应指投标人的个别成本，该成本一般应根据投标人的企业定额测定。

（5）以他人名义投标或以其他方式弄虚作假，骗取中标。

5. 相关法律责任

（1）串通投标的法律责任

《工程建设项目施工招标投标办法》第74条规定，投标人相互串通投标或者与招标人串通投标的，投标人以向招标人或者评标委员会成员行贿的手段谋取中标的，中标无效，由有关行政监督部门处中标项目金额千分之五以上千分之十以下的罚款，对单位直接负责的主管人员和其他直接责任人员处单位罚款数额百分之五以上百分之十以下的罚款；有违法所得的，并处没收违法所得；情节严重的，取消其1~2年的投标资格，并予以公告，直至由工商行政管理机关吊销营业执照；构成犯罪的，依法追究刑事责任。给他人造成损失的，依法承担赔偿责任。

（2）骗取中标的法律责任

《工程建设项目施工招标投标办法》第75条规定，投标人以他人名义投标或者以其他方式弄虚作假，骗取中标的，中标无效，给招标人造成损失的，依法承担赔偿责任；构成犯罪的，依法追究刑事责任。

依法必须进行招标项目的投标人有前款所列行为尚未构成犯罪的，有关行政监督部门处中标项目金额千分之五以上千分之十以下的罚款，对单位直接负责的主管人员和其他直接责任人员处单位罚款数额百分之五以上百分之十以下的罚款；有违法所得的，并处没收违法所得；情节严重的，取消其1~3年投标资格，并予以公告，直至由工商行政管理机关吊销营业执照。

1.1.6 开标、评标、定标

1. 开标程序

开标应当在招标文件确定的提交投标文件截止时间的同一时间公开进行；开标地点应当为招标文件中确定的地点。开标由招标人主持，邀请所有投标人参加。开标前，应该通知有关行政管理部门，由纪检监察组织对开标、评标、定标的现场进行监督。开标时，由招标人或者其推选的代表检查投标文件的密封情况，经确认无误后，由工作人员当众拆封，宣读投标人名称及有关内容。

所有投标人的法定代表人或者其委托的代理人以及项目经理（或总监等），应当按时参加开标会议，并出示身份证和有关证书。投标人未派人参加开标会，或规定应到会人员未到会，或者未在规定时间到会的，均视作放弃投标。

开标过程应当记录，并存档备查。

2. 评标的相关内容

投标文件有下列情形之一的，由评标委员会初审后按废标处理：

（1）无单位盖章并无法定代表人或者法定代表人授权的代理人签字或盖章的；

（2）未按规定的格式填写，内容不全或关键字迹模糊，无法辨认的；

（3）投标人递交两份或多份内容不同的投标文件，或在一份投标文件中对同一招标项目有两个或多个报价，且未声明哪一个有效的；

（4）投标人名称或组织结构与资格预审时不一致的。

评标由招标人依法组建的评标委员会负责。评标委员会由招标人的代表和具有相应经济、技术方面专业知识的人员组成，总人数为5人以上的单数。其中专业人员总数不得少于三分之二。项目主管部门或者监督部门的人员不得担任评委，与投标有利害关系的人不得进入评标委员会。招标人对评标方法和标准应当在招标文件中予以确定。评标采用符合法律、法规规定的评标方法。

一般按照"在确保工程质量的前提下，价格合理最低者中标"的办法评标和确定中标人。评标一般可采用综合评估法或评审的最低投标价法。对技术、性能有特别要求的工程建设项目，可采用综合评估法（分综合评分和综合评议两种办法）。对技术要求不高如普通小型工程建设、道路、农综等项目，可以采用经评审的最低投标价法。如有特殊原因的，可采取综合评估法、公开抽取法等其他的评标办法来确定中标人，但评标办法应在招标文件中予以明确。各投标人根据项目招标文件有关质量和技术等要求自行报价（不得高于招标人的上限价），报价最低者为中标人（不得低于企业的合理价）。如果出现最低报价相同，进行下一轮报价。

在一些地区，如安徽淮北、江苏南京、江苏泰州等采用了随机抽取法：

（1）对投标人进行资格审查（企业法人营业执照、资质证书、项目负责人资质证书等），经资格审查合格的投标人即可参加随机抽取中标人；

（2）招标人委托有资质的机构进行标底（控制价）编制；

（3）根据工程情况确定下浮率（5%~15%不等）；

（4）确定中标价：中标价=控制价×（1-下浮率）；

（5）由招标人从资质审查合格的报名投标企业中随机抽取一人作为代表；

（6）由代表人随机抽取中标单位，抽中者即为中标人，并抽取一定数量的备选单位。

3. 中标与签订合同

评标委员会或评标小组完成评标后，应当向招标人提交书面评标报告，推荐1~3名有排序的中标候选人。中标人应由招标人当众认定并宣布，同时以书面形式进行公告。

招标人和中标人应当自中标通知书发出之日起30日内，按照招标文件和中标人的投标文件订立书面合同。招标人和中标人不得再行订立背离合同实质性内容的其他协议。

招标文件要求中标人提交履约保证金或者其他形式履约担保的，中标人应当提交；拒绝提交的，视为放弃中标项目。招标人要求中标人提供履约保证金或其他形式履约担保的，招标人应当同时向中标人提供工程款支付担保。招标人不得擅自提高履约保证金，不得强制要求中标人垫付中标项目建设资金。招标人与中标人签订合同后5个工作日内，应当向未中标的投标人退还投标保证金。

4. 相关法律责任

（1）招标人的违规行为

招标人不按规定期限确定中标人的，或者中标通知书发出后，改变中标结果的，无正当理由不与中标人签订合同的，或者在签订合同时向中标人提出附加条件或者更改合同实质性内容的，有关行政监督部门给予警告，责令改正，根据情节可处三万元以下的罚款；造成中标人损失的，并应当赔偿损失。

招标人不履行与中标人订立的合同的，应当双倍返还中标人的履约保证金；给中标人造成的损失超过返还的履约保证金的，还应当对超过部分予以赔偿；没有提交履约保证金的，应当对中标人的损失承担赔偿责任。因不可抗力不能履行合同的，不适用前款规定。

（2）中标人的违规行为

中标通知书发出后，中标人放弃中标项目的，无正当理由不与招标人签订合同的，在签订合同时向招标人提出附加条件或者更改合同实质性内容的，或者拒不提交所要求的履约保证金的，招标人可取消其中标资格，并没收其投标保证金；给招标人的损失超过投标保证金数额的，中标人应当对超过部分予以赔偿；没有提交投标保证金的，应当对招标人的损失承担赔偿责任。

中标人将中标项目转让给他人的，将中标项目肢解后分别转让给他人的，违法将中标项目的部分主体、关键性工作分包给他人的，或者分包人再次分包的，转让、分包无效，有关行政监督部门处转让、分包项目金额千分之五以上千分之十以下的罚款；有违法所得的，并处没收违法所得；可以责令停业整顿；情节严重的，由工商行政管理机关吊销营业执照。

中标人不履行与招标人订立的合同的，履约保证金不予退还，给招标人造成的损失超过履约保证金数额的，还应当对超过部分予以赔偿；没有提交履约保证金的，应当对招标人的损失承担赔偿责任。

中标人不按照与招标人订立的合同履行义务，情节严重的，有关行政监督部门取消其2～5年参加招标项目的投标资格并予以公告，直至由工商行政管理机关吊销营业执照。

（3）招标人与中标人共同违规

招标人与中标人不按照招标文件和中标人的投标文件订立合同的，招标人、中标人订立背离合同实质性内容的协议的，或者招标人擅自提高履约保证金或强制要求中标人垫付中标项目建设资金的，有关行政监督部门责令改正；可以处中标项目金额千分之五以上千分之十以下的罚款。

1.2　建设工程直接发包

1.2.1　我国对建设项目招标发包的法律规定

我国法律将建设项目分为依法必须进行招标的项目和依法必须进行招标的项目以外的项目，法律、法规和国务院部门规章对前者进行了明确规定。

《建筑法》第29条规定：建筑工程依法实行招标发包，对不适于招标发包的可以直接发包；第22条规定：建筑工程实行招标发包的，发包单位应当将建筑工程发包给依法中标的承包单位。建筑工程实行直接发包的，发包单位应当将建筑工程发包给具有相应资质条件的承包单位。这是法律对招标发包和直接发包的基本规定。

《招标投标法》第3条规定：在中华人民共和国境内进行下列工程建设项目，包括项目的勘查、设计、施工、监理以及与工程建设有关的重要设备、材料等的采购，必须进行招标：

（1）大型基础设施、公用事业等关系社会公共利益、公众安全的项目；

（2）全部或部分使用国有资金投资或者国家投资的项目；

（3）使用国际组织或者外国政府贷款、援助资金的项目。前款所列项目的具体范围和规模标准，由国务院发展计划部门会同国务院有关部门制订，报国务院批准。法律或者国务院对必须进行招标的其他项目的范围有规定的，依照其规定。

《招标投标法》第4条规定：任何单位和个人不得将依法必须进行招标的项目化整为零或者以其他任何方式规避招标。这是法律对依法必须进行招标的项目范围的直接规定，即关系社会公共利益、公众安全大型基础设施、公用事业的项目、使用国有资金、国家融资和国际扶持资金的项目必须依法进行招标，这些项目的个体范围和规模标准，由国务院发展计划部门制订，报国务院批准。

《工程建设项目招标范围和规模标准规定》（2000年4月4日国务院批准，2000年5月1日国家发展计划委员会第3号发布）是原国家发展计划委员会根据《招标投标法》的授权所制订的。该《规定》第2条~第6条分别对关系社会公共利益、公众安全的基础设施项目、公用事业项目、使用国有资金投资项目、国家融资项目、使用国际组织或者外国政府资金的项目作了明确界定，第7条对依法必须进行招标的项目规模标准进行了规定。该《规定》第10条还规定：省、自治区、直辖市人民政府根据实际情况，可以规定本地区必须进行招标的项目的具体范围和规模标准，但不得缩小未规定确定的必须进行招标的范围。

《房屋建筑和市政基础设施工程施工招标管理办法》（建设部2001年6月1日发布）第3条进一步规定：房屋建筑和市政基础设施工程的施工单项合同估算价在200万元人民币以上，或者项目总投资额在3000万元人民币以上的，必须进行招标。省、自治区、直辖市人民政府建设行政主管部门报经同级人民政府批准，可以根据实际情况，规定本地区必须进行工程施工招标的具体范围和规模标准，但不得缩小本办法确定的必须进行招标的范围。

1.2.2　工程直接发包的情形

依据上述法律法规，各省市和地区都制定了可以直接发包的情形，不同地区规定和范围有所差异。如《江苏省房屋建筑和市政基础设施工程施工直接发包管理暂行办法》规定有下列情形之一的，可以直接发包：

（1）项目投资总额在50万元人民币以下的；

（2）不涉及社会公共利益、公众安全，且不使用国有资金、国家融资、国际组织或者外国政府贷款的；

（3）涉及国家安全、国家秘密的；

（4）属于抢险救灾的；

（5）利用扶贫资金实行以工代赈、需要使用农民工的；

（6）工程施工所需的主要技术、材料、设备属专利性质，并且在专利保护期之内的；

（7）停建或者缓建后恢复建设的单位工程，且承包人未发生变更的；

（8）在建工程为配合发挥整体效能所追加的附属小型工程或主体加层工程，且承包人未发生变更的；

（9）由于建设地点偏僻，施工现场条件恶劣，工程复杂或专业性、技术性要求高等原因，响应招标的潜在投标人少于3家，不能形成有效竞争的；

（10）法律、法规、规章规定可以直接发包的其他工程。

《泰州市区小型建设工程项目承发包交易管理办法》规定，符合下列情形之一的小型建设工程项目，可采用竞争性谈判或询价择优方式直接发包：

（1）潜在投标人或投标人少于3个的或者招标失败的；

（2）技术复杂或者性质特殊，不能确定详细规格或具体要求的；

（3）采用招标所需时间不能满足工程紧急实施需要的；

（4）工程难以事先确定预算造价的；

（5）规格、标准统一，现货货源充足且价格变化幅度小的材料设备、绿化苗木等采购项目；

（6）法律、法规、规章规定的其他情形。

湖北省《天门市工程建设项目直接发包管理暂行办法》规定，工程建设项目符合以下条件之一的，可以实行直接发包：

（1）低于《市人民政府办公室关于调整工程建设项目招标规模标准的通知》（天政办发〔2009〕133号）规定的限额以下的；

（2）涉及国家安全、国家秘密或者抢险救灾而不宜招标的；

（3）采用特定的专利或者专有技术的；

（4）属于利用扶贫资金以工代赈需要使用农民工的；

（5）停建或者缓建后恢复建设的单位工程，且承包人未发生变更的；

（6）施工企业自建自用的工程，且该企业资质等级符合工程要求的；

（7）在建工程追加的附属小型工程或者主体加层工程，且承包人未发生变更的；

（8）招标人依法组织的招标投标活动，由于潜在的投标人不能达到法定数量要求等原因导致招标失败，重新组织招标投标再次招标失败的；

（9）经市政府批准的其他特殊的工程建设项目。

1.2.3 直接发包应注意的问题

采用直接发包方式的，发包人应当具有与发包的工程内容相适应的技术、经济、管理人员，并应当将工程发包给具有相应资格条件的承包人。直接发包活动通常应当在当地建设工程交易中心进行。

工程建设项目直接发包，原则上按项目审批部门审批的项目发包。项目由多个小型零星维修改造项目组成的，应按照节约成本、方便管理的原则作为一个标包发包；项目由多个单位工程或单项目工程组成的，发包人可根据需要按项目建设地点分多个标包发包；但同一建设地点多个单位工程或单项工程的发包总额不得超过《工程建设项目招标范围和规模标准规定》规定的限额标准。

直接发包的工程，除属于抢险救灾的以外，应当按照各省市规定的程序进行。如江苏省的规定流程为：

（1）发包人应当在工程项目立项文件被批准或者报送备案之日起30日内，按照江苏省工程建设项目报建管理的有关规定，办理报建手续。

（2）发包人向建设行政主管部门下设的招标投标监督管理机构（以下简称"招标办"）提出直接发包申请，填写《江苏省房屋建筑和市政基础设施工程施工直接发包申请及审批表》，同时提交有关的证明文件以证明其拟直接发包的工程符合本办法第二条规定的情形。

（3）招标办应当自接到发包人《申请及审批表》之日起 7 日内，指定经办人对发包人拟直接发包工程的实际情况、有关证明文件和材料、拟定承包人及拟选派项目经理等情况进行调查核实，提出意见后报招标办负责人复核。招标办负责人复核并签署初审意见后报同级建设行政主管部门负责人批准。符合条件的，应当批准。

湖北省天门市的规定流程为：

（1）由发包人向市招标投标管理办公室提交直接发包申请资料；

（2）市招标投标管理办公室对申报资料及项目现场进行核查审批；

（3）符合直接发包的，在天门招标投标网公示，公示时间不少于 3 个工作日；

（4）公示期满后，无异议，由市招标投标管理办公室通知发包人签发《天门市工程建设项目直接发包通知书》，并报市招标投标管理办公室备案。

同时，申请工程建设项目直接发包，发包人应向市招标投标管理办公室提交申请资料，包括 1）报建登记表；2）直接发包申请及审批表（附件）；3）施工图预算；4）拟定承包单位的基本情况（包括：承包单位的资质，营业执照，安全生产证书，法人授权委托书，建造师（项目经理）资质证书，以及项目部组成人员）；5）发包人与承包人签订的工程建设项目承包合同；6）法律法规、规章和规定要求提供的其他文件：项目立项批文、规划许可、监理合同、施工图审查、墙改节能、防雷设计专项审查等；7）要求发包人提交的其他材料。

施工图预算可以由发包人委托招标代理机构编制。编制施工图预算的招标代理机构应相应资格的要求。招标代理机构对所编制的施工图预算承担相关责任。发包人与承包人应当签订工程建设项目承包合同，合同价应当依据施工图预算，按照平等、互利和优惠的原则确定，合同价不得高于施工图预算中确定的工程造价。对申请直接发包的，省市招标投标管理办公室应派专人对项目资料和项目现场进行核查。核查的主要内容：项目的建设内容和规模、建设地点、施工图预算的客观性以及是否开工等情况，对符合直接发包的，由市招标投标管理办公室审批。承包人必须具备与所承担的直接发包工程相适应的资质等级、资源和能力。因发生质量、安全事故或者有违法违规行为，受到建设行政主管部门限制承接任务的行政处罚的建筑业企业，不得作为直接发包工程的承包人。

建筑业企业自建自用的工程，比照直接发包程序办理，且该建筑业企业必须具备相应资质等级。

招标办公室完成直接发包合同备案后，应当将直接发包工程的报建表、申请及审批表（含有关证明材料）、通知书、合同等资料装订成册，并归档。

未办理直接发包手续擅自开工的，由省市招标投标管理办公室责令改正；不符合直接发包条件擅自发包并开工的，由省市招标投标管理办公室责令发包人招标发包，按照国家、省有关法律、法规、规章和省市有关规定予以处罚。

1.3 建设工程承包与分包

1.3.1 工程承包制度

1.3.1.1 资质管理

《中华人民共和国建筑法》第 26 条规定，承包建筑工程的单位应当持有依法取得的资质证书，并在其资质等级许可的业务范围内承揽工程。

禁止建筑施工企业超越本企业资质等级许可的业务范围或者以任何形式用其他建筑施工企业的名义承揽工程。禁止建筑施工企业以任何形式允许其他单位或者个人使用本企业的资质证书、营业执照，以本企业的名义承揽工程。

在《建筑法》规定的基础上，《最高人民法院关于审理建设工程施工合同纠纷案件适用法律问题的解释》第 1 条就资质管理的相关问题与合同效力进行了界定，规定建设施工合同具有下列情形之一的，认定无效：

（1）承包人未取得建筑施工企业资质或者超越资质等级的；

（2）没有资质的实际施工人借用有资质的建筑施工企业名义的；

（3）建设工程必须进行招标而未招标或者中标无效的。

对于无效施工合同，《最高人民法院关于审理建设工程施工合同纠纷案件适用法律问题的解释》第 2、3、4、5 条给出了相应的处理方式。

（1）建设工程施工合同无效，但建设工程经竣工验收合格，承包人请求参照合同约定支付工程价款的，应予支持。

（2）建设工程施工合同无效，且建设工程经竣工验收不合格的，按照以下情形分别处理：

1）修复后的建设工程经竣工验收合格，发包人请求承包人承担修复费用的，应予支持；

2）修复后的建设工程经竣工验收不合格，承包人请求支付工程价款的，不予支持；

3）因建设工程不合格造成的损失，发包人有过错的，也应承担相应的民事责任。

（3）承包人非法转包、违法分包建设工程或者没有资质的实际施工人借用有资质的建筑施工企业名义与他人签订建设工程施工合同的行为无效。人民法院可以根据民法通则第一百三十四条规定，收缴当事人已经取得的非法所得。

（4）承包人超越资质等级许可的业务范围签订建设工程施工合同，在建设工程竣工前取得相应资质等级，当事人请求按照无效合同处理的，不予支持。

1.3.1.2 联合承包

《中华人民共和国建筑法》第 27 条规定，大型建筑工程或者结构复杂的建筑工程，可以由两个以上的承包单位联合共同承包。在小型工程中，虽然不会涉及大型建筑，但是由于联合体在资金和技术上的优势，联合体共同承包小型工程仍然普遍存在。《建筑法》进一步对联合体内各方应承担的责任进行了界定：共同承包的各方对承包合同的履行承担连带责任。两个以上不同资质等级的单位实行联合共同承包的，应当按照资质等级低的单位的业务许可范围承揽工程。

联合承包中对主体的要求：《招标投标法》第 31 条第 2 款规定，联合体各方均应具备招标项目的相应能力，由同一专业的各方组成的联合体，按照资质等级较低的单位确定资质等级。这一规定的目的是防止资质较低的一方借用资质等级较高的一方的名义取得中标人资格，造成中标后不能保证建筑工程项目质量现象的发生。也就是说联合体各方均应具备承担招标项目的相应能力；国家有关规定或者招标文件对投标人资格条件有规定的，联合体各方均应当具备规定的相应资格条件。法律或招标人对投标人的资格提出了明确要求，投标人可以根据自身条件，依据优势互补的原则，成立投标联合体，争取投标成功。

联合承包体的组织性质：联合体是临时性组织，不具备法人资格，但是对外投标应以所有组成联合体各方的共同名义进行，不能以其中任何一个主体名义进行。在开标评标定标之后，如果联合体未中标，则联合体即解散；如果联合体中标，则联合体各方共同与招标人签订合同。依照联合体协议确定的各方在招标项目中承担相应的工作和责任，在完成招标项目并经有关方面验收后解散。

联合承包源于自愿组合：联合体是根据自愿的原则组成，其行为属于各方自愿的、共同的法律行为，法律也没有赋予招标人强制要求投标人组成联合体的权利，是否组成联合体由联合体各方自己决定。《招标投标法》第 31 条第 4 款明确规定"招标人不得强制投标人组成联合体共同投标"。

联合体各方根据联合体协议的约定履行各自的权利义务，对招标人依法承担连带责任。即如联合体违约招标人可以要求联合体的任何一方履行全部合同义务，且各方均不得以其内部协议的约定对抗招标人。工程建设联合体的法律性质决定了联合体各方对招标人必须承担连带责任，这有利于联合体各方增强责任感，既要依据联合体内部协议完成自己的工作职责，又要互相监督协调，保证整体工程项目达到设计要求。对于招标人而言，一旦招标的工程项目出现应由联合体承担责任问题，他可以选择联合体中的任何一方或多方要求其承担部分或全部责任。

联合体各方是由联合体协议联结在一起的合伙合同关系，联合体内部之间权利、义务、责任的承担等问题需要以联合体各方订立的协议为依据，按照协议的约定分享权利、分担义务。实践中的做法一般是在中标之前，联合体各成员间有一个标前的协议，这个协议主要是意向性的，充分体现出原则性就可以了。依据《工程建设项目施工招标投标办法》，联合体投标未附联合体各方共同投标协议的，由评标委员会初审后按废标处理。中标以后，联合体成员间要签订详细的联合体协议书，此协议比标前的协议要更详细，对将来可能出现的问题及处理原则一并写明。联合体内部事务均依据共同签订的联合体协议加以解决，如果联合体一方对从招标人处取得的利益超过联合体协议约定的他方应得的利益，则该方有义务向联合体他方返还；如果联合体一方对招标人履行的义务超过联合体协议约定的他方应负的义务，则该方有权向联合体他方追偿。

1.3.1.3 法律责任

1. 超越资质承揽工程的法律责任

《建筑法》第 65 条规定，超越本单位资质等级承揽工程的，责令停止违法行为，处以罚款，可以责令停业整顿，降低资质等级；情节严重的，吊销资质证书；有违法所得的，予以没收。未取得资质证书承揽工程的，予以取缔，并处罚款；有违法所得的，予以没收。以欺骗手段取得资质证书的，吊销资质证书，处以罚款；构成犯罪的，依法追究刑事责任。

2. 转让、出借资质证书的法律责任

《建筑法》第66条规定，建筑施工企业转让、出借资质证书或者以其他方式允许他人以本企业的名义承揽工程的，责令改正，没收违法所得，并处罚款，可以责令停业整顿，降低资质等级；情节严重的，吊销资质证书。对因该项承揽工程不符合规定的质量标准造成的损失，建筑施工企业与使用本企业名义的单位或者个人承担连带赔偿责任。

3. 行贿、受贿行为的法律责任

《建筑法》第68条规定，在工程发包与承包中索贿、受贿、行贿，构成犯罪的，依法追究刑事责任；不构成犯罪的，分别处以罚款，没收贿赂的财物，对直接负责的主管人员和其他直接责任人员给予处分。对在工程承包中行贿的承包单位，除依照前款规定处罚外，可以责令停业整顿，降低资质等级或者吊销资质证书。

1.3.2 工程总包、分包和转包

1.3.2.1 总包与分包

工程总承包，是指建筑工程发包方将全部工程任务发包给具有相应资质条件的承包单位（含勘察、设计、施工）。工程分包是指工程的承包人经发包人同意后，依法将其承包的部分工程交给第3方完成的行为。包括专业工程分包和劳务作业分包，专业工程分包人是取得总包工程中的一部分非主体工程；工程劳务分包人是取得工程中的劳务，提供劳动力。《建筑法》第29条规定，施工总承包的，建筑工程主体结构的施工必须由总承包单位自行完成。建筑工程总承包单位可以将承包工程中的部分工程发包给具有相应资质条件的分包单位；但是，除总承包合同中约定的分包外，必须经建设单位认可。因此，没有经过建设单位认可的分包商是违法的分包商。

《建筑法》第29条规定，建筑工程总承包单位按照总承包合同的约定对建设单位负责；分包单位按照分包合同的约定对总承包单位负责。总承包单位和分包单位就分包工程对建设单位承担连带责任。这种连带责任可以依据合同约定或者法律规定产生。总包单位和分包单位就工程质量、安全、进度、成本等共同向建设单位承担责任，双方应在分包合同中约定相应的义务和权利。当分包工程造成建设单位发生损失时，应由建设单位向总包单位请求赔偿，总包单位再依据分包合同向分包单位请求赔偿。

1.3.2.2 转包

转包是指承包单位承包建设工程后，不履行合同约定的责任和义务，将其承包的全部建设工程转给他人或者将其承包的全部建设工程肢解以后以分包的名义分别转给其他单位承包的行为。即指建设工程的承包人将其承包的建设工程倒手转让给第三人，使该第三人实际上成为该建设工程新的承包人的行为。承包人具有下列行为的，可以认定为非法转包：

（1）承包人不履行合同约定的责任和义务，将其承包的全部工程转给他人承包的；

（2）承包人将其承包的全部工程肢解后以分包的名义转给他人承包的，俗称化整为零；

（3）承包人将主体结构工程转给他人承包的；

（4）承包方将工程分包给不具备相应资质条件的单位；

（5）承包人将部分专业工程分包后未在施工现场设立项目管理机构和派驻相应人员进行组织管理的。

承包人在实施非法转包时，一般是以收取管理费或其他形式等进行谋利，即使承包人将工程全部转包或用化整为零的方式分包给子公司或其他单位，即使从中未获取经济利益的，其性质也认定为非法转包。

对于转包，《建筑法》给出了具体的要求：禁止承包单位将其承包的全部建筑工程转包给他人，禁止承包单位将其承包的全部建筑工程肢解以后以分包的名义分别转包给他人。

1.3.2.3 违法分包的情形

违法分包是指违反国家法律法规（建筑法、合同法、质量管理条例、安全管理条例等）对建设工程进行分包的行为。《建设工程质量管理条例》将其归纳为4点：

（1）总承包单位将建设工程分包给不具备相应资质条件的单位的；

（2）建设工程总承包合同中未有约定，又未经建设单位认可，承包单位将其承包的部分建设工程交由其他单位完成的；

（3）施工总承包单位将建设工程主体结构的施工分包给其他单位的；

（4）分包单位将其承包的建设工程再分包的。

对于违法分包，《建筑法》给出了具体的要求：禁止总承包单位将工程分包给不具备相应资质条件的单位。禁止分包单位将其承包的工程再分包。

1.3.2.4 相关法律责任

承包单位将承包的工程转包的，或者违反本法规定进行分包的，责令改正，没收违法所得，并处罚款，可以责令停业整顿，降低资质等级；情节严重的，吊销资质证书。

承包单位有前款规定的违法行为的，对因转包工程或者违法分包的工程不符合规定的质量标准造成的损失，与接受转包或者分包的单位承担连带赔偿责任。

1.4 案例分析

【案例1-4-1】关于招标投标方式、开标和评标的案例

1. 事件过程

某重点工程项目计划于某年12月28日开工，由于工程复杂，技术难度高，一般施工队伍难以胜任，业主自行决定采取邀请招标方式。于该年9月8日向通过资格预审的A、B、C、D、E五家施工承包企业发出了投标邀请书。该五家企业均接受了邀请，并于规定时间9月20~22日购买了招标文件。招标文件中规定，10月18日下午4时是招标文件规定的投标截止时间，11月10日发出中标通知书。

在投标截止时间之前，A、B、D、E四家企业提交了投标文件，但C企业于10月18日下午5时才送达，原因是中途堵车；10月21日下午由当地招标投标监督管理办公室主持进行了公开开标。

评标委员会成员共有7人组成，其中当地招标投标监督管理办公室1人，公证处1人，招标人1人，技术经济方面专家4人。评标时发现E企业投标文件虽无法定代表人签字和委托人授权书，但投标文件均已有项目经理签字并加盖了公章。评标委员会于10月

28 日提出了评标报告。B、A 企业分别综合得分第一、第二名。由于 B 企业投标报价高于 A 企业，11 月 10 日招标人向 A 企业发出了中标通知书，并于 12 月 12 日签订了书面合同。

2. 存在的主要问题

（1）企业自行决定采取邀请招标方式的做法是否妥当？

（2）C 企业和 E 企业投标文件是否有效？

（3）请指出开标工作的不妥之处。

（4）请指出评标委员会成员组成的不妥之处。

3. 案例分析

（1）根据《招标投标法》第 11 条规定，省、自治区、直辖市人民政府确定的地方重点项目中不适宜公开招标的项目，要经过省、自治区、直辖市人民政府批准，方可进行邀请招标。因此，本案业主自行对省重点工程项目决定采取邀请招标的做法是不妥的。

（2）根据《招标投标法》第 28 条规定，在招标文件要求提交投标文件的截止时间后送达的投标文件，招标人应当拒收。本案 C 企业的投标文件送达时间迟于投标截止时间，因此该投标文件应被拒收。同时，根据《招标投标法》和国家计委、建设部等《评标委员会和评标方法暂行规定》，投标文件若没有法定代表人签字和加盖公章，则属于重大偏差。本案 E 企业投标文件没有法定代表人签字，项目经理也未获得委托人授权书，无权代表本企业投标签字，尽管有单位公章，仍属存在重大偏差，应作废标处理。

（3）根据《招标投标法》第 34 条规定，开标应当在投标文件确定的提交投标文件的截止时间公开进行，本案招标文件规定的投标截止时间是 10 月 18 日下午 4 时，但迟至 10 月 21 日下午才开标，是不妥之处一；根据《招标投标法》第 35 条规定，开标应由招标人主持，本案由属于行政监督部门的当地招标投标监督管理办公室主持，是不妥之处二。

（4）根据《招标投标法》和国家计委、建设部等《评标委员会和评标方法暂行规定》，评标委员会由招标人或其委托的招标代理机构熟悉相关业务的代表，以及有关技术、经济等方面的专家，并规定项目主管部门或者行政监督部门的人员不得担任评标委员会委员。一般而言公证处人员不熟悉工程项目相关业务，当地招标投标监督管理办公室属于行政监督部门，显然招标投标监督管理办公室人员和公证处人员担任评标委员会成员是不妥的。《招标投标法》还规定评标委员会技术、经济等方面的专家不得少于成员总数的 2/3。本案技术、经济等方面的专家比例为 4/7，低于规定的比例要求。《招标投标法》第 46 条规定，招标人和中标人应当自中标通知书发出之日起 30 天内，按照招标文件和中标人的投标文件订立书面合同，本案 11 月 10 日发出中标通知书，迟至 12 月 12 日才签订书面合同，两者的时间间隔已超过 30 天，违反了《招标投标法》的相关规定。

【案例 1-4-2】关于自行招标的案例

1. 事件过程

某省国道主干线高速公路土建施工项目实行公开招标，根据项目的特点和要求，招标人提出了招标方案和工作计划。采用资格预审方式组织项目土建施工招标，招标过程中出现了下列事件：

事件 1：7 月 1 日（星期一）发布资格预审公告。公告载明资格预审文件自 7 月 2 日起发售，资格预审申请文件于 7 月 22 日下午 16：00 之前递交至招标人处。某投标人因从外地赶来。7月8日（星期一）上午上班时间前来购买资审文件，被告知已经停售。

事件2：资格审查过程中，资格审查委员会发现某省路桥总公司提供的业绩证明材料部分是其下属第一工程有限公司业绩证明材料，且其下属的第一工程有限公司具有独立法人资格和相关资质。考虑到属于一个大单位，资格审查委员会认可了其下属公司业绩为其业绩。

事件3：投标邀请书向所有通过资格预审的申请单位发出，投标人在规定的时间内购买了招标文件。按照招标文件要求，投标人须在投标截止时间5日前递交投标保证金，因为项目较大，要求每个标段100万元投标担保金。

事件4：评标委员会人数为5人，其中3人为工程技术专家，其余2人为招标人代表。

事件5：评标委员会在评标过程中。发现B单位投标报价远低于其他报价。评标委员会认定B单位报价过低，按照废标处理。

事件6：招标人根据评标委员会书面报告，确定各个标段排名第一的中标候选人为中标人，并按照要求发出中标通知书后，向有关部门提交招标投标情况的书面报告，同中标人签订合同并退还投标保证金。

事件7：招标人在签订合同前，认为中标人C的价格略高于自己期望的合同价格，因而又与投标人C就合同价格进行了多次谈判。考虑到招标人的要求，中标人C觉得小幅度降价可以满足自己利润的要求，同意降低合同价，并最终签订了书面合同。

2. 存在的主要问题

（1）招标人自行办理招标事宜需要什么条件？

（2）所有事件中有哪些不妥当？

（3）在事件6中，请详细说明招标人在发出中标通知书后应做的具体工作？

3. 案例分析

本案例重点考核招标程序、中标人确定及合同签订的相关法律法规规定。

（1）《工程建设项目自行招标试行办法》（国家计委5号令）第4条规定，招标人自行办理招标事宜，应当具有编制招标文件和组织评标的能力，具体包括：①具有项目法人资格（或者法人资格）；②具有与招标项目规模和复杂程度相适应的工程技术、概预算、财务和工程管理等方面专业技术力量；③有从事同类工程建设项目招标的经验；④设有专门的招标机构或者拥有3名以上专职招标业务人员；⑤熟悉和掌握招标投标法及有关法规规章。

（2）事件1~5和事件7做法不妥当，分析如下：

事件1不妥当。《工程建设项目施工招标投标办法》第15条规定，自招标文件或者资格预审文件出售之日起至停止出售之日止，最短不得少于5个工作日。本案中，7月2日周二开始出售资审文件，按照最短5个工作日，最早停售日期应是7月8日（星期一）下午截止。

事件2不妥当。《招标投标法》第25条规定，投标人是响应招标、参加投标竞争的法人或者其他组织。本案中，投标人或是以总公司法人的名义投标，或是以具有法人资格的子公司的名义投标。法人总公司或具有法人资格的子公司投标，只能以自己的名义、自己的资质、自己的业绩投标，不能相互借用资质和业绩。

事件3不妥当。《工程建设项目施工招标投标办法》第37规定，投标保证金一般不得超过投标总价的2%，但最高不得超过80万元人民币，本案中，投标保证金的金额太高，违反了最高不得超过80万元人民币的规定；同时，投标保证金从性质上属于投标文件，在投标截止时间前都可以递交。本案招标文件约定在投标截止时间5日前递交投标保证金不妥，其行为侵犯了投标人权益。

事件4 不妥当。《招标投标法》第37条规定，依法必须进行招标的项目，其评标委员会由招标人的代表和有关技术、经济等方面的专家组成，成员人数为5人以上单数，其中技术、经济等方面的专家不得少于成员总数的2/3。本案中，评标委员会5人中专家人数至少为4人才符合法定要求。

事件5 不妥当。《评标委员会和评标方法暂行规定》第21条规定，在评标过程中，评标委员会发现投标人的报价明显低于其他投标报价或者在设有标底时明显低于标底，使得其投标报价可能低于其个别成本的，应当要求该投标人做出书面说明并提供相关证明材料。投标人不能合理说明或者不能提供相关证明材料的，由评标委员会认定该投标人以低于成本报价竞标，其投标应作废标处理。本案中，评标委员会判定B的投标为废标的程序存在问题。评标委员会应当要求B投标人做出书面说明并提供相关证明材料，仅当投标人B不能合理说明或者不能提供相关证明材料时，评标委员会才能认定该投标人以低于成本报价竞标，作废标处理。

事件7 不妥当。《招标投标法》第43条规定，在确定中标人前，招标人不得与投标人就投标价格、投标方案等实质性内容进行谈判。同时，《工程建设项目施工招标投标办法》第59条规定，招标人不得向中标人提出压低报价、增加工作量、缩短工期或其他违背中标人意愿的要求，以此作为发出中标通知书和签订合同的条件。本案中，招标人与中标人就合同中标价格进行谈判，违反了法规。

（3）招标人在发出中标通知书后，应完成以下工作：

1）自确定中标人之日起15日内。向有关行政监督部门提交招标投标情况的书面报告。

2）自中标通知书发出之日起30日内，按照招标文件和中标人的投标文件，与中标人订立书面合同；招标文件要求中标人提交履约担保的，中标人应当在签订合同前提交，同时招标人向中标人提供工程款支付担保。

3）与中标人签订合同后5个工作日内，向中标人和未中标的投标人退还投标保证金。

【案例1-4-3】关于邀请招标的案例

1. 事件背景

根据国防需要，空军某部须在北部地区建设一雷达生产厂，军方原拟订在与其合作过的施工单位中通过招标选择一家，可是由于合作单位多达20家，军方为达到保密要求，再次决定在这20家施工单位内选择3家军队施工单位投标。

2. 存在的主要问题

（1）上述招标人的做法是否符合《中华人民共和国招标投标法》规定？

（2）在何种情形下，经批准可以进行邀请招标？

3. 案例分析

（1）符合《招标投标法》的规定。由于本工程涉及国家机密，不宜进行公开招标，可以采用邀请招标的方式选择施工单位。

（2）有下列情形之一，经批准可以进行邀请招标：

1）项目技术复杂或有特殊要求，只有少量几家潜在投标人可供选择的；

2）受自然地域环境限制的；

3）涉及国家安全、国家秘密或者抢险救灾，适宜招标但不宜公开招标的；

4）拟公开招标的费用与项目的价值相比，不值得的；

5）法律、法规规定不宜公开招标的。

【案例1-4-4】关于招标人和投标人串通投标的案例

1. 事件过程

某建设单位准备建一座小型图书馆，建筑面积1000m²，预算投资90万元，建设工期为3个月。工程采用公开招标的方式确定承包商。按照《中华人民共和国招标投标法》和《中华人民共和国建筑法》的规定，建设单位编制了招标文件，并向当地的建设行政管理部门提出了招标申请书，得到了批准。但是在招标之前，该建设单位就已经与甲施工公司进行了工程招标沟通，对投标价格、投标方案等实质性内容达成了一致的意向。招标公告发布后，来参加投标的公司有甲、乙、丙三家。按照招标文件规定的时间、地点及投标程序，三家施工单位向建设单位投递了标书。在公开开标的过程中，甲和乙承包单位在施工技术、施工方案、施工力量及投标报价上相差不大，乙公司在总体技术和实力上是较甲公司好一些。但是，定标的结果确定是甲承包公司。乙公司很不满意，但最终接受了这个竞标结果。20多天后，一个偶然的机会，乙承包公司接触到甲公司的一名中层管理人员，在谈到该建设单位的工程招标问题时，甲公司的这名员工透露说，在招标之前，该建设单位和甲公司已经进行了多次接触，中标条件和标底是双方议定的，参加投标的其他人都蒙在鼓里。对此情节，乙公司认为该建设单位严重违反了法律的有关规定，遂向当地建设行政管理部门举报，要求建设行政管理部门依照职权宣布该招标结果无效。经建设行政管理部门审查，乙公司所陈述的事实属实，遂宣布本次招标结果无效。

甲公司认为，建设行政管理部门的行为侵犯了甲公司的合法权益，遂起诉至法院，请求法院依法判令被告承担侵权的民事责任，并确认招标结果有效。

2. 存在的主要问题

（1）简述建设单位进行施工招标的程序。

（2）通常情况下，招标人和投标人串通投标的行为有哪些表现形式？

（3）按照《招标投标法》的规定，该建设单位应对本次招标承担什么法律责任？

3. 案例分析

（1）建设单位进行施工招标的程序如下：①建设单位工程项目报建；②审查招标人（业主）资格；③编制招标文件与送审；④招标申请报批；⑤投标资格审查；⑥召开招标会议；⑦接受招标文件；⑧开标；⑨评标；⑩定标；最后，签订合同。

（2）招标人和投标人串通投标的表现形式有：①招标人在开标前开启招标文件，并将投标情况告知其他投标人，或者协助投标人撤换投标文件，更改报价；②招标人向投标人泄露标底；③招标人与投标人商定，投标时压低或抬高标价，中标后再给投标人或招标人额外补偿；④招标人预先内定中标人；⑤其他串通投标行为。

（3）依法必须进行招标的项目，招标人违反《招标投标法》，与投标人就投标价格、投标方案等实质性内容进行谈判的，给予警告，对单位直接负责的主管人员和其他直接责任人员依法给予处分。以上行为影响了中标结果，中标无效。

【案例1-4-5】关于总包分包的案例

1. 事件背景

甲公司与某地政府签订了一份建设合同。合同约定，该地政府将工程范围内的房屋、设备及附属建筑发包给甲公司施工。合同签订后，甲公司与乙公司签订了一份房屋施工合同，约定甲公司将其承包的工程范围内的房屋、设备安装等工程发包给乙公司。乙公司在建设工程中，因施工质量不符合要求，该地政府要求甲公司承担赔偿责任，而甲公司要求乙公司承担赔偿责任，双方相互推诿，为此发生纠纷。

2. 案例分析

本案涉及总承包人与分包人的连带责任问题。根据《合同法》第272条规定，发包人可以与总承包人订立建设工程合同，也可以分别与勘察人、设计人、施工人订立勘察、设计、施工承包合同。发包人不得将应当由一个承包人完成的建设工程肢解成若干部分发包给几个承包人。总承包人或者勘察、设计、施工承包人经发包人同意，可以将自己承包的部分工作交由第三人完成。第三人就其完成的工作成果与总承包人或者勘察、设计、施工承包人向发包人承担连带责任。承包人不得将其承包的全部建设工程转包给第三人或者将其承包的全部建设工程肢解以后分包的名义分别转包给第三人。禁止承包人将工程分包给不具备相应资质条件的单位。禁止分包单位将其承包的工程再分包。建设工程主体结构的施工必须由承包人自行完成。在建设工程合同中存在转包与分包的问题。所谓转包是指承包人于承包工程后将其承包的工程建设任务转让给第三人，第三人成为新承包人，原承包人退出承包关系，原承包人对于受让人的履行行为不承担责任。为防止承包人转包牟利，保证工程质量，法律禁止转包。所谓分包是指总承包人或者单项任务的承包人将其承包的建设任务部分交由第三人完成，总承包人或者承包人就承包人完成的工作成果与分承包人向发包人承担连带责任。

法律允许分承包，但须符合以下条件：1）分包合同的发包人须为建设工程合同的总承包人或者承包人；2）分承包的标的不能是建设工程主体结构的施工；3）分承包人具有相应的资质条件；4）须经发包人同意。本案中，甲公司承包铁路的施工任务，与建设发展公司签订合同后，又将其承包的施工任务部分分包给乙公司，该分包经发包人同意，不违反关于分包的规定，因而是有效的，但就分包人施工的质量，作为总承包人的甲公司应当与分包人乙公司对发包人建设发展公司承担连带责任。

【案例1-4-6】关于标段划分的案例

1. 事件背景

某建设单位要建一幢6层的办公楼，在招标发包时将主体工程的土建部分按楼层分为3个标段（每2层为1个标段）进行招标，并将该办公接的空调设备、电梯设备和消防设备的安装也分别进行招标发包。为此，部分投标单位认为是肢解发包，并向政府主管部门作了反映。

2. 存在的主要问题

（1）该建设单位将主体工程的土建部分按楼层分包3个标段进行招标，是否算肢解发包？

（2）该建设单位能否将该办公楼的空调设备、电梯设备和消防设备的安装分别招标发包？

3. 案例分析

（1）依据《建设工程质量管理条例》的规定，肢解发包是指建设单位将应当由一个承包单位完成的建设工程分解成若干部分，发包给不同的承包单位的行为。本案中，该办公楼主体工程的土建部分应当由一个承包单位完成，以保障其结构整体性、稳定性和安全性；建设单位将其分为 3 个标段，应当定性为肢解发包。

（2）对于该办公楼的空调设备、电梯设备和消防设备的安装，尽管也属于同一建筑的设备安装，但因其各有较强的专业性，为保证安装质量，建设单位可以将其作为专业工程分别发包给不同的专业承包单位。

【案例1-4-7】关于投标截止期和投标有效性的案例

1. 事件背景

某投标人投标时，在投标截止时间前递交了投标文件，但投标保证金递交时间晚于投标截止时间两分钟送达，招标人均进行了受理，同意其投标文件参与开标。其他投标人对此提出异议，认为招标人违背了相关规定。

2. 存在的主要问题

（1）招标人应怎样处理该份投标文件，投标保证金晚于投标截止时间两分钟送达，招标人是否可以接受？

（2）该投标人的投标文件是否有效，是否应为废标？

3. 案例分析

（1）《招标投标法》第 36 条规定，招标人在招标文件要求提交投标文件的截止时间前受理的所有投标文件，开标时都应当当众予以拆封、宣读。本案中，该投标人的投标文件已经在投标截止时间前送达，招标人也进行了受理，故应依法在开标会议当众进行拆封、宣读。但是，《工程建设项目施工招标投标办法》第 37 条第 3 款规定，投标人应当按照招标文件要求的方式和金额，将投标保证金随投标文件提交给招标人。由于投标保证金晚于投标截止时间两分钟送达，招标人对其投标保证金不能受理。

（2）《工程建设项目施工招标投标办法》第 38 条第 2 款规定，在招标文件要求提交投标文件的截止时间后送达的投标文件，为无效的投标文件，招标人应当拒收。本案中，该投标人的投标文件是在招标文件要求提交投标文件的截止时间前送达的，因而是有效投标文件。但是，《工程建设项目施工招标投标办法》第 37 条第 4 款规定，投标人不按招标文件要求提交投标保证金的，该投标文件将被拒绝，作废标处理。第 50 条第 2 款也规定："投标文件有下列情形之一的，由评标委员会初审后按废标处理……（五）未按招标文件要求提交投标保证金的"……据此，该投标人的投标保证金晚于投标截止时间两分钟送达，属于不按照招标文件要求提交投标保证金的。因而，该投标文件应被拒绝，作废标处理。

【案例1-4-8】关于联合体投标的案例

1. 事件背景

某建设工程招标公告中，对投标人资格条件要求为：①本次招标的资质要求是主项资质为房屋建筑工程施工总承包三级及以上资质；②有 3 个及以上同类工程业绩，并在人员、设备、资金等方面具有相应的施工能力；③本次招标接受联合体投标。在招标公告发出后，一些建筑公司包括 A、B 两公司都想参加此次投标。A 建筑公司具有房屋建筑工程施工总承包二级资质，且具有多个同类工程业绩；B 建筑公司具有房屋建筑工程施工总承包三级资质，但同类工程业绩较少。A 建筑公司目前资金比较紧张，而 B 建筑公司则担心由于自己的业绩一般，在投标中会处于劣势。因此，两公司协商组成联合体进行投标。在评标过程中，该联合体的资质等级被确定为房屋建筑工程施工总承包三级；评标办法中将资质等级列为一项计算得分的项目。根据评标办法中的计算方法，该联合体得分略低于另外一家一级资质投标人，遗憾地失去了中标机会。该联合体不服，就资质等级问题提出异议，特别是 A 公司认为中标的那家公司在以往业绩和业内影响等均不如本公司。

2. 存在的主要问题

（1）什么是联合体投标，A、B 两公司组成的联合体双方的权利义务是什么？

（2）法律对联合体投标的资格有何规定，联合体的资质等级如何确定？

3. 案例分析

（1）所谓联合体投标，是指两个以上法人或者其他组织组成非法人的联合体，以该联合体的名义即一个投标人的身份参加投标的组织方式。为此，A、B 公司双方应当签订共同投标协议，明确约定各方拟承担的工作和责任，并将共同投标协议连同投标文件一并提交招标人；若 A、B 公司联合体中标，则双方应当共同与招标人签订合同，就中标项目向招标人承担连带责任。

（2）《招标投标法》第 31 条规定：联合体各方均应当具备承担招标项目的相应能力；国家有关规定或者招标文件对投标人资格条件有规定的，联合体各方均应当具备规定的相应资格条件。由同一专业的单位组成的联合体，按照资质等级较低的单位确定资质等级。据此，A、B 公司组成联合体，只能是按照相同专业资质等级较低的单位即 B 公司的资质等级，确定为房屋建筑工程施工总承包三级资质。故此，按照该评标办法中的计算方法，其得分肯定会作相应减少。

第 2 章　合同法律制度

2.1　合同法概论

2.1.1　合同概念和特征

1. 合同概念

合同是指平等主体的自然人、法人、其他组织之间设立、变更、终止民事权利义务关系的协议。合同的含义非常广泛。广义上的合同是指以确定权利、义务为内容的协议，除了包括民事合同外，还包括行政合同、劳动合同等。民法中的合同即民事合同是指确立、变更、终止民事权利义务关系的协议，它包括债权合同、身份合同等。

债权合同是指确立、变更、终止债权债务关系的合同。法律上的债是指特定当事人之间请求对方作特定行为的法律关系，就权利而言，为债权关系；从义务方面来看，为债务关系。

身份合同是指以设立、变更、终止身份关系为目的，不包含财产内容或者不以财产内容为主要调整对象的合同，如结婚、离婚、收养、监护等协议。身份合同为我国《民法通则》及《婚姻法》等法律中的相关内容所规范；行政合同、劳动合同分别为《行政法》、《劳动法》所规范。除了身份合同以外的所有民事合同均为《合同法》调整的对象。

2. 合同法律特征

（1）合同是一种民事法律行为。民事法律行为是指民事主体实施的能够设立、变更、终止民事权利义务关系的合法行为。民事法律行为以意思表示为核心，并且按照意思表示的内容产生法律后果。作为民事法律行为，合同应当是合法的，即只有在合同当事人所作出的意思表示符合法律要求，才能产生法律约束力，受到法律保护。如果当事人的意思表示违法，即使双方已经达成协议，也不能产生当事人预期的法律效果。

（2）合同是两个以上当事人意思表示一致的协议。合同的成立必须有两个以上的当事人相互之间作出意思表示，并达成共识。因此，只有当事人在平等自愿的基础上意思表示完全一致时，合同才能成立。

（3）合同以设立、变更、终止民事权利义务关系为目的。当事人订立合同都有一定的目的，即设立、变更、终止民事权利义务关系。无论当事人订立合同是为了什么目的，只有当事人达成的协议生效以后，才能对当事人产生法律上的约束力。

3. 合同分类

在市场经济活动中，交易的形式千差万别，合同的种类也各不相同。根据性质不同，合同有以下几种分类方法。

（1）按照合同表现形式可以分为书面合同、口头合同及默示合同

1）书面合同是指当事人以书面文字有形地表现内容的合同。传统的书面合同的形式为合同书和信件，随着科技的进步和发展，书面合同的形式也越来越多，如电报、电传、传真、电子数据交换以及电子邮件等已成为高效快速的书面合同的形式。书面合同有以下优点：一是它可以作为双方行为的证据，便于检查、管理和监督，有利于双方当事人按约执行，当发生合同纠纷时，有凭有据，举证方便；二是可以使合同内容更加详细、周密，当事人在将其意思表示通过文字表现出来时，往往会更加审慎，对合同内容的约定也更加全面、具体。

2）口头合同是指当事人以口头语言的方式（如当面对话、电话联系等）达成协议而订立的合同。口头合同简便易行，迅速及时，但缺乏证据，当发生合同纠纷时，难以举证。因此，口头合同一般只适用于即时清结的情况。

3）默示合同是指当事人并不直接用口头或者书面形式进行意思表示，而是通过实施某种行为或者以不作为的沉默方式进行意思表示而达成的合同。如房屋租赁合同约定的租赁期满后，双方并未通过口头或者书面形式延长租赁期限，但承租人继续交付租金，出租人依然接受租金，从双方的行为可以推断双方的合同仍然有效。建筑工程合同所涉及的内容特别复杂，合同履行期较长，为便于明确各自的权利和义务，减少履行困难和争议，《合同法》第270条规定，"建设工程合同应当采用书面形式"。

（2）按照给付内容和性质的不同可以分为转移财产合同、完成工作合同和提供服务合同

1）转移财产合同是指以转移财产权利，包括所有权、使用权和收益权为内容的合同。此合同标的为物质。《合同法》规定的买卖合同，供电、水、气、热合同，赠予合同，借款合同，租赁合同和部分技术合同等均属于转移财产合同。

2）完成工作合同是指当事人一方按照约定完成一定的工作并将工作成果交付给对方，另一方接受成果并给付报酬的合同。《合同法》规定的承揽合同、建筑工程合同均属于此类合同。

3）提供服务合同是指依照约定，当事人一方提供一定方式的服务，另一方给付报酬的合同。《合同法》中规定的运输合同、行纪合同、居间合同和部分技术合同均属于此类合同。

（3）按照合同当事人是否相互负有义务可以分为双务合同和单务合同

1）双务合同是指当事人双方相互承担对待给付义务的合同。双方的义务具有对等关系，一方的义务即另一方的权利，一方承担义务的目的是为了获取对应的权利。《合同法》中规定的绝大多数合同如买卖合同、建筑工程合同、承揽合同和运输合同等均属于此类合同。

2）单务合同是指只有一方当事人承担给付义务的合同。即双方当事人的权利义务关系并不对等，而是一方享有权利而另一方承担义务，不存在具有对待给付性质的权利义务关系。

（4）按照合同当事人权利义务关系是否存在对价关系可以分为有偿和无偿合同

1）有偿合同是指当事人一方享有合同约定的权利必须向对方当事人支付相应对价的合同。如买卖合同、保险合同等。

2）无偿合同是指当事人一方享有合同约定的权利无需向对方当事人支付相应对价的合同。如赠予合同等。

（5）按照合同的成立是否以递交标的物为必要条件可分为诺成合同和要物合同

1）诺成合同是指只要当事人双方意思表示达成一致即可成立的合同，它不以标的物的交付为成立的要件。我国《合同法》中规定的绝大多数合同都属于诺成合同。

2）要物合同是指除了要求当事人双方意思表示达成一致外，还必须实际交付标的物以后才能成立的合同。如承揽合同中的来料加工合同在双方达成协议后，还需要由供料方交付原材料或者半成品，合同才能成立。

（6）按照合同相互之间的从属关系可以分为主合同和从合同

1）主合同是指不以其他合同的存在为前提而独立存在和独立发生效力的合同，如买卖合同、借贷合同等。

2）从合同又称附属合同，是指不具备独立性，以其他合同的存在为前提而成立并发生效力的合同。如在借贷合同与担保合同中，借贷合同属于主合同，因为它能够单独存在，并不因为担保合同不存在而失去法律效力；而担保合同则属于从合同，它仅仅是为了担保借贷合同的正常履行而存在的，如果借贷合同因为借贷双方履行完合同义务而宣告合同效力解除后，担保合同就因为失去存在条件而失去法律效力。主合同和从合同的关系为：主合同和从合同并存时，两者发生互补作用；主合同无效或者被撤销时，从合同也将失去法律效力；而从合同无效或者被撤销时一般不影响主合同的法律效力。

（7）按照法律对合同形式是否有特别要求可分为要式合同和不要式合同

1）要式合同是指法律规定必须采取特定形式的合同。《合同法》中规定："法律、行政法规规定采用书面形式的，应当采用书面形式。"

2）不要式合同是指法律对形式未作出特别规定的合同。合同究竟采用何种形式，完全由双方当事人自己决定，可以采用口头形式，也可以采用书面形式、默示形式。

（8）按照法律是否为某种合同确定一个特定名称，合同可分为有名合同和无名合同。

1）有名合同又称为典型合同，是指法律确定了特定名称和规则的合同。如《合同法》分则中所规定的 15 种基本合同即为有名合同。

2）无名合同又称非典型合同，是指法律没有确定一定的名称和相应规则的合同。

2.1.2 《合同法》简介

1．《合同法》概念和特点

合同法有两层含义：广义上的合同法是指根据法律的实质内容，调整合同关系的所有的法律法规的总称；另外一种是基于法律的表现形式，即由立法机关制定的，以"合同法"命名的法律，在我国，即 1999 年 3 月 15 日通过的《中华人民共和国合同法》。本书所提及的《合同法》，特指《中华人民共和国合同法》。《合同法》作为我国至今为止条文最多、内容最丰富的民事合同法律，它具有以下特点：

（1）统一性。《合同法》的颁布和施行，结束了我国过去《经济合同法》、《涉外经济合同法》和《技术合同法》三足鼎立的多元合同立法的模式，克服了 3 个合同法各自规范不同的关系和领域而引起的不一致和不协调的缺陷，形成了统一的合同法律规则。

（2）任意性。合同的本质就是当事人通过自由协商，决定其相互之间的权利义务关系，并根据其意志调整他们之间的关系。《合同法》以调整市场交易关系为其主要内容，而交易习惯则需要尊重当事人的自由选择，因此，《合同法》规范多为任意性规范，即允许当事人对其内容予以变更的法律规范。如当事人可以自由决定是否订立合同，同谁订立合同，订立什么样的合同，合同的内容包括哪些，合同是否需要变更或者解除等。

（3）强制性。为了维护社会主义市场经济秩序，必须对当事人各方的行为进行规范。对于某些严重影响到国家、社会、市场秩序和当事人利益的内容，《合同法》则采用强制性规范或者禁止性规范。如《合同法》中规定："当事人订立、履行合同，应当遵守法律、行政法规，尊重社会公德，不得扰乱社会经济秩序，损害社会公共利益。"

2. 合同法结构

《合同法》分为两大部分共 428 条内容。其中总则分别阐述了包括一般规定、合同的订立、合同的效力、合同的履行、合同的变更和转让、合同的权利义务终止、违约责任和其他规定等共计 8 章 129 条规定，主要叙述了《合同法》的基本原理和基本原则。分则部分则对各种不同类型的合同作出专门的规定，分别阐述了买卖合同、供用电水气热力合同、赠予合同、借款合同、租赁合同、融资租赁合同、承揽合同、建设工程合同、运输合同、技术合同、保管合同、仓储合同、委托合同、行纪合同、居间合同等 15 种包括经济、技术和其他民事等列名合同共计 15 章 298 条规定。

3. 合同法基本原则

1）平等原则。在合同法律关系中，当事人之间的法律地位平等，任何一方都有权独立作出决定，一方不得将自己的意愿强加给另一方。

2）合同自由原则。即只有在双方当事人经过协商，意思表示完全一致，合同才能成立。合同自由包括缔结合同自由、选择合同相对人自由、确定合同内容自由、选择合同形式自由、变更和解除合同自由。

3）公平原则。即在合同的订立和履行过程中，公平、合理地调整合同当事人之间的权利义务关系。

4）诚实信用原则。是指在合同的订立和履行过程中，合同当事人应当诚实守信，以善意的方式履行其义务，不得滥用权力及规避法律或合同规定的义务。同时，还应当维护当事人之间的利益及当事人利益与社会利益之间的平衡。

5）遵守法律、尊重社会公德原则。即当事人订立、履行合同应当遵守法律、行政法规及尊重社会公认的道德规范。

6）合同严守原则。即依法成立的合同在当事人之间具有相当于法律的效力，当事人必须严格遵守，不得擅自变更和解除合同，不得随意违反合同规定。

7）鼓励交易原则。即鼓励合法正当的交易。如果当事人之间的合同订立和履行符合法律及行政法规的规定，则当事人各方的行为应当受到鼓励和法律的保护。

2.1.3 合同法律关系

法律关系是指人与人之间的社会关系为法律规范调整时所形成的权利和义务关系，即法律上的社会关系。合同法律关系又称为合同关系，指当事人相互之间在合同中形成的权利义务关系。合同法律关系由主体、内容和客体三个基本要素构成，主体是客体的占有者、支配者和行为的实施者，客体是主体合同债权和合同债务指向的目标，内容是主体和客体之间的连接纽带，三者缺一不可，共同构成合同法律关系。

1. 合同法律关系主体

合同法律关系主体又称为合同当事人，是指在合同关系中享有权利或者承担义务的人，包括债权人和债务人。在合同关系中，债权人有权要求债务人根据法律规定和合同的约定履行义务，而债务人则负有实施一定行为的义务。在实际工作中，债权人和债务人的地位往往是相对的，因为大多数合同都是双务合同，当事人双方互相享有权利、承担义务，因此，双方互为债权人和债务人。合同法律关系主体主要有：

（1）自然人

自然人是指基于出生而成为民事法律关系主体的人。自然人包括具有中华人民共和国国籍的自然人、具有其他国家国籍的自然人和无国籍自然人。但是，作为合同主体，自然人必须具备相应的民事权利能力和民事行为能力。

民事权利能力是指法律赋予民事法律关系主体享有民事权利和承担民事义务的资格。它是民事主体取得具体的民事权利和承担具体民事义务的前提条件，只有具有民事权利能力，才能成为独立的民事主体，参加民事活动。根据我国宪法和民法通则的规定，公民的民事权利能力一律平等，民事权利能力始于出生、终于死亡。

民事行为能力是指民事法律关系主体能够以自己的行为取得民事权利和承担民事义务的能力或资格。它既包括合法的民事行为能力，也包括民事主体对其行为应承担责任的能力，如民事主体因侵权行为而应承担损失赔偿责任等。

民事行为能力是民事权利能力得以实现的保证，民事权利能力必须依赖具有民事行为能力的行为，才能得以实现。公民具有民事行为能力，必须具备两个条件：第一，必须达到法定年龄；第二，必须智力正常，可以理智地辨认自己的行为。我国《民法通则》规定，年满18周岁的公民为完全民事行为能力人；16周岁以上不满18周岁的公民，以自己的劳动收入为主要生活来源的，视为具有完全民事行为能力；10周岁以上的未成年人或不能完全辨认自己行为的精神病人是限制民事行为能力人；不满10周岁的未成年人或不能辨认自己行为的精神病人为无民事行为能力人。

（2）法人

法人是指具有民事权利能力和民事行为能力，依法独立享有民事权利和承担民事义务的组织。我国的法人可分为：

1）企业法人。指以营利为目的，独立从事商品生产和经营活动的法人。

2）机关法人。指国家机关，包括立法机关、行政机关、审判机关和检察机关。这些法人不以营利为目的。

3）事业单位和社会团体法人。一般不以营利为目的，但按照企业法人登记法规登记后可从事营利活动。

作为法人，应具备以下4个法定条件：

①依法成立。法人必须按照法定程序，向国家主管机关提出申请，经审查合格后，才能取得法人资格。

②有必要的财产和经费。法人必须具有独立的财产或独立经营管理的财产和活动经费。

③有自己的名称、组织机构和场所。

④能够独立承担民事责任。

（3）其他组织

其他组织是指具有有限的民事权利能力和民事行为能力，在一定程度上能够享有民事权利和承担民事义务，但不能独立承担民事责任的不具备法人资格的组织。主要包括以下几种类型：

1）企业法人的分支机构。即由企业法人进行登记并领取营业执照的组织，如分公司、企业派出机构等。

2）依法登记并领取营业执照的私营独资企业、合伙企业。

3）依法登记并领取营业执照的合伙型联营企业。

4）依法登记并领取营业执照但无法人资格的中外合作经营企业、外商独资企业。

5）经核准登记并领取营业执照的乡镇、街道、村办企业。

6）符合上述非法人组织特征的其他经济组织。

2. 合同法律关系客体

合同法律关系的客体又称为合同的标的，指在合同法律关系中，合同法律关系的主体的权利义务关系所指向的对象。在合同交往过程中，由于当事人的交易目的和合同内容千差万别，合同客体也各不相同。根据标的物的特点，客体可分为：

（1）行为。是指合同法律关系主体为达到一定的目的而进行的活动，如完成一定的工作或提供一定劳务的行为，如工程监理等。

（2）物。是指民事权利主体能够支配的具有一定经济价值的物质财富，包括自然物和劳动创造物以及充当一般等价物的货币和有价证券等。物是应用最为广泛的合同法律关系客体。

（3）智力成果。也称为无形财产，指脑力劳动的成果，它可以适用于生产，转化为生产力，主要包括商标权、专利权、著作权等。

3. 合同法律关系内容

合同法律关系的内容指债权人的权利和债务人的义务，即合同债权和合同债务。合同债权又称为合同权利，是债权人依据法律规定和合同约定而享有的要求债务人为一定给付的权利。合同债务又称为合同义务，是指债务人根据法律规定和合同约定向债权人履行给付及与给付相关的其他行为的义务。合同债权具有以下特点：

（1）合同债权是请求权。即债权人请求对方为一定行为的权利。在债务人给付前，债权人不能直接支配标的，更不允许直接支配债务人的人身，只能通过请求债务人为给付行为，以达到自己的目的。

（2）合同债权是给付受领权。即有效地接受债务人的给付并予以保护。

（3）合同债权是相对权。因为合同只在债权人和债务人之间产生法律约束力，除了在由第三者履行的合同中，合同债权人可有权要求第三人履行合同义务外，债权人只能向合同债务人请求给付，无权向其他人提出要求。

（4）合同债权主要有以下几方面的权能：① 请求债务人履行的权利，即债权人有权要求债务人按照法律的规定和合同的约定履行其义务。② 接受履行的权利，当债务人履行债务时，债权人有权接受并永久保持因履行所得的利益。③ 请求权，又称为请求保护债权的权利，即当债务人不履行或未正确履行债务时，债权人有权请求法院予以保护，强制债务人履行债务或承担违约责任。④ 处分债权的权利，即债权人具备决定债权命运的权利。

2.2 合同主要条款

《合同法》遵循合同自由原则，仅仅列出合同的主要条款，具体合同的内容由当事人约定。主要条款一般包括以下内容：

（1）当事人的名称（或姓名）和场所。合同中记载的当事人的姓名或者名称是确定合同当事人的标志，而住所则在确定合同债务履行地、法院对案件的管辖等方面具有重要的法律意义。

（2）标的。标的即合同法律关系的客体，是指合同当事人权利义务指向的对象。合同中的标的条款应当标明标的的名称，以使其特定化，并能够确定权利义务的范围。合同的标的因合同类型的不同而变化，总体来说，合同标的包括有形财物、行为和智力成果。

（3）数量。合同标的的数量是衡量合同当事人权利义务大小的尺度。因此，合同标的的数量一定要确切，应当采用国家标准或者行业标准中确定的或者当事人共同接受的计量方法和计量单位。

（4）质量。合同标的质量是指检验标的内在素质和外观形态优劣的标准。它和标的数量一样是确定合同标的的具体条件，是这一标的区别于同类另一标的的具体特征。因此，在确定合同标的的质量标准时，应当采用国家标准或者行业标准。如果当事人对合同标的的质量有特别约定时，在不违反国家标准和行业标准的前提下，可双方约定标的的质量要求。合同中的质量条款包括标的的规格、性能、物理和化学成分、款式和质感。

（5）价款和报酬。价款和报酬是指以物、行为和智力成果为标的的有偿合同中，取得利益的一方当事人作为取得利益的代价而应向对方支付的金钱。价款是取得有形标的物应支付的代价；报酬是获得服务应支付的代价。

（6）履行的期限、地点和方式。履行的期限是指合同当事人履行合同和接受履行的时间。它直接关系到合同义务的完成时间，涉及当事人的期限利益，也是确定违约与否的因素之一。履行地点是指合同当事人履行合同和接受履行的地点。履行地点是确定交付与验收标的地点的依据有时是确定风险由谁承担的依据以及标的物所有权是否转移的依据。履行方式是合同当事人履行合同和接受履行的方式，包括交货方式、实施行为方式、验收方式、付款方式、结算方式、运输方式等。

（7）违约责任。违约责任是指当事人不履行合同义务或者履行合同义务不符合约定时应当承担的民事责任。违约责任是促使合同当事人履行债务，使守约方免受或者少受损失的法律救济手段，对合同当事人的利益关系重大，合同对此应予明确。

（8）解决争议的方法。解决争议的方法是指合同当事人解决合同纠纷的手段、地点。合同订立、履行中一旦产生争执，合同双方是通过协商、仲裁还是通过诉讼解决其争议，有利于合同争议的管辖和尽快解决，并最终从程序上保障了当事人的实质性权益。

2.3 合同订立

2.3.1 合同订立和成立

合同的订立是指缔约人作出意思表示并达成合意的行为和过程。合同成立是指合同订立过程的完成，即合同当事人经过平等协商对合同基本内容达成一致意见，合同订立阶段宣告结束，它是合同当事人合意的结果。合同作为当事人从建立到终止权利义务关系的一个动态过程，始于合同的订立，终结于适当履行或者承担责任。任何一个合同的签订都需要当事人双方进行一次或者多次的协商，最终达成一致意见，而签订合同则意味着合同的成立。合同成立是合同订立的重要组成部分。合同的成立必须具备以下条件。

1. 订约主体存在双方或者多方当事人

所谓订约主体即缔约人，是指参与合同谈判并且订立合同的人。作为缔约人，他必须具有相应的民事权利能力和民事行为能力，有下列几种情况：

（1）自然人的缔约能力。自然人能否成为缔约人，要根据其民事行为能力来确定。具有完全行为能力的自然人可以订立一切法律允许自然人作为合同当事人的合同。限制行为能力的自然人只能订立一些与自己的年龄、智力、精神状态相适应的合同，其他合同只能由其法定代理人代为订立或者经法定代理人同意后订立。无行为能力的自然人通常不能成为合同当事人，如果要订立合同，一般只能由其法定代理人代为订立。

（2）法人和其他组织的缔约能力。法人和其他组织一般都具有行为能力，但是他们的行为能力是有限制的，因为法律往往对法人和其他组织规定了各自的经营和活动范围。因此，法人和其他组织在订立合同时要考虑到自身的行为能力。超越经营或者活动范围订立的合同，有可能不能产生法律效力。

（3）代理人的缔约能力。当事人除了自己订立合同外，还可以委托他人代订合同。在委托他人代理时，应当向代理人进行委托授权，即出具授权委托书。在委托书中注明代理人的姓名（或名称）、代理事项、代理的权限范围、代理权的有效期限、被代理人的签名盖章等内容。如果代理人超越代理权限或者无权代理，则所订立的合同可能不能产生法律效力。

2. 对主要条款达成合意

合同成立的根本标志在于合同当事人的意思表示一致。但是在实际交易活动中常常因为相距遥远，时间紧迫，不可能就合同的每一项具体条款进行仔细磋商；或者因为当事人缺乏合同知识而造成合同规定的某些条款不明确或者缺少某些具体条款。《合同法》规定，当事人就合同的标的、数量、质量等主要条款协商一致，合同就可以成立。

2.3.2 要约

1. 要约概念

要约也称为发价、发盘、出盘、报价等，是希望和他人订立合同的意思表示。即一方当事人以缔结合同为目的，向对方当事人提出合同条件，希望对方当事人接受的意思表示。构成要约必须具备以下条件：

（1）要约必须是特定人所为的意思表示。要约是要约人向相对人（受约人）所作出的含有合同条件的意思表示，旨在得到对方的承诺并订立合同。只有要约人是具备民事权利能力和民事行为能力的特定的人，受约人才能对他作出承诺。

（2）要约必须向相对人发出。要约必须经过受约人的承诺，合同才能成立，因此，要约必须是要约人向受约人发出的意思表示。受约人一般为特定人，但是，在特殊情况下，对不确定的人作出无碍要约时，受约人可以为不特定人。

（3）要约的内容应当具体确定。要约的内容必须明确，而不应该含糊不清，否则，受约人便不能了解要约的真实含义，难以承诺。同时，要约的内容必须完整，必须具备合同的主要条件或者全部条件，受约人一旦承诺后，合同就能成立。

（4）要约必须具有缔约目的。要约人发出要约的目的是为了订立合同，即在受约人承诺时，要约人即受该意思表示的约束。凡是不是以缔结合同为目的而进行的行为，尽管表达了当事人的真实意愿，但不是要约。是否以缔结合同为目的，是区别要约与要约邀请的主要标志。

2. 要约法律效力

要约的法律效力是指要约的生效及对要约人、受约人的约束力。它包括：

（1）对要约人的拘束力。即指要约一经生效，要约人即受到要约的拘束，不得随意撤回、撤销或者对要约加以限制、变更和扩张，从而保护受约人的合法权益，维护交易安全。不过，为了适应市场交易的实际需要，法律允许要约人在一定条件下，即在受约人承诺前有限度地撤回、撤销要约或者变更要约的内容。

（2）对受约人的拘束力。是指受约人在要约生效时即取得承诺的权利，取得依其承诺而成立合同的法律地位。正是因为这种权利，所以受约人可以承诺，也可以不予承诺。这种权利只能由受约人行使，不能随意转让，否则承诺对要约人不产生法律效力。如果要约人在要约中明确规定受约人可以将承诺的资格转让，或者受约人的转让得到要约人的许可，这种转让是有效的。

（3）要约的生效时间。即要约产生法律约束力的时间。《合同法》规定，要约的生效时间为要约到达受约人时开始。

（4）要约的存续期间。要约的存续期间是指要约发生法律效力的期限，也即受约人得以承诺的期间。一般而言，要约的存续期间由要约人确定，受约人必须在此期间内作出承诺，要约才能对要约人产生拘束力。如果要约人没有确定，则根据要约的具体情况，考虑受约人能够收到要约所必需的时间、受约人作出承诺所必需的时间和承诺到达要约人所必需的时间而确定一个合理的期间。

3. 要约邀请

要约邀请又称为要约引诱，是指希望他人向自己发出要约的意思表示，其目的在于邀请对方向自己发出要约。如寄送的价目表、拍卖公告、招标公告、商业广告等为要约邀请。在工程建设中，工程招标即为要约邀请，投标报价属于要约，中标函则是承诺。要约邀请是当事人订立合同的预备行为，它既不能因相对人的承诺而成立合同，也不能因自己作出某种承诺而约束要约人。要约与要约邀请两者之间主要有以下区别：

（1）要约是当事人自己主动愿意订立合同的意思表示；而要约邀请则是当事人希望对方向自己提出订立合同的意思表示。

（2）要约中含有当事人表示愿意接受要约约束的意旨，要约人将自己置于一旦对方承诺，合同即宣告成立的无可选择的地位；而要约邀请则不含有当事人表示愿意承担约束的意旨，要约邀请人希望将自己置于一种可以选择是否接受对方要约的地位。

4. 要约撤回与撤销

（1）要约撤回

要约的撤回是指在要约发生法律效力之前，要约人取消要约的行为。根据要约的形式拘束力，任何一项要约都可以撤回，只要撤回的通知先于或者与要约同时到达受约人，都能产生撤回的法律效力。允许要约人撤回要约，是尊重要约人的意志和利益。由于撤回是在要约到达受约人之前作出的，所以此时要约并未生效，撤回要约也不会影响到受约人的利益。

（2）要约撤销

要约的撤销是指在要约生效后，要约人取消要约，使其丧失法律效力的行为。在要约到达后、受约人作出承诺之前，可能会因为各种原因如要约本身存在缺陷和错误、发生了不可抗力、外部环境发生变化等，促使要约人撤销其要约。允许撤销要约是为了保护要约人的利益，减少不必要的损失和浪费。但是，《合同法》中规定，有下列情况之一的，要约不得撤销：① 要约中确定了承诺期限或者以其他形式明示要约不可撤销。② 受约人有理由认为要约是不可撤销的，并且已经为履行合同做了准备工作。

5. 要约消灭

要约的消灭又称为要约失效，即要约丧失了法律拘束力，不再对要约人和受约人产生约束。要约消灭后，受约人也丧失了承诺的效力，即使向要约人发出承诺，合同也不能成立。《合同法》规定，有下列情况之一的，要约失效：

（1）受约人拒绝要约。

（2）要约人撤回或者撤销要约。

（3）承诺期限届满，承诺人未作出承诺。

（4）承诺对要约的内容作出实质性变更。

2.3.3 承诺

1. 承诺概念

承诺是指受约人同意接受要约的全部条件的意思表示。承诺的法律效力在于要约一经受约人承诺并送达要约人，合同便宣告成立。承诺必须具备以下条件，才能产生法律效力：

（1）承诺必须是受约人发出根据要约所具有的法律效力，只有受约人才能取得承诺的资格，因此，承诺只能由受约人发出。如果要约是向一个或者数个特定人发出时，则该特定人具有承诺的资格。受约人以外的任何人向要约人发出的都不是承诺而只能视为要约。如果要约是向不特定人发出时，则该不特定人中的任何人都具有承诺的资格。

（2）承诺必须向要约人发出。承诺是指受约人向要约人表示同意接受要约的全部条件的意思表示，在合同成立后，要约人是合同当事人之一，因此，承诺必须是向特定人即要约人发出的，这样才能达到订立合同的目的。

（3）承诺应当在确定的或者合理的期限内到达要约人。如果要约规定了承诺的期限，则承诺应当在规定的期限内作出；如果要约中没有规定期限，则承诺应当在合理的期限内作出。如果承诺人超过了规定的期限作出承诺，则视为承诺迟到，或者称为逾期承诺。一般来说，逾期承诺被视为新的要约。而不是承诺。

（4）承诺的内容应当与要约的内容一致。因为承诺是受约人愿意按照要约的全部内容与要约人订立合同的意思表示，即承诺是对要约的同意，其同意内容必须与要约内容完全一致，合同才能成立。

（5）承诺必须表明受约人的缔约意图。同要约一样，承诺必须明确表明与要约人订立合同，此时合同才能成立。这就要求受约人作出的承诺必须清楚明确，不能含糊。

（6）承诺的传递方式应当符合要约的要求。如果要约要求承诺采取某种方式作出，则不能采取其他方式。如果要约未对此作出规定，承诺应当以合理的方式作出。

2. 承诺方式

承诺的方式是指受约人通过何种形式将承诺的意思送达给要约人。如果要约中明确规定承诺必须采取何种形式作出，则承诺人必须按照规定发出承诺。如果要约没有对承诺方式作出特别规定，受约人可以采用以下方式作出承诺：

（1）通知。在一般情况下，承诺应当以通知的方式作出，即以口头或者书面的形式将承诺明确告知要约人。要约中有明确规定的，则按照要约的规定作出承诺；如果要约没有作出明确规定，通常采用与要约相同的方式作出承诺。

（2）行为。如果根据交易习惯或者要约明确规定可以通过行为作出承诺的，则可以通过行为进行承诺，即以默示方式作出承诺，包括作为与不作为两种方式。

3. 承诺生效时间

承诺的生效时间是指承诺何时产生法律效力。根据《合同法》规定，承诺在承诺通知到达要约人时生效。但是，承诺必须在承诺期限内作出。分为以下几种情况：

（1）承诺必须在要约确定的期限内作出。

（2）如果要约没有确定承诺期限，承诺应当按照下列规定到达：① 要约以对话方式作出的，应当及时作出承诺的意思表示。② 要约以非对话方式作出的，承诺应当在合理期限内到达要约人。

4. 对要约内容变更的处理

按照承诺成立的条件，承诺的内容必须与要约的内容保持一致，即承诺必须是无条件的承诺，不得限制、扩张或者变更要约的内容。如果对要约内容进行变更，就有可能不能成为承诺。变更分为以下两种情况：

（1）承诺如果对要约的内容进行实质性变更，此时，不能构成承诺而应该视为新的要约。有关合同的标的、数量、质量、价款和酬金、履行期限、履行地点和方式、违约责任和争议解决方法的变更，是对要约内容的实质性变更。因为这些条款是未来合同内容所必须具备的条款，如果缺少这些条款，未来的合同便不能成立。因此，当这些变更后的承诺到达要约人时，合同并不能成立，必须等到原要约人无条件同意这些经变更后而形成的新要约，再向新要约人发出承诺时，合同方可成立。

（2）承诺对要约的内容作出非实质性变更时，承诺一般有效。《合同法》规定，如果承诺对要约的内容作出非实质性变更的，除了要约人及时表示反对或者要约明确表示承诺不得对要约的内容作出任何变更的以外，该承诺有效，合同的内容以承诺的内容为准。对要约的非实质性内容的更改包括：

1）对非主要条款作出了改变。

2）承诺人对要约的主要条款未表示异议，然而在对这些主要条框承诺后，又添加了一些建议或者表达了一些愿望。如果在这些建议和意见中并没有提出新的合同成立条件，则认为承诺有效。

3）如果承诺中添加了法律规定的义务，承诺仍然有效。

2.3.4　缔约过失责任

1. 概念

缔约过失责任是一种合同前的责任，指在合同订立过程中，一方当事人违反诚实信用原则的要求，因自己的过失而引起合同不成立、无效或者被撤销而给对方造成损失时所应当承担的损害赔偿责任。

2. 特点

缔约过失责任具有以下特点：

（1）缔约过失责任是发生在订立合同过程中的法律责任。缔约过失责任与违约责任最重要的区别在于发生的时间不同。违约责任是发生在合同成立以后，合同履行过程中的法律责任；而缔约过失责任则是发生在缔约过程中当事人一方因其过失行为而应承担的法律责任。只有在合同还未成立，或者虽然成立，但不能产生法律效力而被确定无效或者被撤销时，有过错的一方才能承担缔约过失责任。

（2）承担缔约过失责任的基础是违背了诚实信用原则。诚实信用原则是《合同法》的基本原则。根据诚实信用原则的要求，在合同订立过程中，应当承担先合同义务，包括使用方法的告知义务、瑕疵告知义务、重要事实告知义务、协作与照顾义务等。我国《合同法》规定，假借订立合同，恶意进行磋商，故意隐瞒与订立合同有关的重要事实或者提供虚假情况，都属于违背诚实信用原则的行为，应承担缔约过失责任。

（3）责任人的过失导致他人信赖利益的损害。缔约过失行为直接破坏了与他人的缔约关系，损害的是他人因为信赖合同的成立和有效，但实际上合同是不成立和无效的而遭受的损失。

3. 缔约过失责任的类型

缔约过失责任的类型包括：

（1）擅自撤回要约时的缔约过失责任。

（2）缔约之际未尽通知等项义务给对方造成损失时的缔约过失责任。

（3）缔约之际未尽保护义务侵害对方权利时的缔约过失责任。

（4）合同不成立时的缔约过失责任。

（5）合同无效时的缔约过失责任。

（6）合同被变更或者撤销时的缔约过失责任。

（7）无权代理情况下的缔约过失责任。

2.4 合同效力

2.4.1 合同生效

1. 合同生效概念

合同的成立只是意味着当事人之间已经就合同的内容达成了意思表示一致，但是合同能否产生法律效力还要看它是否符合法律规定。合同的生效是指已经成立的合同因符合法律规定而受到法律保护，并能够产生当事人所预想的法律后果。《合同法》规定，依法成立的合同，自成立时生效。如果合同违反法律规定，即使合同已经成立，而且可能当事人之间还进行了合同的履行，该合同及当事人的履行行为也不会受到法律保护，甚至还可能受到法律的制裁。

2. 合同生效与合同成立的区别

合同生效与合同成立是两个完全不同的概念。合同成立制度主要表现了当事人的意志，体现了合同自由的原则；而合同生效制度则体现了国家对合同关系的认可与否，它反映了国家对合同关系的干预。两者区别如下：

（1）合同不具备成立或生效要件承担的责任不同。即在合同订立过程中，一方当事人违反诚实信用原则的要求，因自己的过失给对方造成损失时所应当承担的损害赔偿责任，其后果仅仅表现为当事人之间的民事赔偿责任；而合同不具备生效要件而产生合同无效的法律后果，除了要承担民事赔偿责任以外，往往还要承担行政责任和刑事责任。

（2）在合同形式方面的不同要求。在法律、行政法规或者当事人约定采用书面形式订立合同而没有采用，而且也没有出现当事人一方已经履行主要义务、对方接受的情况，则合同不能成立；但是，如果法律、行政法规规定合同只有在办理批准、登记等手续才能生效，当事人未办理相关手续则会导致合同不能生效，但并不影响合同的成立。

（3）国家的干预与否不同。有些合同往往由于其具有非法性，违反了国家的强制性规定或者社会公共利益而成为无效合同，此时，即使当事人不主张合同无效，国家也有权干预；合同不成立仅仅涉及当事人内部的合意问题，国家往往不能直接干预，而应当由当事人自己解决。

3. 合同生效时间

根据《合同法》规定，依法成立的合同，自成立时起生效。即依法成立的合同，其生效时间一般与合同的成立时间相同。如果法律、行政法规规定应当办理批准、登记等手续生效的，则在当事人办理了相关手续后合同生效。未办理手续的合同尽管合同成立，但是不能生效。如果当事人约定应当办理公证、鉴证或者登记手续生效的，当事人未办理，并不影响合同的生效，合同仍然自成立时起生效。

2.4.2 无效合同

1. 无效合同概念和特征

无效合同是指合同虽然已经成立，但因违反法律、行政法规的强制性规定或者社会公共利益，自始不能产生法律约束力的合同。无效合同具有以下法律特征：

（1）合同已经成立，这是无效合同产生的前提。

（2）合同不能产生法律约束力，即当事人不受合同条款的约束。

（3）合同自始无效。

2. 无效合同类型

按照《合同法》规定，以下几种情况，合同无效：

（1）一方以欺诈、胁迫的手段订立合同，损害国家利益。欺诈是指一方当事人故意告知对方虚假情况，或者故意隐瞒真实情况，诱使对方当事人作出错误的意思表示的行为。欺诈行为具有以下构成要件：欺诈方有欺诈的故意；欺诈方实施欺诈的行为；相对人因受到欺诈而作出错误的意思表示。胁迫是指以将来发生的损害或以直接加以损害相威胁，使对方产生恐惧并因此而订立合同。胁迫行为具有以下构成要件：胁迫人具有胁迫的故意；胁迫人实施了胁迫行为；受胁迫人产生了恐惧而作出了不真实的意思表示。

（2）恶意串通，损害国家、集体或者第三人利益。恶意串通的合同是指明知合同违反了法律规定，或者会损害国家、集体或他人利益，合同当事人还是非法串通在一起，共同订立某种合同，造成国家、集体或者第三者利益的损害。

（3）以合法的形式掩盖非法的目的。即采用法律允许的合同类型，掩盖其非法的合同目的。如签订赠予合同以转移非法财产等。这种行为必然导致市场经济秩序混乱，因此是无效合同。

（4）损害社会公共利益。《合同法》规定，当事人订立的合同，不得损害社会公共利益，因此，当事人订立的合同首先必须符合社会公共利益。否则，只能是无效合同。

（5）违反法律、行政法规的强制性规定。所谓法律的强制性规定，是指规范义务性要求十分明确，而且行为人必须履行，不允许以任何方式加以变更或者违反的法律规定。

3.《司法解释》关于合同无效的规定

在工程实践中，由于工程标的大，履行时间长，涉及面广，工程合同是否无效界定较为困难。针对此情况，最高人民法院于 2004 年 10 月 25 日出台了《最高人民法院关于审理建设工程施工合同纠纷案件适用法律问题的解释》（以下简称《司法解释》），并于 2005 年 1 月 1 日起正式施行。《司法解释》对建设工程施工合同的效力、合同的解除以及工程质量的责任等法律问题做出了详细的规定。

（1）《司法解释》第一条规定，"建设工程施工合同具有下列情形之一的，应当根据合同法第五十二条第（五）项的规定，认定无效：承包人未取得建筑施工企业资质或者超越资质等级的；没有资质的实际施工人借用有资质的建筑施工企业名义的；建设工程必须进行招标而未招标或者中标无效的"。

（2）《司法解释》第四条规定，"承包人非法转包、违法分包建设工程或者没有资质的实际施工人借用有资质的建筑施工企业名义与他人签订建设工程施工合同的行为无效。人民法院可以根据民法通则第一百三十四条规定，收缴当事人已经取得的非法所得"。

（3）《司法解释》第五条规定，"承包人超越资质等级许可的业务范围签订建设工程施工合同，在建设工程竣工前取得相应资质等级，当事人请求按照无效合同处理的，不予支持"。

（4）《司法解释》第七条规定，"具有劳务作业法定资质的承包人与总承包人、分包人签订的劳务分包合同，当事人以转包建设工程违反法律规定为由请求确认无效的，不予支持"，以保护劳务分包人的合法权益。

4. 免责条款无效的法律规定

免责条款是指合同当事人在合同中预先约定的，旨在限制或免除其未来责任的条款。《合同法》规定，合同中下列免责条款无效：

（1）造成对方人身伤害的。

（2）因故意或者重大过失造成对方财产损失的。

法律之所以规定以上两种情况的免责条款无效，是因为：一是这两种行为都具有一定的社会危害性和法律的谴责性；二是这两种行为都可以构成侵权行为，即使当事人之间没有合同关系，当事人也可以追究对方当事人的侵权行为责任，如果当事人约定这种侵权行为免责的话，等于以合同的方式剥夺了当事人的合同以外的法定权利，违反了民法的公平原则。

5. 无效合同的法律后果

无效合同一经确认，即可决定合同的处置方式。但并不说明合同当事人的权利义务关系全部结束。其处置原则为：

（1）制裁有过错方。即对合同无效负有责任的一方或者双方应当承担相应的法律责任。过错方所应当承担的损失赔偿责任必须符合以下条件：被损害人有损害事实；赔偿义务人有过错；接受损失赔偿的一方当事人必须无故意违法而使合同无效的情况；损失与过错之间有因果关系。

（2）无效合同自始没有法律效力。无论确认合同无效的时间是在合同履行前，还是履行过程中，或者是在履行完毕，该合同一律从合同成立之时就不具备法律效力，当事人即使进行了履行行为，也不能取得履行结果。

（3）合同部分无效并不影响其他部分效力，其他部分仍然有效。合同部分无效时会产生两种不同的法律后果：①因无效部分具有独立性，没有影响其他部分的法律效力，此时，其他部分仍然有效；②无效部分内容在合同中处于至关重要的地位，从而导致整个合同无效。

（4）合同无效并不影响合同中解决争议条款的法律效力。

（5）以返还财产为原则，折价补偿为例外。无效合同自始就没有法律效力，因此，当事人根据合同取得的财产就应当返还给对方；如果所取得的财产不能返还或者没有必要返还的，则应当折价补偿。

（6）对无效合同，有过错的当事人除了要承担民事责任以外，还可能承担行政责任甚至刑事责任。

6. 《司法解释》对无效合同的处理

《司法解释》对于无效合同的处理同样也做出了明确的规定。《司法解释》第3条规定，"建设工程施工合同无效，且建设工程经竣工验收不合格的，按照以下情形分别处理：修复后的建设工程经竣工验收合格，发包人请求承包人承担修复费用的，应予支持；修复后的建设工程经竣工验收不合格，承包人请求支付工程价款的，不予支持。因建设工程不合格造成的损失，发包人有过错的，也应承担相应的民事责任。"

为了防止业主、转包人、违法分包人以合同无效为由拖欠实际施工人工程款，《司法解释》第二条规定："建设工程施工合同无效，但建设工程经竣工验收合格，承包人请求参照合同约定支付工程价款的，应予支持。"第26条规定："实际施工人以转包人、违法分包人为被告起诉的，人民法院应当依法受理。实际施工人以发包人为被告主张权利的，人民法院可以追加转包人或者违法分包人为本案当事人。发包人只在欠付工程价款范围内对实际施工人承担责任。"可以看出，《司法解释》还是依据合同法的立法原意，认定价格条款有效，并不会与合同无效发生矛盾。业主、转包人或违法分包人与实际施工人订立合同的初衷即由实际施工人代为建造一个合格的工程，工程经竣工验收合格即意味其合同目的已经实现，拒付工程款无法律依据而构成不当得利。

2.4.3 可撤销合同

1. 可撤销合同概念和特征

可撤销合同是指因当事人在订立合同的过程中意思表示不真实，经过撤销人请求，由人民法院或者仲裁机构变更合同的内容，或者撤销合同，从而使合同自始消灭的合同。可撤销合同具有以下特点：

（1）可撤销合同是当事人意思表示不真实的合同。

（2）可撤销合同在未被撤销之前，仍然是有效合同。

（3）对可撤销合同的撤销，必须由撤销人请求人民法院或者仲裁机构作出。

（4）当事人可以撤销合同，也可以变更合同的内容，甚至可以维持原合同保持不变。

2. 可撤销合同的法律规定

《合同法》规定，下列合同，当事人一方有权请求人民法院或者仲裁机构变更或者撤销：1）因重大误解订立的。2）在订立合同时显失公平的。

一方以欺诈、胁迫的手段或者乘人之危，使对方在违背真实意思的情况下订立的合同，受损害方有权请求人民法院或者仲裁机构变更或者撤销。当事人请求变更的，人民法院或者仲裁机构不得撤销。

3. 可撤销合同与无效合同的区别

可撤销合同与无效合同的相同之处在于合同都会因被确认无效或者被撤销后而使合同自始不具备法律效力。可撤销合同与无效合同的区别在于：

（1）合同内容的不法性程度不同。可撤销合同是由于当事人意思表示不真实造成的，法律将合同的处置权交给受损害方，由受损害方行使撤销权；而无效合同的内容明显违法，不能由合同当事人决定合同的效力，而应当有法院或者仲裁机构作出，即使合同当事人未主张合同无效，法院也可以主动干预，认定合同无效。

（2）当事人权限不同。可撤销合同在合同未被撤销之前仍然有效，撤销权人享有撤销权和变更权，当事人可以向法院或者仲裁机构申请行使撤销权和变更权，也可以放弃该权利，法律把决定这些合同的权利给了当事人；而无效合同始终不能产生法律效力，合同当事人无权选择处置合同的方式。

（3）期限不同。对于可撤销合同，撤销权人必须在法定期限内行使撤销权，超过法定期限未行使撤销权的，合同即为有效合同，当事人不得再主张撤销合同；无效合同属于法定无效，不会因为超过期限而使合同变为有效合同。

4. 撤销权消灭

合同法规定，有下列情况之一的，撤销权消灭：

（1）具有撤销权的当事人自知道或者应当知道撤销事由之日起一年内未行使撤销权；

（2）具有撤销权的当事人知道撤销事由后明确表示或者以自己的行为放弃撤销权。

2.4.4　效力待定合同

1. 效力待定合同概念

效力待定合同是指合同虽然已经成立，但因其不完全符合合同的生效要件，因此其效力能否发生还不能确定，一般须经权利人确认才能生效的合同。

2. 效力待定合同类型

（1）限制民事行为能力人依法不能独立订立的合同

根据《民法通则》规定，限制民事行为能力人只能实施某些与其年龄、智力、精神健康状况相适应的民事行为，其他民事活动应当由其法定代理人代理或者在征得其法定代理人同意后实施。《合同法》将其订立的合同分为两种类型：① 纯利益合同或者与其年龄、智力、精神健康状况相适应的合同，如获得报酬、奖励、赠予等。这些合同不必经法定代理人同意。② 未经法定代理人同意而订立的其他合同。这些合同只能是效力待定合同，必须经过其法定代理人的追认，合同才能产生法律效力。

（2）无民事行为能力人订立的合同

一般来讲，无民事行为能力人只能由其法定代理人代理签订合同，他们不能自己订立合同，否则合同无效。如果他们订立合同，该合同必须经过其法定代理人的追认，合同才能产生法律效力。

（3）无权代理订立的合同

无权代理分为狭义无权代理、表见代理两种情况。狭义无权代理是指行为人没有代理权或超越代理权限而以他人的名义进行民事、经济活动。其表现形式为：

1）无合法授权的代理行为。代理权是代理人进行代理活动的法律依据，未经当事人的授权而以他人的名义进行的代理活动是最主要的无权代理的表现形式。

2）代理人超越代理权限而为的代理行为。在代理关系形成过程中，关于代理人代理权的范围均有所界定，特别是在委托代理中，代理权的权限范围必须明确规定，代理人应依据代理权限进行代理活动，超越此权限的活动即越权代理，这也属于无权代理。

3）代理权终止后的代理行为。代理权终止后，代理人的身份随之消灭，从而无权再以被代理人的名义进行代理活动。

《合同法》明确规定："行为人没有代理权、超越代理权或者代理权终止后，以被代理人名义订立的合同，未经被代理人追认，对被代理人不发生效力，由行为人承担。"由此可见，无权代理将产生下列法律后果：

1）被代理人的追认权。根据《合同法》规定，无权代理一般对被代理人不发生法律效力，但是，在无权代理行为发生后，如果被代理人认为无权代理行为对自己有利，或者出于某种考虑而同意这种行为，则有权作出追认的意思表示。无权代理行为一经被代理人追认，则对被代理人发生法律效力。

2）被代理人的拒绝权。在无权代理行为发生后，被代理人为了维护自身的合法权益，对此行为及由此而产生的法律后果享有拒绝的权利。被代理人没有进行追认或拒绝追认的义务。但是，如果被代理人知道他人以自己的名义实施代理行为而不作出否认表示的，则视为同意。

3）无权代理人的催告权。在无权代理行为发生后，无权代理人可向被代理人催告，要求被代理人对此行为是否有效进行追认，如果被代理人在规定期限内未作出答复，则视为拒绝。

4）无权代理人的撤回权。即向被代理人提出撤回已作出的代理表示的法律行为。但是，如果被代理人已经追认了其无权代理行为，则代理人就不得撤回。如果无权代理人已经行使撤回权，则被代理人就不能行使追认权。

5）相对人的催告权。在无权代理行为发生后，相对人有权催告被代理人在合理的期限内对行为人的无权代理行为予以追认，被代理人在规定期限内未作出追认，视为拒绝追认。

6）善意相对人的撤销权。善意相对人是指不知道或者不应当知道无权代理人没有代理权的相对人。善意相对人在被代理人追认前，享有撤销的权利。

表见代理是指善意相对人有理由相信无权代理人具有代理权，且据此而与无权代理人订立合同。对于表见代理，《合同法》规定，该代理行为有效，即合同订立后，应由被代理人对善意相对人承担合同责任。如果是因为无权代理给被代理人造成损失的，他可以向行为人追偿。构成表见代理的情形包括：

1）被代理人知道他人以自己的名义订立合同而不作否认表示。

2）本人以直接或者间接的意思表示，声明授予他人代理权，但事实上并未授权。

3）将具有代理权证明意义的文件或者印鉴交给他人，或者允许他人作为自己的分支机构以其代理人名义活动。

4）代理权授权不明，相对人有理由相信行为人有代理权。

5）代理权虽然已经消灭，但未告知相对人。

6）行为人与被代理人之间存在某种特定关系。

（4）法定代表人、负责人超越权限订立的合同

《合同法》规定，法人或者其他组织的法定代表人、负责人超越权限订立的合同，除了相对人知道或者应当知道其超越权限的以外，该代表行为有效。

（5）无权处分财产人订立的合同

所谓无权处分财产人订立的合同，是指不享有处分财产权利的人处分他人财产权利而订立的合同。因无权处分行为而订立的合同，如果经权利人追认或者无权处分人在订立合同后取得处分权，则合同有效；否则，该合同无效。如果合同相对人善意且有偿取得财产，则合同相对人能够享有财产所有权，原财产所有权人的损失，由擅自处分人承担赔偿责任。在实践中，无权处分财产的情形主要包括：

1）因其他合同关系占有财产的人擅自处分他人财产。

2）某一共有人未经其他共有人同意擅自处分共有财产。

3）将通过非法手段获得的他人财产进行处分。

4）采用欺诈手段处分他人财产。

2.5 合同履行

2.5.1 合同履行原则

合同订立并生效后，合同便成为约束和规范当事人行为的法律依据。合同当事人必须按照合同约定的条款全面、适当地完成合同义务，如交付标的物、提供服务、支付报酬或者价款、完成工作等。合同的履行是合同当事人订立合同的根本目的，也是实现合同目的的最重要和最关键的环节，直接关系到合同当事人的利益，而履行问题往往最容易出现争议和纠纷。因此，合同的履行成为合同法中的核心内容。

1. 合同履行基本原则

为了保证合同当事人依约履行合同义务，必须规定一些基本原则，以指导当事人具体地去履行合同，处理合同履行过程中发生的各种情况。合同履行的基本原则构成了履行合同过程中总的和基本的行为准则，成为合同当事人是否履行合同以及履行是否符合约定的基本判断标准。《合同法》中规定，在合同履行过程中必须遵循两个基本原则：

（1）全面履行原则。全面履行是指合同当事人应当按照合同的约定全面履行自己的义务，不能以单方面的意思改变合同义务或者解除合同。全面履行原则要求当事人保质、保量、按期履行合同义务，否则即应承担相应的责任。根据全面履行原则可以确定当事人在履行合同中是否有违约行为及违约的程度，对合同当事人应当履行的合同义务予以全面制约，充分保护合同当事人的合法权益。

（2）诚实信用原则。诚实信用原则是指在合同履行过程中，合同当事人讲究信用，恪守信用，以善意的方式履行其合同义务，不得滥用权力及规避法律或者合同规定的义务。合同的履行应当严格遵循诚实信用原则。一方面，要求当事人除了应履行法律和合同规定的义务外，还应当履行依据诚实信用原则所产生的各种附随义务，包括相互协作和照顾义务、瑕疵的告知义务、使用方法的告知义务、重要情事的告知义务、忠实的义务等。另一方面，在法律和合同规定的内容不明确或者欠缺规定的情况下，当事人应当依据诚实信用原则履行义务。

2. 与合同履行有关的其他原则

（1）协作履行原则。协作履行原则要求合同当事人在合同履行过程中相互协作，积极配合，完成合同的履行。当事人适用协作履行原则不仅有利于全面、实际地履行合同，也有利于增强当事人之间彼此相互信赖、相互协作的关系。

（2）效益履行原则。效益履行原则是指履行合同时应当讲求经济效益，尽量以最小的成本，获得最大的效益，以及合同当事人为了谋求更大的效益或者为了避免不必要的损失，变更或解除合同。

（3）情事变更原则。情事变更原则是指在合同订立后，如果发生了订立合同时当事人不能预见并且不能克服的情况，改变了订立合同时的基础，使合同的履行失去意义或者履行合同将使当事人之间的利益发生重大失衡，应当允许当事人变更合同或者解除合同。

2.5.2 合同履行中的义务

（1）通知义务。通知义务是指合同当事人负有将与合同有关的事项通知给对方当事人的义务。包括有关履行标的物到达对方的时间、地点、交货方式的通知，合同提存的有关事项的通知，后履行抗辩权行使时要求对方提供充分担保的通知，情事变更的通知，不可抗力的通知等。

（2）协助义务。协助义务是指合同当事人在履行合同过程中应当相互给予对方必要的和能够的协助和帮助的义务。

（3）保密义务。保密义务是指合同当事人负有为对方的秘密进行保守，使其不为外人知道的义务。如果因为未能为对方保守秘密，使外人知道对方的秘密，给对方造成损害的，应当对此承担责任。

2.5.3 合同履行中约定不明情况的处置

（1）合同生效后，合同的主要内容包括质量、价款或者报酬、履行地点等没有约定或者约定不明确的，当事人可以通过协商确定合同的内容。不能达成补充协议的，按照合同有关条款或者交易习惯确定。

（2）如果合同当事人双方不能达成一致意见，又不能按照合同的有关条款或者交易习惯确定，可以适用下列规定：

1）质量要求不明确的，按照国家标准、行业标准履行；没有国家标准、行业标准的，按照通常标准或者符合合同目的的特定标准履行。所谓的通常标准是指在同类的交易中，产品应当达到的质量标准；符合合同目的的特定标准是指根据合同的目的、产品的性能、产品的用途等因素确定质量标准。

2）价款或者报酬不明确的，按照订立合同时履行地市场价格履行；依法执行政府定价或者政府指导价的，按照规定执行。此处所指的市场价格是指市场中的同类交易的平均价格。对于一些特殊的物品，由国家确定价格的，应当按照国家的定价来确定合同的价款或者报酬。

3）履行地点不明确，给付货币的，在接受货币一方所在地履行；交付不动产的，在不动产所在地履行；其他标的，在履行义务一方所在地履行。

4）履行期限不明确，债务人可以随时履行，债权人也可以随时要求履行，但应当给对方必要的准备时间。

5）履行方式不明确的，按照有利于实现合同目的的方式履行。

6）履行费用的负担不明确的，由履行义务一方负担。

2.5.4 合同中执行政府定价或者指导价的法律规定

在发展社会主义市场经济过程中，政府对经济活动的宏观调控和价格管理十分必要。《合同法》规定：执行政府定价或者政府指导价的，在合同约定的交付期限内政府价格调整时，按照交付时的价格计价。逾期交付标的物的，遇价格上涨时，按照原价格执行；价格下降时，按照新价格执行。逾期提取标的物或者逾期付款的，遇价格上涨时，按照新价格执行；价格下降时，按照原来的价格执行。

从《合同法》中可以看到，执行国家定价的合同当事人，由于逾期不履行合同遇到国家调整物价时，在原价格和新价格中，执行对违约方不利的那种价格，这是对不按期履行合同的一方从价格结算上给予的一种惩罚。这样规定，有利于促进双方按规定履行合同。需要注意的是，这种价格制裁只适用于当事人因主观过错而违约，不适用因不可抗力所造成的情况。

2.5.5 《司法解释》关于垫资的规定

垫资承包是指建设单位未全额支付工程预付款或未按工程进度按月支付工程款（不含合同约定的质量保证金），由建筑业企业垫款施工。建设部、国家发展和改革委员会、财政部、中国人民银行于2006年1月4日联合发出《关于严禁政府投资项目使用带资承包方式进行建设的通知》（建市〔2006〕6号），通知规定，政府投资项目一律不得以建筑业企业带资承包的方式进行建设，不得将建筑业企业带资承包作为招标投标条件；严禁将此类内容写入工程承包合同及补充条款，同时要对政府投资项目实行告知性合同备案制度。

对于非政府投资工程，《司法解释》第六条规定，"当事人对垫资和垫资利息有约定，承包人请求按照约定返还垫资及其利息的，应予支持，但是约定的利息计算标准高于中国人民银行发布的同期同类贷款利率的部分除外。当事人对垫资没有约定的，按照工程欠款处理。当事人对垫资利息没有约定，承包人请求支付利息的，不予支持"。

2.5.6 合同履行规则

1. 向第三人履行债务的规则

合同履行过程中，由于客观情况变化，有可能会引起合同中债权人和债务人之间债权债务履行的变更。法律规定债权人和债务人可以变更债务履行，这并不会影响当事人的合法权益。从一定意义上来讲，债权人与债务人依法约定变更债务履行，有利于债权人实现其债权以及债务人履行其债务。

《合同法》规定，当事人约定由债务人向第三人履行债务的，债务人未向第三人履行债务或履行债务不符合约定，应当向债权人承担违约责任。从《合同法》中可以看出，三方的权利义务关系如下：

（1）债权人。合同的债权人有权按照合同约定要求债务人向第三人履行合同，如果债务人未履行或者未正确履行合同义务，债权人有权追究债务人的违约责任，包括债权人和第三人的损失。

（2）债务人。债务人应当按照约定向第三人履行合同义务。如果合同本身已经因为某种原因无效或者被撤销，债务人可以依此解除自己的义务。如果债务人未经第三人同意或者违反合同约定，直接向债权人履行债务，并不能解除自己的义务。需要说明的是，一般来说，向第三人履行债务原则上不能增加履行的难度及履行费用。

（3）第三人。第三人是合同的受益人，他有以自己的名义直接要求债务人履行合同的权力。但是，如果债务人不履行义务或者履行义务不符合约定，第三人不能请求损害赔偿或者申请法院强制执行，因为债务人只对债权人承担责任。此外，合同的撤销权或解除权只能由合同当事人行使。

2. 由第三人履行债务的规则

《合同法》规定：当事人约定由第三人向债权人履行债务的，第三人不履行债务或履行债务不符合约定，债务人应当向债权人承担违约责任。从中可以看出三者的权利义务关系如下：

（1）第三人。合同约定由第三人代为履行债务，除了必须经债权人同意外，还必须事先征得第三人的同意。同时，在没有事先征得债务人同意的情况下，第三人一般也不能代为履行合同义务，否则，债务人对其行为将不负责任。

（2）债务人。第三人向债权人履行债务，并不等于债务人解除了合同的义务，而只是免除了债务人亲自履行的义务。如果第三人不履行债务或履行债务不符合约定，债务人应当向债权人承担违约责任。

（3）债权人。当合同约定由第三人履行债务后，债权人应当接受第三人的履行而无权要求债务人自己履行。但是，如果第三人不履行债务或履行债务不符合约定，债权人有权向债务人主张自己的权利。

3. 提前履行规则

《合同法》规定，债权人可以拒绝债务人提前履行债务，但提前履行不损害债权人利益的除外。债务人提前履行债务给债权人增加的费用，由债务人负担。

4. 部分履行规则

《合同法》规定，债权人可以拒绝债务人部分履行债务，但部分履行不损害债权人利益的除外。债务人部分履行债务给债权人增加的费用，由债务人负担。部分履行规则是针对可分标的的履行而言，如果部分履行并不损害债权人的利益，债权人有义务接受债务人的部分履行。债务人部分履行必须遵循诚实信用原则，不能增加债权人的负担，如果因部分履行而增加了债权人的费用，应当由债务人承担。

5. 中止履行规则

《合同法》规定，债权人分立、合并或者变更住所没有通知债务人，致使履行发生困难的，债务人可以中止履行或者将标的物提存。本条规定指明了债权人不明时的履行规则。债权人因自身的情况发生变化，可能对债务履行产生影响的，债权人应负有通知债务人的附随义务。如果债权人分立、合并或者变更住所时没有履行该义务，债务人可以采取中止履行的措施，当阻碍履行的原因消灭以后再继续履行。

6. 债务人同一性规则

《合同法》规定，合同生效后，当事人不得因姓名、名称的变更或者法定代表人、负责人、承办人的变动而不履行合同义务。合同生效后，债务人的情况往往会发生变化，有的债务人以变动为理由拒绝履行原合同，这是错误的。因为这些变化仅仅是合同的外在表现形式的变更而非履行主体的变更，债务人与名称变动前相比具有同一性，不构成合同变更和解除的理由，新的代表人应当代表原债务人履行合同义务，拒绝履行的，应承担违约责任。

2.5.7 合同履行中的抗辩权

1. 抗辩权概念和特点

合同法中的抗辩权是指在合同履行过程中，债务人对债权人的履行请求权加以拒绝或者反驳的权利。抗辩权是为了维护合同当事人双方在合同履行过程中的利益平衡而设立的一项权利。作为对债务人的一种有效的保护手段，合同履行中的抗辩权要求对方承担及时履行和提供担保等义务，可以避免自己在履行合同义务后得不到对方履行的风险，从而维护了债务人的合法权益。抗辩权具有以下特点：

（1）抗辩权的被动性。抗辩权是合同债务人针对债权人根据合同约定提出的要求债务人履行合同的请求而作出拒绝或者反驳的权利，如果这种权利经过法律认可，抗辩权便宣告成立。由此可见，抗辩权属于一种被动防护的权利，如果没有请求权，便没有抗辩权。

（2）抗辩权仅仅产生于双务合同中。双务合同双方的权利义务是对等的，双方当事人既是债权人，又是债务人，既享有债权又承担债务，享有债权是以承担债务为条件的，为了实现债权不得不履行各自的债务。造成合同履行的关联性，即要求合同当事人双方履行债务。一方不履行债务或者对方有证据证明他将不能履行债务，另一方原则上也可以停止履行。一方当事人在请求对方履行债务时，如果自己未履行债务或者将不能履行债务，则对方享有抗辩权。

2. 同时履行抗辩权

（1）同时履行抗辩权的概念

同时履行抗辩权是针对合同当事人双方的债务履行没有先后顺序的情况下的一种抗辩制度。同时履行抗辩权即指双务合同的当事人一方在对方未为对待给付之前，有权拒绝对方请求自己履行合同要求的权利。如果双方当事人的债务关系没有先后顺序，双方当事人应当同时履行合同义务，一方当事人在请求对方履行合同债务时，如果自己没有履行合同义务，则对方享有暂时不履行自己的债务的抗辩权。同时履行抗辩权的目的不在于完全消除或者改变自己的债务，只是延期履行自己的债务。

《合同法》规定，当事人互有债务，没有先后履行顺序的，应当同时履行。一方在对方履行之前有权拒绝其履行要求。一方在对方履行债务不符合约定时，有权拒绝其相应的履行要求。

（2）同时履行抗辩权的构成条件

1）双方当事人互负对待给付。同时履行抗辩权只适用于双务合同，而且必须是双方当事人基于同一个双务合同互负债务，承担对待给付的义务。如果双方的债务是因两个或者两个以上的合同产生的，则不能适用同时履行抗辩权。

2）双方当事人负有的对待债务没有约定履行顺序。如果合同中明确约定了当事人的履行顺序，就必须按照约定履行，应当先履行债务的一方不能对后履行一方行使同时履行抗辩权。只有在合同中未对双方当事人的履行顺序进行约定的情况下，才发生合同的履行顺序问题。正是由于当事人对合同的履行顺序产生了歧义，所以才应按照一定的方式来确定当事人谁先履行谁后履行，以维护双方当事人的合法权益。

3）须对方未履行债务或未完全履行债务。这是一方能行使其同时履行抗辩权的关键条件之一。其适用的前提就是双方当事人均没有履行各自的到期债务。其中一方已经履行其债务的，则不再出现同时履行抗辩权适用的情况，另一方也应当及时对其债务作出履行，对方向其请求履行债务时，不得拒绝。

4）双方当事人的债务已届清偿期。合同的履行以合同履行期已经届满为前提，如果合同的履行期还未到期，则不会产生履行合同义务问题，自然就不会涉及同时履行抗辩权适用问题。

（3）同时履行抗辩权的效力

同时履行抗辩权具有以下效力：

1）阻却违法的效力。阻却违法是指因其存在，使本不属于合法的行为失去其违法的根据，而变为一种合理的为法律所肯定的行为。同时履行抗辩权是法律赋予双务合同的当事人在同时履行合同债务时，保护自己利益的权利。如果对方未履行或者未完全履行债务而拒绝向对方履行债务，该行为不构成违约，而是一种正当行为。

2）对抗效力。同时履行抗辩权是一种延期的抗辩权，可以对抗对方的履行请求，而不必为自己的拒绝履行承担法律责任。因此，它不具有消灭对方请求权的效力，在被拒绝后，不影响对方再次提出履行请求。同时，同时履行抗辩权的目的不在于完全消除或者改变自己的债务，只是延期履行自己的债务。

3. 后履行抗辩权

（1）后履行抗辩权的概念

后履行抗辩权是指按照合同约定或者法律规定负有先履行债务的一方当事人，届期未履行债务或履行债务严重不符合约定条件时，相对人为保护自己的到期利益或为保证自己履行债务的条件而中止履行合同的权利。《合同法》规定，当事人互负债务，有先后履行顺序的，先履行一方未履行的，后履行一方有权拒绝其履行要求。先履行一方履行债务不符合约定的，后履行一方有权拒绝其相应的履行要求。

后履行抗辩权属于负有后履行债务一方享有的抗辩权，它的本质是对先期违约的对抗，因此，后履行抗辩权可以称为违约救济权。如果先履行债务方是出于属于免责条款范围内（如发生了不可抗力）的原因而无法履行债务的，该行为不属于先期违约，因此，后履行债务方不能行使后履行抗辩权。

（2）后履行抗辩权构成条件

后履行抗辩权的适用范围与同时履行抗辩权相似，只是在履行顺序上有所不同，具体有：

1）由同一双务合同互负债务，互负的债务之间具有相关性。

2）债务的履行有先后顺序。当事人可以约定履行顺序，也可以由合同的性质或交易习惯决定。

3）先履行一方不履行或者不完全履行债务。

4. 不安抗辩权

（1）不安抗辩权的概念

不安抗辩权，又称保证履约抗辩权，是指按照合同约定或者法律规定负有先履行债务的一方当事人，在合同订立之后，履行债务之前或者履行过程中，有充分的证据证明后履行一方将不会履行债务或者不能履行债务时，先履行债务方可以暂时中止履行，通知对方当事人在合理的期限内提供适当担保，如果对方当事人在合理的期限内提供担保，中止方应当恢复履行；如果对方当事人未能在合理期限内提供适当的担保，中止履行一方可以解除合同。

《合同法》规定，应当先履行债务的当事人有确切证据证明对方有下列情况之一的，可以中止履行：经营状况严重恶化；转移财产、抽逃资金以逃避债务；丧失商业信誉；有丧失或者可能丧失履行债务能力的其他情形。

（2）不安抗辩权的适用条件

1）由同一双务合同互负债务并具有先后履行顺序。不安抗辩权同样也产生于双务合同中，与双务合同履行上的关联性有关。互负债务并具有先后履行顺序是不安抗辩权的前提条件。

2）后履行一方有不履行债务或者可能丧失履行债务能力的情形。不安抗辩权设立的目的就是在于保证先履行的一方当事人在履行其债务后，不会因为对方不履行或者不能履行合同债务而受到损失。《合同法》中规定了4种情形，可概括为不履行或者丧失履行能力的情形。如果这些情形出现，就可能危及先履行一方的债权。

3）先履行一方有确切的证据。作为享有的权利，先履行一方在主张不安抗辩时，必须有充分的证据证明对方当事人确实存在不履行或者不能履行其债务的情形。这主要是防止先履行一方滥用不安抗辩权。如果先履行一方无法举出充分证据来证明对方丧失履行能力，则不能行使不安抗辩权，其拒绝履行合同义务的行为即为违约行为，应当承担违约责任。

（3）不安抗辩权的效力

1）中止履行。不安抗辩权能够适用的原因在于由于可归责于对方当事人的事由，可能给先履行的一方造成不能得到对待给付的危险，先履行债务一方最可能的就是暂时不向对方履行债务。所以，中止履行是权利人首先能够采取的手段，而且，这种行为是一种正当行为，不构成违约。

2）要求对方提供适当的担保。不安抗辩权的适用并不消灭先履行一方的债务，只是因特定的情况，暂时中止履行其债务，双方当事人的债权债务关系并未解除。因此，先履行一方可要求对方在合理的期限内提供担保来消除可能给先履行债务一方造成损失的威胁，并以此决定是继续维持还是中止债权债务关系。

3）恢复履行或者解除合同。中止履行只是暂时性的保护措施，并不能彻底保护先履行债务一方的利益。所以，为及早解除双方当事人之间的不确定的法律状态，有两种处理结果：如果对方在合理期限内提供担保，则中止履行一方继续履行其债务；否则，可以解除合同关系。

（4）不安抗辩权的附随义务

1）通知义务。先履行债务一方主张不安抗辩时，应当及时通知对方当事人，以避免对方因此而遭受损失，同时也便于对方获知后及时提供充分保证来消灭抗辩权。

2）举证义务。先履行债务一方主张不安抗辩时，负有举证义务，即必须能够提出充分证据来证明对方将不履行或者丧失履行债务能力的事实。如果提供不出证据或者证据不充分而中止履行的，该行为构成违约，应当承担违约责任。如果后履行一方本可以履行债务，而因对方未举证或者证据错误而导致合同被解除,由此造成的损失由先履行债务一方承担。

2.5.8 合同的保全制度

1. 代位权

（1）代位权的概念

代位权是相对于债权人而言，它是指当债务人怠于行使其权利而危害债权人的债权时，债权人可以取代债务人的地位，行使债务人的权利。代位权的核心是以自己的名义行使债务人对第三人的债权。

（2）代位权的成立条件

1）债务人对第三人享有债权。债务人对第三人享有的债权是代位权的标的，它应当是合法有效的债权。

2）债务人怠于行使其到期债权。怠于行使债权是指债务人在债权可能行使并且应该行使的情况下消极地不行使。债务人消极地不行使权利，就可能产生债权因时效届满而丧失诉权等不利后果，可能会给债权人的债权造成损害，所以，才有行使代位权的必要。

3）债务人不行使债权，有造成债权消灭或者丧失的危险。债务人如果暂时消极地不行使债权，对其债权的存在的法律效力没有任何影响的，因而没有构成对债务人的债权消灭或者丧失的危险，就没有由债权人代为行使债权的必要，债权人的代位权也就没有适用的余地。

4）债务人的行为对债权人造成损害。债务人怠于行使债权的行为已经对债权人的债权造成现实的损害，是指因为债务人不行使其债权，造成债务人应当增加的财产没有增加，导致债权人的债权到期时，会因此而不能全部清偿。

（3）代位权的效力

代位权的效力包括对债权人、债务人和第三人三方的效力：

1）债权人。债权人行使代位权胜诉时，可以代位受领债务人的债权，因而可以抵消自己对债务人的债权，让自己的债权受偿。

2）债务人。代位权的行使结果由债务人自己承担，债权人行使代位权的费用应当由债务人承担。

3）第三人。对第三人来说，无论是债务人亲自行使其债权，还是债权人代位行使债务人的债权，均不影响其利益。如果由于债权人行使代位权而造成第三人履行费用增加的，第三人有权要求债务人承担增加的费用。

2. 撤销权

（1）撤销权的概念

撤销权是相对于债权人而言，它是指债权人在债务人实施减少其财产而危及债权人的债权的积极行为时，请求法院予以撤销的权利。

（2）撤销权的成立条件

1）债务人实施了处分财产的法定行为。包括放弃到期债权、无偿转让财产的行为或者以明显不合理的低价转让财产的行为。这些会对债权人的债权产生不利的影响，因此，债权人可以行使撤销权以保护自己的债权。如果债务人没有产生上述行为，对债权人的债权未造成不利影响，债权人无权行使撤销权。

2）债务人的行为已经产生法律效力。对于没有产生法律效力的行为，因为在法律上不产生任何意义，对债权人的债权不产生现实影响，所以债权人不能对此行使撤销权。

3）债务人的行为是法律行为，具有可撤销性。债务人的行为必须是可以撤销的，否则，如果财产的消灭是不可以回转的，债权人行使撤销权也于事无补，此时就没有必要行使撤销权。

4）债务人的行为已经或者将要严重危害到债权人的债权。只有在债务人的行为对债权人的债权的实现产生现实的危害时，债权人才能行使撤销权，以消除因债务人的行为带来的危害。

（3）撤销权的法律效力

1）债权人。债权人有权代债务人要求第三人向债务人履行或者返还财产，并在符合条件的情况下将受领的履行或财产与对债务人的债权作抵消。如果不符合抵消条件，则应当将收取的利益加入债务人的责任财产，作为全体债权的一般担保。

2）债务人。债务人的行为被撤销后，行为将自始无效，不发生行为的效果，意图免除的债务或转移的财产仍为债务人的责任财产，应当以此清偿债权。同时，应当承担债权人行使撤销权的必要费用和向第三人返还因有偿行为获得的利益。

3）第三人。如果第三人对债务人负有债务，则免除债务的行为不产生法律效力，第三人应当继续履行。如果第三人已经受领了债务人转让的财产，应当返还财产。原物不能返还的，应折价赔偿。但第三人有权要求债务人偿还因有偿行为而得到的利益。

（4）撤销权的行使期限

《合同法》规定，债权人自知撤销事由之日起1年内或者债务人的行为发生之日起5年内没有行使撤销权的，该撤销权消灭。债权人在知道有撤销事由时起，应当在1年内行使撤销权，否则，撤销权消灭。如果在5年内，撤销权人未行使其撤销权，5年期满后，撤销权消灭。此处的5年期限起始点是从撤销事由产生之日起开始计算，无论撤销权人是否知道其撤销权都将在5年后消灭。

2.6 合同变更、转让和终止

2.6.1 合同变更

1. 合同变更概念

合同变更有两层含义，广义的合同变更包括合同三个构成要素的变更：合同主体的变更、合同客体的变更以及合同内容的变更。但是，考虑到合同的连贯性，合同的主体不能与合同的客体及内容同时变更，否则，变化前后的合同就没有联系的基础，就不能称之为合同的变更，而是一个旧合同的消灭与一个新合同的订立。

根据《合同法》规定，合同当事人的变化为合同的转让。因此，狭义的合同变更专指合同成立以后履行之前或者在合同履行开始之后尚未履行完之前，当事人不变而合同的内容、客体发生变化的情形。合同的变更通常分为协议变更和法定变更两种。协议变更又称为合意变更，是指合同双方当事人以协议的方式对合同进行变更。我国《合同法》中所指的合同变更即指协议变更合同。

2. 合同变更的条件

（1）当事人之间原已经存在合同关系。合同的变更是新合同对旧合同的替代，所以必然在变更前就存在合同关系。如果没有这一作为变更基础的现存合同，就不存在合同变更，只是单纯订立了新合同，发生新的债务。另外，原合同必须是有效合同，如果原合同无效或者被撤销，则合同自始就没有法律效力，不发生变更问题。

（2）合同变更必须有当事人的变更协议。当事人达成的变更合同的协议也是一种民事合同，因此也应符合《合同法》有关合同的订立与生效的一般规定。合同变更应当是双方当事人的自愿与真实的意思表示。

（3）原合同内容发生变化。合同变更按照《合同法》的规定仅为合同内容的变更，所以合同的变更应当能起到使合同的内容发生改变的效果，否则不能认为是合同的变更。合同的变更包括：合同性质的变更、合同标的物的变更、履行条款的变更、合同担保的变更、合同所附条件的变更等。

（4）合同变更必须按照法定的方式。合同当事人协议变更合同，应当遵循自愿互利原则，给合同当事人以充分的合同自由。国家对合同当事人协议变更合同应当加以保护，但也必须从法律上实行有条件的约束，以保证当事人对合同的变更不至于危及他人、国家和社会利益。

3. 合同变更的效力

双方当事人应当按照变更后的合同履行。合同变更后有下列效力：

（1）变更后的合同部分，原有的合同失去效力，当事人应当按照变更后的合同履行。合同的变更就是在保持原合同的统一性的前提下，使合同有所变化。合同变更的实质是以变更后的合同取代原有的合同关系。

（2）合同的变更只对合同未履行部分有效，不对合同中已经履行部分产生效力，除了当事人约定以外，已经履行部分不因合同的变更而失去法律依据。即合同的变更不产生追溯力，合同当事人不得以合同发生变更而要求已经履行的部分归于无效。

（3）合同的变更不影响当事人请求损害赔偿的权利。合同变更以前，一方因可归责于自己的原因而给对方造成损害的，另一方有权要求责任方承担赔偿责任，并不因合同变更而受到影响。但是合同的变更协议已经对受害人的损害给予处理的除外。合同的变更本身给一方当事人造成损害的，另一方当事人也应当对此承担赔偿责任，不得以合同的变更是双方当事人协商一致的结果为由而不承担赔偿责任。

4. 合同变更内容约定不明的法律规定

合同变更内容约定不明是指当事人对合同变更的内容约定含义不清，令人难以判断约定的新内容与原合同的内容的本质区别。《合同法》规定，当事人对合同变更的内容约定不明确的，推定为未变更。有效的合同变更，必须有明确的合同内容的变更，即在保持原合同的基础上，通过对原合同作出明显的改变，而成为一个与原合同有明显区别的合同。否则，就不能认为原合同进行了变更。

2.6.2 合同转让

1. 合同转让概念

合同转让是指合同成立后，当事人依法可以将合同中的全部或部分权利（或者义务）转让或者转移给第三人的法律行为。也就是说合同的主体发生了变化，由新的合同当事人代替了原合同当事人，而合同的内容没有改变。合同转让有两种基本形式：债权让与和债务承担。

2. 债权让与

（1）债权让与的概念及法律特征

债权让与即合同权利转让，是指合同的债权人通过协议将其债权全部或者部分转移给第三人的行为。债权的转让是合同主体变更的一种形式，它是在不改变合同内容的情况下，合同债权人的变更。债权转让的法律特征有：

1）合同权利的转让是在不改变合同权利内容的基础上，由原合同的债权人将合同权利转移给第三人。

2）合同债权的转让只能是合同权利，不应包括合同义务。

3）合同债权的转让可以是全部转让也可以是部分转让。

4）转让的合同债权必须是依法可以转让的债权，否则不得进行转让，转让不得进行转让的合同债权协议无效。

（2）债权让与的构成条件

根据《合同法》规定，债权让与的成立与生效的条件包括：

1）让与人与受让人达成协议。债权让与实际上就是让与人与受让人之间订立了一个合同，让与人按照约定将债权转让给受让人。合同当事人包括债权人与第三人，不包括债务人。该合同的成立、履行及法律效力必须符合法律规定，否则不能产生法律效力，转让合同无效。合同一旦生效，债权即转移给受让人，债务人对债权让与同意与否，并不影响债权让与的成立与生效。

2）原债权有效存在。转让的债权必须具有法律上的效力，任何人都不能将不存在的权利让与他人。所以，转让的债权应当是为法律所认可的具有法律约束力的债权。对于不存在或者无效的合同债权的转让协议是无效的，如果因此而造成受让人利益损失，让与人应当承担赔偿责任。

3）让与的债权具有可转让性。并非所有的债权都可以转让，必须根据合同的性质，遵循诚实信用原则以及具体情况判断是否可以转让。其标准为是否改变了合同的性质，是否改变了合同的内容，增加了债务人的负担等。

4）履行必需的程序。《合同法》规定，法律、行政法规规定转让权利或者转移义务应当办理批准、登记等手续的，依照其规定办理。

（3）债权让与的限制

不得进行转让的合同债权主要包括：

1）根据合同性质不得转让的合同债权。主要有：合同的标的与当事人的人身关系相关的合同债权；不作为的合同债权以及与第三人利益有关的合同债权。

2）按照当事人的约定不得转让的债权。即债权人与债务人对债权的转让作出了禁止性约定，只要不违反法律的强制性规定或者公共利益，这种约定都是有效的，债权人不得将债权进行转让。

3）依照法律规定不得转让的债权。是指法律明文规定不得让与或者必须经合同债务人同意才能让与的债权。如《担保法》中规定，最高额抵押的主合同债权不得转让。

（4）债权让与的效力

1）债权让与的内部效力。合同债权转让协议一旦达成，债权就发生了转移。如果合同债权进行了全部转让，则受让人取代了让与人而成为新的债权人；如果是部分转让，则受让人加入了债的关系，按照债的份额或者连带地与让与人共同享有债权。同时，受让人还享有与债权有关的从权利。所谓合同的从权利是指与合同的主债权相联系，但自身并不能独立存在的合同权利。大部分是由主合同的从合同所规定的，也有本身就是主合同内容的一部分。如被担保的权利就是主权利，担保权则为从权利。常见的从权利除了保证债权、抵押权、质押权、留置权、定金债权等外，还有违约金债权、损害赔偿请求权、合同的解除权、债权人的撤销权以及代位权等属于主合同的规定或者依照法律规定所产生的债权人的从权利。《合同法》规定，债权人转让债权的，受让人取得与债权有关的从权利，但该从权利专属于债权人自身的除外。

2）债权让与的外部效力。债权让与通知债务人后即对债务人产生效力，包括让与人与债务人之间以及受让人与债务人之间的效力。对让与人与债务人来说，就债权转让部分，债务人不再对让与人负有任何债务，如果债务人向让与人履行债务，债务人并不能因债权清偿而解除对受让人的债务；让与人也无权要求债务人向自己履行债务，如果让与人接受了债务人的债务履行，应负返还义务。对受让人与债务人来说，就债权转让部分，债务人应当承担让与人转让给受让人的债务，如果债务人不履行其债务，应当承担违约责任。

（5）债权让与时让与人的义务

让与人必须对受让人承担下列义务：

1）将债权证明文件交付受让人。让与人对债权凭证保有利益的，由受让人自付费用取得与原债权证明文件有同等证据效力的副本。

2）将占有的质物交付受让人。

3）告知受让人行使债权的一切必要情况。

4）应受让人的请求作成让与证书，其费用由受让人承担。

5）承担因债权让与而增加的债务人履行费用。

6）提供其他为受让人行使债权所必需的合作。

同时，让与人应当将债权让与情况及时通知债务人，从而使债权让与对债务人产生法律效力。如果让与人未将其转让行为通知债务人，该转让对债务人不发生法律效力。债权让与的通知应当以到达债务人时产生法律效力，产生法律效力后，让与人不得再行撤销，只有在受让人同意撤销转让以后，债权让与的协议才失去效力。

（6）债权抵消

债权抵消是指当双方互负债务时，各以其债权以充当债务的清偿，而使其债务与对方的债务在相同数额内相互消灭，不再履行。《合同法》规定，债务人接到债权转让通知时，债务人对让与人享有债权，并且债务人的债权先于转让的债权到期或者同时到期的，债务人可以向受让人主张抵消。由此可见，债务人对受让人主张抵消必须符合以下条件：

1）债务人在接到债权让与通知之前对让与人享有债权。

2）该债权已经到期。

3）接到了债权让与通知。

4）符合债权抵消的其他条件。

3. 债务承担

（1）债务承担的概念

债务承担又称为合同义务的转移，是指经债权人同意，债务人将债务转移给第三人的行为。债务的转移可分为全部转移和部分转移。全部转移，是指由新的债务人取代原债务人，即合同的主体发生变化，而合同内容保持不变；债务的部分转移则是指债务人将其合同义务的一部分转交给第三人，由第三人对债权人承担一部分债务，原债务人并没有退出合同关系，而是又加入了一个债务人，该债务人就其接受转让的债务部分承担责任。

《合同法》第272条规定，工程建设中，总承包人或者勘察、设计、施工承包人经发包人同意，可以将自己承包的部分工作交由第三人完成。承包人不得将其承包的全部建设工程转包给第三人或者将其承包的全部建设工程肢解以后以分包的名义分别转包给第三人。由此可见，在建设工程中，法律明确规定，承包商的债务转移只能是部分转移。

（2）债务承担的构成条件

债务承担生效与成立的条件包括：

1）承担人与债务人订立债务承担合同。

2）存在有效债务。

3）拟转移的债务具有可转移性，即性质上不能进行转让，或者法律、行政法规禁止转让的债务，不得进行转让。

4）合同债务的转移必须取得债权人的同意。

其中，转移必须经债权人同意既是债务承担生效条件，也是债务承担与债权让与最大的不同。因为债务承担直接影响到债权人的利益。债务人的信用、资历是债权人利益得以实现的保障，如果债务人不经债权人同意而将债务转移，则债权人的利益将难以确定，有可能会因为第三人履行债务能力差而使债权人的利益受损。所以，为了保护债权人的利益，债务承担必须事先征得债权人的同意。

（3）债务承担的效力

债务承担的效力主要表现在以下几方面：

1）承担人代替了原债务人承担债务，原债务人免除债务。由于实行了债务转让，转移后的债务应当由第三人承担，债权人只能要求承担人履行债务且不得拒绝承担人的履行。同时，承担人以自己的名义向债权人履行债务并承担未履行或者不适当履行债务的违约责任，原债务人对承担人的履行不承担任何责任。需要说明的是，此处所说的债务是指经债权人同意后转让的债务，否则不能产生法律效力；同时，该债务仅仅限于转让部分，对部分转让的，原债务人不能免除未转移部分的债务。

2）承担人可以主张原债务人对债权人的抗辩。既然承担人经过债务转让而处于债务人的地位，所有与所承担的债务有关的抗辩，都应当同时转让给承担人并由其向债权人提出。承担人拥有的抗辩权包括法定的抗辩事由，如不可抗力，在实际订立合同以后发生的债务人可以加以对抗债权人的一切事由。但这种抗辩必须符合两方面条件：一是该行为必须有效；二是承担人履行的时间应当在转让债务得到债权人的同意之后，如果抗辩事由发生在债务转移之前，则为债务人自己对债权人的抗辩。

3）承担人同时负担从债务。对于附属于主债务的从债务，在原债务人转移债务后，无论在转让协议中是否约定，承担人应当一并对从债务进行承担。但是，从债务专属于原债务人的，承担人不予承担，仍然由原债务人负担，债权人无权要求承担人履行这些债务。

4. 债权债务的概括转移

（1）债权债务的概括转移的概念

债权债务的概括转移是指由原合同的当事人一方将其债权债务一并转移给第三人，由第三人概括地继受这些权利和义务。债权债务的概括转移一般由合同当事人一方与合同以外的第三人通过签订转让协议，约定由第三人取代合同转让人的地位，享有合同中转让人的一切权利并承担转让人在合同中的一切义务。

（2）债权债务的概括转移成立条件

1）转让人与承受人达成合同转让协议。这是债权债务的概括转移的关键。

2）原合同必须有效。原合同无效的不能产生法律效力，更不能转让。

3）原合同为双务合同。只有双务合同才可能将债权债务一并转移，否则只能为债权让与或者是债务承担。

4）必须经原合同对方当事人的同意。

（3）债权债务的概括转移发生条件

1）债权债务因合并而发生概括转移。当事人的合并是指合同当事人与其他的民事主体合成一个民事主体。合并有两种形式：一是新设合并，即由原来的两个以上的民事主体合并成为一个新的民事主体；二是吸收合并，即两个以上的民事主体，由其中的一个加入到另一个中去。《合同法》规定，合同当事人与其他民事主体发生合并的，合并后的民事主体承担原合同中的债务，同时享有原合同当事人的权利。

2）债权债务因分立而发生概括转移。当事人的分立是指当事人由一个分成为两个或者两个以上的民事主体。分立也分为两种情况：一是由原来的主体分出另外一个民事主体而原主体并不消灭；二是消灭原主体而形成两个新的民事主体。《合同法》规定，当事人订立合同后分立的，除了债权人与债务人另有约定的以外，由分立的法人或者其他组织对合同的权利义务享有连带债权，承担连带债务。

2.6.3 合同终止

1. 合同终止的基本内容

（1）合同终止的概念

合同终止，又称为合同的消灭，是指合同关系不再存在，合同当事人之间的债权债务关系终止，当事人不再受合同关系的约束。合同的终止也就是合同效力的完全终结。

（2）合同终止的条件

根据《合同法》规定，有下列情形之一的，合同终止：

1）债务已经按照约定履行。

2）合同被解除。

3）债务相互抵消。

4）债务人依法将标的物提存。

5）债权人免除债务。

6）债权债务归于一人。

7）法律规定或者当事人约定终止的其他情形。

（3）合同终止的效力

合同终止因终止原因的不同而发生不同的效力。根据《合同法》规定，除上述的第2）项和第7）项终止条件以外，在消灭因合同而产生的债权债务的同时，也产生了下列效力：

1）消灭从权利。债权的担保及其他从属的权利，随合同终止而同时消灭，如为担保债权而设定的保证、抵押权或者质权，事先在合同中约定的利息或者违约金因此而消灭。

2）返还负债字据。负债字据又称为债权证书，是债务人负债的书面凭证。合同终止后，债权人应当将负债字据返还给债务人。如果因遗失、毁损等原因不能返还的，债权人应当向债务人出具债务消灭的字据，以证明债务的了结。

根据《合同法》规定，因上述的第2）、7）项规定的情形合同终止的，将消灭当事人之间的合同关系及合同规定的权利义务，但并不完全消灭相互间的债务关系，对此，将适用下列条款：

1）结算与清理。《合同法》第98条规定，合同的权利义务终止，不影响合同中结算与清理条款的效力。由此可见，合同终止后，尽管消灭了合同，如果当事人在事前对合同中所涉及的金钱或者其他财产约定了清理或结算的方法，则应当以此方法作为合同终止后的处理依据，以彻底解决当事人之间的债务关系。

2）争议的解决。《合同法》第57条规定，合同无效、被撤销或者终止的，不影响合同中独立存在的有关解决争议方法的条款的效力。这表明了争议条款的相对独立性，即使合同的其他条款因无效、被撤销或者终止而失去法律效力，但是争议条款的效力仍然存在。这充分尊重了当事人在争议解决问题上的自主权，有利于争议的解决。

（4）合同终止后的义务

后合同义务又称后契约义务，是指在合同关系因一定的事由终止以后，出于对当事人利益保护的需要，合同双方当事人依据诚实信用原则所负有的通知、协助、保密等义务。后契约义务产生于合同关系终止以后，它是与合同的履行中所规定的附随义务一样，也是一种附随义务。

2. 合同的解除

（1）合同解除的概念

合同的解除是指合同的一方当事人按照法律规定或者双方当事人约定的解除条件使合同不再对双方当事人具有法律约束力的行为或者合同各方当事人经协商消灭合同的行为。合同的解除是合同终止的一种特殊的方式。

合同解除有两种方式：一种称为约定解除，是双方当事人协议解除，即合同双方当事人通过达成协议，约定原有的合同不再对双方当事人产生约束力，使合同归于终止；另一种方式称为法定解除，即在合同有效成立以后，由于产生法定事由，当事人依据法律规定行使解除权而解除合同。

（2）合同解除的要件

1）存在有效合同并且尚未完全履行。合同解除是合同终止的一种异常情况，即在合同有效成立以后、履行完毕之前的期间内发生了异常情况，或者因一方当事人违约，以及发生了影响合同履行的客观情况，致使合同当事人可以提前终止合同。

2）具备了合同解除的条件。合同有效成立后，如果出现了符合法律规定或者合同当事人之间约定的解除条件的事由，则当事人可以行使解除权而解除合同。

3）有解除合同的行为。解除合同需要一方当事人行使解除权，合同才能解除。

4）解除产生消灭合同关系的效果。合同解除将使合同效力消灭。如果合同并不消灭，则不是合同解除而是合同变更或者合同中止。

（3）约定解除

按照达成协议的时间的不同，约定解除可以分为两种形式：

1）约定解除。即在合同订立时，当事人在合同中约定合同解除的条件，在合同生效后履行完毕之前，一旦这些条件成立，当事人则享有合同解除权，从而可以以自己的意思表示通知对方而终止合同关系。

2）协议解除。即在合同订立以后，且在合同未履行或者尚未完全履行之前，合同双方当事人在原合同之外，又订立了一个以解除原合同为内容的协议，使原合同被解除。这不是单方行使解除权而是双方都同意解除合同。

（4）法定解除

法定解除就是直接根据法律规定的解除权解除合同，它是合同解除制度中最核心、最重要的问题。《合同法》第94条规定，有下列情形之一的，当事人可以解除合同：因不可抗力致使不能实现合同目的；在履行期限届满之前，当事人一方明确表示或者以自己的行为表明不履行主要债务；当事人一方迟延履行主要债务，经催告后在合理期限内仍未履行；当事人一方迟延履行债务或者有其他违约行为致使不能实现合同目的；法律规定的其他情况。由此可见，法定解除可以分为三种情况：

1）不可抗力解除权。不可抗力是指不能预见、不可避免并不能克服的客观情况。发生不可抗力，就可能造成合同不能履行。这可以分为三种情况：① 如果不可抗力造成全部义务不能履行，发生解除权。② 如果造成部分义务不能履行，且部分义务履行对债权人无意义的，发生解除权。③ 如果造成履行迟延，且迟延履行对债权人无意义的，发生解除权。对不可抗力造成全部义务不能履行的，合同双方当事人均具有解除权；其他情况，只有相对人拥有解除权。

2）违约解除权。当一方当事人违约，相对人在自己的债权得不到履行的情况下，依照《合同法》第94条规定，可以行使解除权而单方解除合同，同时对因对方当事人未履行其债务而给自身造成的损失由违约方承担违约责任。所以，解除合同常常作为违约的一种救济方法。

3）其他解除权。其他解除权是指除上述情形以外，法律规定的其他解除权。如在合同履行时，一方当事人行使不安抗辩权，而对方未在合理期限内提供保证的，抗辩方可以行使解除权而将合同归于无效。在《合同法》分则中就具体合同对合同解除也作出了特别规定。对于有特别规定的解除权，应当适用特别规定而不适用上述规定。

（5）解除权的行使

1）解除权行使的方式。解除合同原则上只要符合合同解除条件，一方当事人只需向对方当事人发出解除合同的通知，通知到达对方时即发生解除合同的效力。如果法律、行政法规规定解除合同应当办理批准、登记手续的，还必须按照规定办理。如果使用通知的方式解除合同而对方有异议的，应当通过法院或者仲裁机构确认解除的效力。

2）解除权行使的期限。《合同法》规定，法律规定或者当事人约定解除权行使期限，期限届满当事人不行使的，该权利消灭；法律没有规定或者当事人没有约定解除权行使期限，经对方催告后在合理期限内不行使的，该权利消灭。这条规定主要是为了维护债务人的合法权益。解除权人迟迟不行使解除权对债务人十分不利，因为债务人的义务此时处于不确定的状态，如果继续履行，一旦对方解除合同，就会给自己造成损失；如果不履行，可合同又没有解除，他此时仍然有履行的义务。所以，解除权要尽快行使，尽量缩短合同的不确定状态。

（6）合同解除后的法律后果

合同解除后，将产生终止合同的权利义务、消灭合同的效力。效力消灭分为以下三种情况：

1）合同尚未履行的，中止履行。尚未履行合同的状态与合同订立前的状态基本相同，因而解除合同仅仅只是终止了合同的权利义务。但是，除非合同解除是因不可归责于双方当事人的事由或者不可抗力所造成的，否则，对合同解除有过错的一方，应当对另一方承担相应的损害赔偿责任。

2）合同已经履行的，要求恢复原状。恢复原状是指恢复到订立合同以前的状态，它是合同解除具有溯及力的标志和后果。恢复原状一般包括如下内容：返还原物；受领的标的物为金钱的，应当同时返还自受领时起的利息；受领的标的物生有孳息的，应当一并返还；就应当返还之物支出了必要的或者有益的费用，可以在对方得到返还时和所得利益限度内，请求返还；应当返还之物因毁损、灭失或者其他原因不能返还的，应当按照该物的价值以金钱返还。

3）合同已经履行的，采取其他补救措施。这种情形的发生，可能有三方面原因：合同的性质决定了不可能恢复原状、合同的履行情况不适合恢复原状（如建筑工程合同）以及当事人对清理问题经协商达成协议。这里所说的补救措施主要是指要求对方付款、减少价款的支付或者请求返还不当得利等。

（7）合同解除后的损失赔偿

如果合同解除是由于一方当事人违反规定或者构成违约而造成的，对方在解除合同的同时，可以要求损害赔偿，赔偿范围包括：

1）债务不履行的损害赔偿。包括履行利益和信赖利益。

2）因合同解除而产生的损害赔偿。包括：① 债权人订立合同所支出的必要的费用。② 债权人因相信合同能够履行而作准备所支出的必要费用。③ 债权人因失去同他人订立合同的机会所造成的损失。④ 债权人已经履行合同义务，债务人因拒不履行返还给付物的义务而给债权人造成的损失。⑤ 债权人已经受领债务人的给付物时，因返还该物而支出的必要的费用。

（8）《司法解释》关于合同解除的规定

1）《司法解释》第八条规定，"承包人具有下列情形之一，发包人请求解除建设工程施工合同的，应予支持：明确表示或者以行为表明不履行合同主要义务的；合同约定的期限内没有完工，且在发包人催告的合理期限内仍未完工的；已经完成的建设工程质量不合格，并拒绝修复的；将承包的建设工程非法转包、违法分包的"。

2）《司法解释》第九条规定，"发包人具有下列情形之一，致使承包人无法施工，且在催告的合理期限内仍未履行相应义务，承包人请求解除建设工程施工合同的，应予支持：未按约定支付工程价款的；提供的主要建筑材料、建筑构配件和设备不符合强制性标准的；不履行合同约定的协助义务的"。

3）《司法解释》第十条规定，"建设工程施工合同解除后，已经完成的建设工程质量合格的，发包人应当按照约定支付相应的工程价款；已经完成的建设工程质量不合格的，参照本解释第三条规定处理。因一方违约导致合同解除的，违约方应当赔偿因此而给对方造成的损失"。

3. 抵消

（1）法定抵消的概念

法定抵消是指合同双方当事人互为债权人和债务人时，按照法律规定，各自以自己的债权充抵对方债权的清偿，而在对方的债权范围内相互消灭。

（2）法定抵消的要件

1）双方当事人互享债权互负债务。这是抵消的首要条件。

2）互负的债权的种类要相同。即合同的给付在性质上以及品质上是相同的。

3）互负债权必须为到期债权。即双方当事人的各自的债权均已经到了清偿期，只有这样，双方才负有清偿债务的义务。

4）不属于不能抵消的债权。

不能抵消的债权包括：

①按照法律规定不得抵消。又分为禁止强制执行的债务、因故意侵权行为所发生的债务、约定应当向第三人给付的债务、为第三人利益的债务。

②依合同的性质不得抵消。

③当事人特别约定不得抵消的。

（3）法定抵消的行使与效力

《合同法》规定，当事人主张抵消的，应当通知对方，通知自到达对方时生效。抵消不得附条件或者附期限。

4. 提存

（1）提存的概念

提存是指由于债权人的原因而使得债务人无法向其交付合同的标的物时，债务人将该标的物提交提存机关而消灭债务的制度。

（2）提存的条件

1）提存人具有行为能力，意思表示真实。

2）提存的债务真实、合法。

3）存在提存的原因。包括债权人无正当理由拒绝受领、债权人下落不明、债权人失踪或死亡未确定继承人或者丧失民事行为能力未确定监护人，以及法律规定的其他情形。

4）存在适宜提存的标的物。

5）提存标的物与债的标的物相符。

（3）提存的方法与效力

提存人应当首先向提存机关申请提存，提存机关收到申请以后，需要按照法定条件对申请进行审查，符合条件的，提存机关应当接受提存标的物并采取必要的措施加以保管。标的物提存后，除了债权人下落不明外，债务人应当及时通知债权人或者债权人的继承人、监护人。无论债权人是否受领提存物，提存都将消灭债务，解除担保人的责任，债权人只能向提存机关收取提存物，不能再向债务人请求清偿。在提存期间，发生一切的提存物的毁损、灭失的风险由债权人承担。同时，提存的费用也由债权人承担。

5. 债权人免除债务

（1）免除债务的概念

免除债务是指债权人以消灭债务人的债务为目的而抛弃或者放弃债权的行为。

（2）免除债务的条件

1）免除人应当对免除的债权拥有处分权并且不损害第三人的利益。

2）免除应当由债权人向债务人作出抛弃债权的意思表示。

3）免除应当是无偿的。

（3）免除的效力

免除债务发生后，债权债务关系消灭。免除部分债务的，部分债务消灭；免除全部债务的，全部债务消灭，与债务相对应的债权也消灭。因债务消灭的结果，债务的从债务也同时归于消灭。

6. 债权债务混同

（1）债权债务混同的概念

债权债务混同是指因债权债务同归于一人而引起合同终止的法律行为。

（2）混同的效力

混同是债的主体变为同一人而使合同全部终止，消灭因合同而产生的债的关系。但是，在法律另有规定或者合同的标的涉及第三人的利益时，混同不发生债权债务消灭的效力。

2.7 合同违约责任

2.7.1 合同违约责任的特点

违约责任是指合同当事人因违反合同约定而不履行债务所应当承担的责任。违约责任和其他民事责任相比较，有以下一些特点。

（1）是一种单纯的民事责任

民事责任分为侵权责任和违约责任两种。尽管违约行为可能导致当事人必须承担一定的行政责任或者刑事责任，但违约责任仅仅限于民事责任。违约责任的后果承担形式有继续履行、采取补救措施、赔偿损失、支付违约金、定金罚则等。

（2）是当事人违反合同义务产生的责任

违约责任是合同当事人不履行合同义务或者履行合同义务不符合约定而产生的法律责任，它以合同的存在为基础。这就要求合同本身必须有效，这样合同的权利义务才能受到法律的保护。对合同不成立、无效合同、被撤销合同都不可能产生违约责任。

（3）具有相对性

违约责任的相对性体现在：

1）违约责任仅仅产生于合同当事人之间，一方违约的，由违约方向另一方承担违约责任；双方都违约，各自就违约部分向对方承担违约责任。违约方不得将责任推卸给他人。

2）在因第三人的原因造成债务人不能履行合同义务或者履行合同义务不符合约定的

情况下，债务人仍然应当向债权人承担违约责任，而不是由第三人直接承担违约责任。

3）违约责任不涉及合同以外的第三人，违约方只向债权人承担违约责任，而不向国家或者第三人承担责任。

（4）具有法定性和任意性双重特征

违约责任的任意性体现在合同当事人可以在法律规定的范围内，通过协议对双方当事人的违约责任事先作出规定，其他人对此不得进行干预。违约责任的法定性表现在：

1）在合同当事人事先没有在合同中约定违约责任条款的情况下，在合同履行过程中，如果当事人不履行或者履行不符合约定时，违约方并不能因合同中没有违约责任条款而免除责任。《合同法》规定，当事人一方不履行合同义务或者履行合同义务不符合约定的，应当承担继续履行、采取补救措施或者赔偿损失等违约责任。

2）当事人约定的违约责任条款作为合同内容的一部分，也必须符合法律关于合同的成立与生效要件的规定，如果事先约定的违约责任条款不符合法律规定，则这些条款将被认定为无效或者被撤销。

（5）具有补偿性和惩罚性双重属性

违约责任的补偿性是指违约责任的主要目的在于弥补或者补偿非违约方因对方违约行为而遭受的损失，违约方通过承担损失的赔偿责任，弥补违约行为给对方当事人造成的损害后果。

违约责任的惩罚性体现在如果合同中约定了违约金或者法律直接规定了违约金的，当合同当事人一方违约时，即使并没有给相对方造成实际损失，或者造成的损失没有超过违约金的，违约方也应当按照约定或者法律规定支付违约金，这完全体现了违约金的惩罚性；如果造成的损失超过违约金的，违约方还应当对超过的部分进行补偿，这体现了补偿性。

2.7.2 违约责任的构成要件

违约责任的构成要件是确定合同当事人是否应当承担违约责任、承担何种违约责任的依据，这对于保护合同双方当事人的合法权益有着重要意义。违约责任的构成要件包括：

1. 一般构成要件

合同当事人必须有违约行为。违约责任实行严格责任制度，违约行为是违约责任的首要条件，只要合同当事人有不履行合同义务或者履行合同义务不符合约定的事实存在，除了发生符合法定的免责条件的情形外，无论他主观是否有过错，都应当承担违约责任。

2. 特殊构成要件

除了一般构成要件以外，对于不同的违约责任形式还必须具备一定的特定条件。违约责任的特殊构成要件因违约责任形式的不同而不同。

（1）损害赔偿责任的特殊构成要件

1）有因违约行为而导致损害的事实。一方面，损害必须是实际发生的损害，对于尚未发生的损害，不能赔偿；另一方面，损害是可以确定的，受损方可以通过举证加以确定。

2）违约行为与损害事实之间必须有因果关系。违约方在实施违约行为时必然会引起某些事实结果发生，如果这些结果中包括对方当事人因违约方的违约行为而遭受损失，则违约方必须对此承担损失赔偿责任以补偿对方的损失。如果违约行为与损害事实之间并没有因果关系，则违约方不需要对该损害承担赔偿责任。

（2）违约金责任形式的特殊构成要件

1）当事人在合同中事先约定了违约金，或者法律对违约金作出了规定。

2）当事人对违约金的约定符合法律规定，违约金是有效的。

（3）强制实际履行的特殊构成要件

1）非违约方在合理的期限内要求违约方继续履行合同义务。非违约方必须在合理的期限内通知对方，要求对方继续履行。否则超过了期限规定，违约方不能以继续履行来承担违约责任。

2）违约方有继续履行的能力。如果违约方因客观原因而失去了继续履行能力，非违约方也不得强迫违约方实际履行。

3）合同债务可以继续履行。《合同法》规定，如果法律上或者事实上不能继续履行的，或者债务的标的不适于强制履行或者履行费用过高的，违约方可以不以继续履行来承担违约责任。

2.7.3 违约行为的种类

违约行为是违约责任产生的根本原因，没有违约行为，合同当事人一方就不应当承担违约责任。而不同的违约行为所产生的后果又各不相同，从而导致违约责任的形式也有所不同。按照我国《合同法》规定，违约行为可分为预期违约和实际违约两种形式。预期违约又可分为明示毁约和默示毁约；实际违约可分为不履行合同义务和履行合同义务不符合约定。

1. 预期违约

（1）预期违约的概念

预期违约又称为先期违约，是指在合同履行期限届满之前，一方当事人无正当理由而明确地向对方表示，或者以自己的行为表明将来不履行合同义务的行为。预期违约可分为明示毁约和默示毁约两种形式，明确地向对方表示不履行的为明示毁约，以自己的行为表明不履行的为默示毁约。

（2）预期违约的构成要件

1）在合同履行期限届满之前有将不履行合同义务的行为。在明示毁约的情况下，违约方必须明确作出将不履行合同义务的意思表示。在默示毁约情况下，违约方的行为必须能够使对方当事人预料到在合同履行期限届满时违约方将不履行合同义务。

2）毁约行为必须发生在合同生效后履行期限届满之前。预期违约是针对违约方在合同履行期限届满之前的毁约行为，如果在合同有效成立之前发生，则合同不会成立；如果是在合同履行期限届满之后发生，则为实际违约。

3）毁约必须是对合同中实质性义务的违反。如果当事人预期违约的行为仅仅是不履行合同中的非实质性义务，则该行为不会造成合同的根本目的不能实现，而仅仅是实现的目标出现了偏差，这样的行为不属于预期违约。

4）违约方不履行合同义务无正当理由。如果债务人有正当理由拒绝履行合同义务的，如诉讼时效届满、发生不可抗力等，则他的行为不属于预期违约。

（3）预期违约的法律后果

1）解除合同。当合同一方当事人以明示或者默示的方式表明他将在合同的履行期限届满时不履行或者不能履行合同义务，另一方当事人即享有法定的解除权，他可以单方面解除合同同时要求对方承担违约责任。但是，解除合同的意思表示必须以明示的方式作出，在该意思表示到达违约方时即产生合同解除的效力。

2）债权人有权在合同的履行期限届满之前要求预期违约责任方承担违约责任。在预期违约情况下，为了使自己尽快从已经不能履行的合同中解脱出来，债权人有权要求违约方承担违约责任。《合同法》规定，当事人一方明确表示或者以自己的行为表明不履行合同义务的，对方可以在履行期限届满之前要求其承担违约责任。

3）履行期限届满后要求对方承担违约责任。预期违约是在合同履行期限届满之前的行为，这并不代表违约方在履行期限届满时就一定不会履行合同义务，他仍然有履行合同义务的可能性。所以，债权人也可以出于某种考虑，等到履行期限届满后，对方的预期违约行为变为实际违约时再要求违约方承担违约责任。

2. 不履行合同义务

不履行合同义务是指在合同生效后，当事人根本不按照约定履行合同义务。可分为履行不能、拒绝履行两种情况。履行不能是指合同当事人一方出于某些特定的事由而不履行或者不能履行合同义务。这些事由分为客观事由与主观事由。如果不履行或者不能履行是由于不可归责于债务人的事由产生的，则可以就履行不能的范围免除债务人的违约责任。拒绝履行是指在履行期限届满后，债务人能够履行却在无抗辩事由的情形下拒不履行合同义务的行为。这是一种比较严重的违约行为，是对债权的积极损害。

（1）拒绝履行的构成要件

1）存在合法有效的债权债务关系。

2）债务人向债权人拒不履行合同义务。

3）拒绝履行合同义务无正当理由。

4）拒绝履行是在履行期限届满后作出。

（2）拒绝履行的法律后果

如果违约方拒绝履行合同义务，则他必须承担以下法律后果：

1）实际履行。如果违约方不履行合同义务，无论他是否已经承担损害赔偿责任或者违约金责任，都必须根据相对方的要求，并在能够履行的情况下，按照约定继续履行合同义务。

2）解除合同。违约方拒绝履行合同义务，表明了他不愿意继续受合同的约束，此时，相对方也有权选择解除合同的方式，同时可以向违约方主张要求其承担损失赔偿责任或者违约金责任。

3）赔偿损失或者支付违约金、承担定金罚则。违约方拒绝履行合同义务，相对方根据实际情况可以选择强制实际履行或者解除合同后，相对人仍然有因违约方违约而遭受损害时，相对人有权要求违约方继续履行损失赔偿责任。也可以根据约定要求违约方按照约定，向相对人支付违约金或者定金罚则。

3. 履行合同义务不符合约定

履行合同义务不符合约定又称不适当履行或者不完全履行，是指虽然当事人一方有履

65

行合同义务的行为，但是其履行违反了合同约定或者法律规定。按照其特点，不适当履行又分为以下几种：

（1）迟延履行。即违约方在履行期限届满之后才作出的履行行为，或者履行未能在约定的履行期限内完成。

（2）瑕疵给付。指债务人没有完全按照合同的约定履行合同义务。

（3）提前履行。指债务人在约定的履行期限尚未届满时就履行完合同义务。

对于以上这些不适当履行，债务人都应当承担违约责任，但对提前履行，法律另有规定或者当事人另有约定的除外。

2.7.4 违约责任的承担形式

当合同当事人一方在合同履行过程中出现违约行为，在一般情况下他必须承担违约责任。违约责任的形式有以下几种。

1. 继续履行

（1）继续履行的概念

如果违约方不履行合同义务，无论他是否已经承担损害赔偿责任或者违约金责任，都必须根据相对方的要求，并在能够履行的情况下，按照约定继续履行合同义务。继续履行又称强制继续履行，即如果违约方出现违约行为，非违约方可以借助于国家的强制力使其继续按照约定履行合同义务。要求违约方继续履行是合同法赋予债权人的一种权利，其目的主要是为了维护债权人的合法权益，保证债权人在违约方违约的情况下，还可以实现订立合同的目的。

（2）继续履行的构成要件

1）违约方在履行合同义务过程中有违约行为。

2）非违约方在合理期限内要求违约方继续履行合同义务。

3）违约方能够继续履行合同义务，一方面违约方有履行合同义务的能力；另一方面合同义务是可以继续履行的。

（3）继续履行的例外

由于合同的性质等原因，有些债务主要是非金钱债务，当违约方出现违约行为后，该债务不适合继续履行。对此，合同法作出了专门的规定，包括：

1）法律上或者事实上不能履行。

2）债务的标的不适于强制履行或者履行费用过高。

3）债权人未在合理期限内要求违约方继续履行合同义务。

2. 采取补救措施

（1）采取补救措施的含义

补救措施是指在发生违约行为后，为防止损失的发生或者进一步扩大，违约方按照法律规定或者约定以及双方当事人的协商，采取修理、更换、重作、退货、减少价款或者报酬、补充数量、物资处置等手段，弥补或者减少非违约方的损失的一种违约责任形式。

采取补救措施有两层含义：一是违约方通过对已经作出的履行予以补救，如修理、更换、维修标的物等使履行符合约定；二是采取措施避免或者减少债权人的违约损失。

（2）采取补救措施的条件

1）违约方已经完成履行行为但履行质量不符合约定。

2）采取补救措施必须具有可能性。

3）补救对于债权人来讲是可行的，即采取补救措施并不影响债权人订立合同的根本目的。

4）补救行为必须符合法律规定、约定或者经债权人同意。

3. 赔偿损失

（1）赔偿损失的含义

赔偿损失是指违约方不履行合同义务或者履行合同义务不符合约定而给对方造成损失时，按照法律规定或者合同约定，违约方应当承担受损害方的违约损失的一种违约责任形式。

（2）损害赔偿的适用条件

1）违约方在履行合同义务过程中发生违约行为。

2）债权人有损害的事实。

3）违约行为与损害事实之间必须有因果关系。

（3）损害赔偿的基本原则

1）完全赔偿原则。完全赔偿原则是指违约方应当对其违约行为所造成的全部损失承担赔偿责任。设置完全赔偿原则的目的是补偿债权人因债务人违约所造成的损失，所以，损害的赔偿范围除了包括该违约行为给债权人所造成的直接损害外，还包括该违约行为给债权人的可得利益的损害。

2）合理限制原则。完全赔偿原则是为了保护债权人免于遭受违约损失，因此是完全站在债权人的立场上，根据公平合理原则，债权人也不能擅自夸大损害事实而给违约方造成额外损失。对此，《合同法》也对债权人要求赔偿的范围进行了限制性规定，包括：① 应当预见规则。《合同法》规定，当事人一方不履行合同义务或者履行合同义务不符合约定给对方造成损失的，损失赔偿额应当相当于因违约造成的损失，包括合同履行后可以获得的利益，但不得超过违反合同一方订立合同时预见到或者应当预见到的因违反合同可能造成的损失。② 减轻损害规则。《合同法》规定，当事人一方违约后，对方应当采取适当措施防止损失的扩大；没有采取适当措施致使损失扩大的，不得就扩大的部分要求赔偿。当事人因防止扩大而支出的合理费用，由违约方承担。③ 损益相抵规则。损益相抵规则是指受违约损失方基于违约行为而发生违约损失的同时，又由于违约行为而获得一定的利益或者减少了一定的支出，受损方应当在其应得的损害赔偿额中，扣除其所得的利益部分。

（4）损害赔偿的计算

1）法定损害赔偿。即法律直接规定违约方应当向受损方赔偿损失时损害赔偿额的计算方法。如上文中所说的应当预见规则、减轻损害规则以及损益相抵规则都属于《合同法》对于损害赔偿的直接规定。

2）约定损害赔偿。即合同当事人双方在订立合同时预先约定违约金或者损害赔偿金额的计算方法。《合同法》规定，当事人可以约定一方违约时应当根据违约情况向对方支付一定数额的违约金，也可以约定因违约产生的损失赔偿额的计算方法。

4. 违约金

（1）违约金的概念

违约金是指当事人在合同中或订立合同后约定的，或者法律直接规定的，违约方发生违约行为时向另一方当事人支付一定数额的货币。

（2）违约金的特点

1）违约金具有约定性。对于约定违约金来说，是双方当事人协商一致的结果，是否约定违约金、违约金的具体数额都是由当事人双方协商确定的。对于法定违约金来说，法律仅仅规定了违约金的支付条件及违约金的大小范围，至于违约金的具体数额还是由双方当事人另行商定。

2）违约金具有预定性。约定违约金的数额是合同当事人预先在订立合同时确定的，法定违约金也是由法律直接规定了违约金的上下浮动的范围。一方面，由于当事人知道违约金的情况，这样在合同履行过程中，违约金可以对当事人起着督促作用；另一方面，一旦违约行为发生，双方对违约责任的处理明确简单。

3）违约金是独立于履行行为以外的给付。违约金是违约方不履行合同义务或者履行合同义务不符合约定时向债权人支付的一定数额的货币，它并不是主债务，而是一种独立于合同义务以外的从债务。如果违约行为发生后，债权人仍然要求违约方履行合同义务而且违约方具有继续履行的可能性，违约方不得以支付违约金为由而免除继续履行合同义务的责任。

4）违约金具有补偿性和担保性双重作用。违约金可以分为赔偿性违约金和惩罚性违约金。赔偿性违约金的目的是为了补偿债权人因债务人违约而造成的损失，这表现了违约金的补偿性；惩罚性违约金的目的是为了对违约行为进行惩罚和制裁，与违约造成的实际损失没有必然联系，违约金的支付是以当事人有违约行为为前提，而不必证明债权人的实际损失究竟有多大，这体现了违约金具有明显的惩罚性。这是违约金不同于一般的损失赔偿金的最显著的地方，也正是违约金担保作用的具体体现。

（3）约定违约金的构成要件

1）违约方存在违约行为。

2）有违约金的约定。

3）约定的违约金条款或者补充协议必须有效。

4）约定违约金的数额不得与违约造成的实际损失有着悬殊的差别。

《合同法》规定，约定的违约金低于造成的损失时，当事人可以请求人民法院或者仲裁机构予以增加；约定的违约金过分高于造成的损失的，当事人可以请求人民法院或者仲裁机构予以适当减少。

5. 定金

（1）定金的概念

定金是指合同双方当事人约定的，为担保合同的顺利履行，在订立合同时，或者订立后履行前，按照合同标的的一定比例，由一方当事人向对方给付一定数额的货币或者其他替代物。

（2）定金的特点

1）定金属于金钱担保。

2）定金的标的物为金钱或其他替代物。

3）定金是预先交付的。

4）定金同时也是违约责任的一种形式。

（3）定金与工程预付款的区别

定金与预付款都是当事人双方约定的，在合同履行期限届满之前由一方当事人向对方给付的一定数额的金钱，合同履行结束后可以抵作合同价款。两者的本质区别为：

1）定金的作用是担保；而预付款的主要作用是为对方顺利履行合同义务在资金上提供帮助。

2）交付定金的合同是从合同；而预付款的协议是合同内容的组成部分。

3）定金合同只有在交付定金时才能成立；预付款主要在合同中约定合同生效时即可成立。

4）定金合同的双方当事人在不履行合同义务时适用定金罚则；预付款交付后，不履行合同不会发生被没收或者双倍返还的效力。

5）定金适用于以金钱或者其他替代物履行义务的合同；预付款只适用于以金钱履行合同义务的合同。

6）定金一般为一次性给付；预付款可以分期支付。

7）定金有最高限额，《担保法》规定，定金不得超过主合同标的额的20%；而预付款除了不得超过合同标的总额以外，没有最高限额的规定。

（4）定金的种类

1）立约定金。即当事人为保证以后订立合同而专门设立的定金，如工程招标投标中的投标保证金。

2）成约定金。即以定金的交付作为主合同成立要件的定金。

3）证约定金。即以定金作为订立合同的证据，证明当事人之间存在合同关系而设立的定金。

4）违约定金。即定金交付后，当事人一方不履行主合同义务时按照定金罚则承担违约责任。

5）解约定金。即当事人为保留单方面解除合同的权利而交付的定金。

（5）定金的构成要件

1）相应的主合同及定金合同有效存在。定金合同是担保合同，其目的在于保证主债合同能够实现。所以定金合同是一种从合同，是以主债合同的存在为存在的前提，并随着主合同的消灭而消灭。同时，定金必须是当事人双方完全一致的意思表示，并且定金合同必须采用书面形式。

2）有定金的支付。定金具有先行支付性，定金的支付一定早于合同的履行期限，这是定金能够具备担保作用的前提条件。

3）一方当事人有违约行为。当违约方的违约行为构成拒绝履行或者预期违约的，适用定金罚则。对于履行不符合约定的，只有在违约行为构成根本违约的情况下，才能适用定金罚则。

4）不履行合同一方不存在不可归责的事由。如果不履行合同义务是由于不可抗力或者其他法定的免责事由而造成的，不履行一方不承担定金责任。

5）定金数额不得超过规定。《担保法》中规定，定金的数额不得超过主合同标的的20%。

（6）定金的效力

1）所有权的转移。定金一旦给付，即发生所有权的转移。收受定金一方取得定金的所有权是定金给付的首要效力，也是定金具备预付款性质的前提。

2）抵作权。在合同完全履行以后，定金可以抵作价款或者收回。

3）没收权。如果支付定金一方因发生可归责于其的事由而不履行合同义务时，则适用定金罚则，收受定金一方不再负返还义务。

4）双倍返还权。如果收受定金一方因发生可归责于其的事由而不履行合同义务时，则适用定金罚则，收受定金一方必须承担双倍返还定金的义务。

6. 价格制裁

价格制裁是指执行政府定价或者政府指导价的合同当事人，由于逾期履行合同义务而遇到价格调整时，在原价格和新价格中执行对违约方不利的价格。《合同法》规定，逾期交付标的物的，遇价格上涨时，按照原价格执行；价格下降时，按照新价格执行。逾期提取标的物或者逾期付款的，遇价格上涨时，按照新价格执行；遇价格下降时，按照原价格执行。由此可见，价格制裁对违约方来说，是一种惩罚，对债权人来说，是一种补偿其因违约所遭受损失的措施。

7. 违约责任各种形式相互之间的适用情况

（1）继续履行与采取补救措施

继续履行与采取补救措施是两种相互独立的违约责任承担方式，在实际操作中，一般不被同时适用。强制继续履行是以最终保证合同的全部权利得到实现、全部义务得到履行为目的的，适用于债务人不履行合同义务的情形。

采取补救措施主要是通过补救措施，使被履行而不符合约定的合同义务能够完全得到或者基本得到履行。采取补救措施主要适用于债务人履行合同义务不符合约定的情形，尤其是质量达不到约定的情况。

（2）继续履行、采取补救措施与解除合同

无论是继续履行还是采取补救措施，其目的都是要使合同的权利义务最终得到实现，它们都属于积极的承担违约责任的形式。而解除合同是属于一种消极的违约责任承担方式，一般适用于违约方的违约行为导致合同的权利义务已经不可能实现或者实现合同目的已经没有实际意义的情况。因此，继续履行及采取补救措施与解除合同之间属于两种相矛盾的违约责任形式，两者不能被同时适用。

（3）继续履行（或采取补救措施）与赔偿损失（违约金或定金）

违约金的基本特征与赔偿损失一样，体现在它的补偿性，主要适用于当违约方的违约行为给非违约方造成损害时而提供的一种救济手段，这与继续履行（或采取补救措施）并不矛盾。所以，在承担违约责任时，赔偿损失（或违约金）可以与继续履行（或采取补救措施）同时采用。

违约金在特殊情况下与定金一样，体现在它的惩罚性，这是对违约方违约行为的一种制裁手段。但无论是继续履行还是采取补救措施都不具备这一功能，而且两者之间并不矛盾。所以，在承担违约责任时，定金（或违约金）可以与继续履行（或采取补救措施）同时采用。

需要说明的是，如果违约金是可以替代履行的，即当违约方按照约定交付违约金后即可以免除违约方的合同履行责任，则违约金与继续履行或者采取补救措施不能同时并存；同样，如果定金是解约定金，则定金同样与继续履行或者采取补救措施不能同时并存。

（4）赔偿损失与违约金

在违约金的性质体现赔偿性的情况下，违约金被视为是损害赔偿额的预定标准，其目的在于补偿债权人因债务人的违约行为所造成的损失。因此，违约金可以替代损失赔偿金，当债务人支付违约金以后，债权人不得要求债务人再承担支付损失赔偿金的责任。所以，违约金与损害赔偿不能同时并用。

（5）定金与违约金

当定金属于违约定金时，其性质与违约金相同。因此，两者不能同时并用。当定金属于解约定金时，其目的是解除合同，而违约金不具备此功能。因此，解约定金与违约金可以同时使用。当定金属于证约定金或成约定金时，与违约金的目的、性质和功能上俱不相同，所以两者可以同时使用。

（6）定金与损害赔偿

定金可以与损害赔偿同时使用，并可以独立计算。但在实际操作中可能会出现定金与损害赔偿的并用超过合同总价的情况，因此必须对定金的数额进行适当限制。

2.7.5 《合同法》及《司法解释》关于工程承包违约行为的责任承担

1. 《合同法》关于工程承包违约行为的责任承担

（1）《合同法》第 280 条规定，"勘察、设计的质量不符合要求或者未按照期限提交勘察、设计文件拖延工期，造成发包人损失的，勘察人、设计人应当继续完善勘察、设计，减收或者免收勘察、设计费并赔偿损失"。

（2）《合同法》第 281 条规定，"因施工人的原因致使建设工程质量不符合约定的，发包人有权要求施工人在合理期限内无偿修理或者返工、改建。经过修理或者返工、改建后，造成逾期交付的，施工人应当承担违约责任"。

（3）《合同法》第 282 条规定，"因承包人的原因致使建设工程在合理使用期限内造成人身和财产损害的，承包人应当承担损害赔偿责任"。

（4）《合同法》第 283 条规定，"发包人未按照约定的时间和要求提供原材料、设备、场地、资金、技术资料的，承包人可以顺延工程日期，并有权要求赔偿停工、窝工等损失"。

（5）《合同法》第 284 条规定，"因发包人的原因致使工程中途停建、缓建的，发包人应当采取措施弥补或者减少损失，赔偿承包人因此造成的停工、窝工、倒运、机械设备调迁、材料和构件积压等损失和实际费用"。

（6）《合同法》第 285 条规定，"因发包人变更计划，提供的资料不准确，或者未按照期限提供必需的勘察、设计工作条件而造成勘察、设计的返工、停工或者修改设计，发包人应当按照勘察人、设计人实际消耗的工作量增付费用"。

（7）《合同法》第 286 条规定，"发包人未按照约定支付价款的，承包人可以催告发包人在合理期限内支付价款。发包人逾期不支付的，除按照建设工程的性质不宜折价、拍卖的以外，承包人可以与发包人协议将该工程折价，也可以申请人民法院将该工程依法拍卖。建设工程的价款就该工程折价或者拍卖的价款优先受偿"。

2．《司法解释》关于工程承包违约行为的责任承担

（1）《司法解释》第 11 条规定，"因承包人的过错造成建设工程质量不符合约定，承包人拒绝修理、返工或者改建，发包人请求减少支付工程价款的，应予支持"。

（2）《司法解释》第 12 条规定，"发包人具有下列情形之一，造成建设工程质量缺陷，应当承担过错责任：提供的设计有缺陷；提供或者指定购买的建筑材料、建筑构配件、设备不符合强制性标准；直接指定分包人分包专业工程。承包人有过错的，也应当承担相应的过错责任"。

（3）《司法解释》第 27 条规定，"因保修人未及时履行保修义务，导致建筑物毁损或者造成人身、财产损害的，保修人应当承担赔偿责任。保修人与建筑物所有人或者发包人对建筑物毁损均有过错的，各自承担相应的责任"。

（4）需要注意的是，对《合同法》286 条的规定，最高人民法院于 2002 年 6 月作出司法解释，认定建设工程的承包人的优先受偿权优于抵押权和其他债权。但是，对于商品房，如果消费者交付购买商品房的全部或者大部分款项后，承包人就该商品房享有的工程价款优先受偿权不得对抗买受人。同时，建设工程承包人行使优先权的期限为六个月，自建设工程竣工之日或者建设工程合同约定的竣工之日起计算。

（5）同时《合同法》及《司法解释》对建设工程竣工验收及交付使用也作出相应的规定。《合同法》第 279 条规定，"建设工程竣工后，发包人应当根据施工图纸及说明书、国家颁发的施工验收规范和质量检验标准及时进行验收。验收合格的，发包人应当按照约定支付价款，并接收该建设工程。建设工程竣工经验收合格后，方可交付使用；未经验收或者验收不合格的，不得交付使用。"《司法解释》第 13 条规定，"建设工程未经竣工验收，发包人擅自使用后，又以使用部分质量不符合约定为由主张权利的，不予支持；但是承包人应当在建设工程的合理使用寿命内对地基基础工程和主体结构质量承担民事责任"。

2.8 劳 动 合 同

劳动合同是在市场经济条件下，用人单位与劳动者确立劳动关系、明确双方权利和义务的协议。劳动关系是指劳动者与用人单位在实现劳动过程中建立的社会经济关系。《中华人民共和国劳动合同法》已由中华人民共和国第十届全国人民代表大会常务委员会第二十八次会议于 2007 年 6 月 29 日通过，自 2008 年 1 月 1 日起施行。《劳动法》第 16 条规定："建立劳动关系应当订立劳动合同"。

2.8.1 劳动合同的订立

1. 劳动关系的建立

（1）确认劳动关系建立的时间

用人单位自用工之日起即与劳动者建立劳动关系。用人单位与劳动者在用工前订立劳动合同的，劳动关系自用工之日起建立。

用人单位应当建立职工名册备查。职工名册应当包括劳动者姓名、性别、公民身份证号码、户籍地址及现住址、联系方式、用工形式、用工起始时间、劳动合同期限等内容。

（2）建立劳动关系时当事人的权利和义务

用人单位招用劳动者时，应当如实告知劳动者工作内容、工作条件、工作地点、职业危害、安全生产状况、劳动报酬，以及劳动者要求了解的其他情况；用人单位有权了解劳动者与劳动合同直接相关的基本情况，劳动者应当如实说明。

用人单位招用劳动者，不得扣押劳动者的居民身份证和其他证件，不得要求劳动者提供担保或者以其他名义向劳动者收取财物。

2. 劳动合同订立应当遵守的原则

《劳动合同法》第3条规定：订立劳动合同，应当遵循合法、公平、平等自愿、协商一致、诚实信用的原则。

用人单位招用劳动者，不得扣押劳动者的居民身份证和其他证件，不得要求劳动者提供担保或者以其他名义向劳动者收取财物。

依法订立的劳动合同具有约束力，用人单位与劳动者应当履行劳动合同约定的义务。用人单位应当依法建立和完善劳动规章制度，保障劳动者享有劳动权利、履行劳动义务。

3. 劳动合同的类型

劳动合同分为固定期限劳动合同、无固定期限劳动合同和以完成一定工作任务为期限的劳动合同。

劳动合同的期限是指劳动合同的有效时间，是劳动关系当事人双方享有权利和履行义务的时间，它一般开始于劳动合同的生效之日，结束于劳动合同的终止之时。劳动合同期限由用人单位和劳动者协商确定，是劳动合同的重要内容之一。

（1）固定期限劳动合同

固定期限劳动合同，是指用人单位与劳动者约定合同终止时间的劳动合同。用人单位与劳动者协商一致，可以订立固定期限劳动合同。

（2）无固定期限劳动合同

无固定期限劳动合同，是指用人单位与劳动者约定无确定终止时间的劳动合同。用人单位与劳动者协商一致，可以订立无固定期限劳动合同。有下列情形之一，劳动者提出或者同意续订、订立劳动合同的，除劳动者提出订立固定期限劳动合同外，应当订立无固定期限劳动合同：

1）劳动者在该用人单位连续工作满10年的；

2）用人单位初次实行劳动合同制度或者国有企业改制重新订立劳动合同时，劳动者在该用人单位连续工作满10年且距法定退休年龄不足10年的；

3）连续订立2次固定期限劳动合同，且劳动者没有《劳动合同法》第39条和第40条第1项、第2项规定的情形，续订劳动合同的。用人单位自用工之日起满1年不与劳动者订立书面劳动合同的，视为用人单位与劳动者已订立无固定期限劳动合同。

（3）以完成一定工作任务为期限的劳动合同

以完成一定工作任务为期限的劳动合同，是指用人单位与劳动者约定以某项工作的完成为合同期限的劳动合同。用人单位与劳动者协商一致，可以订立以完成一定工作任务为期限的劳动合同。

4. 劳动合同的基本条款

劳动合同应当具备以下条款：

（1）用人单位的名称、住所和法定代表人或者主要负责人；

（2）劳动者的姓名、住址和居民身份证或者其他有效身份证件号码；

（3）劳动合同期限；

（4）工作内容和工作地点；

（5）工作时间和休息休假；

（6）劳动报酬；

（7）社会保险；

（8）劳动保护、劳动条件和职业危害防护；

（9）法律、法规规定应当纳入劳动合同的其他事项。

劳动合同除上述规定的必备条款外，用人单位与劳动者可以约定试用期、培训、保守秘密、补充保险和福利待遇等其他事项。

劳动合同对劳动报酬和劳动条件等标准约定不明确，引发争议的，用人单位与劳动者可以重新协商；协商不成的，适用集体合同规定；没有集体合同或者集体合同未规定劳动报酬的，实行同工同酬；没有集体合同或者集体合同未规定劳动条件等标准的，适用国家有关规定。

5. 订立劳动合同应当注意的事项

（1）劳动合同当事人

劳动合同的当事人为用人单位和劳动者。用人单位包括中华人民共和国境内的企业、个体经济组织、民办非企业单位等组织。《中华人民共和国劳动合同法实施条例》进一步规定，劳动合同法规定的用人单位设立的分支机构，依法取得营业执照或者登记证书的，可以作为用人单位与劳动者订立劳动合同；未依法取得营业执照或者登记证书的，受用人单位委托可以与劳动者订立劳动合同。

（2）建立劳动关系即应订立劳动合同

1）订立劳动合同的时间限制

《劳动合同法》规定，建立劳动关系，应当订立书面劳动合同。已建立劳动关系，未同时订立书面劳动合同的，应当自用工之日起1个月内订立书面劳动合同。

①劳动者原因未能订立劳动合同的法律后果

自用工之日起1个月内，经用人单位书面通知后，劳动者不与用人单位订立书面劳动合同的，用人单位应当书面通知劳动者终止劳动关系，无需向劳动者支付经济补偿，但是应当依法向劳动者支付其实际工作时间的劳动报酬。

②用人单位原因未能订立劳动合同的法律后果

用人单位自用工之日起超过1个月不满1年未与劳动者订立书面劳动合同的，应当依照劳动合同法第82条的规定向劳动者每月支付两倍的工资，并与劳动者补订书面劳动合同；劳动者不与用人单位订立书面劳动合同的，用人单位应当书面通知劳动者终止劳动关系，并依照劳动合同法第47条的规定支付经济补偿。这里，用人单位向劳动者每月支付两倍工资的起算时间为用工之日起满1个月的次日，截止时间为补订书面劳动合同的前一日。

用人单位自用工之日起满1年未与劳动者订立书面劳动合同的，自用工之日起满1个月的次日至满1年的前一日应当依照劳动合同法第82条的规定向劳动者每月支付两倍的工资，并视为自用工之日起满 1 年的当日已经与劳动者订立无固定期限劳动合同，应当立即与劳动者补订书面劳动合同。

用人单位未在用工的同时订立书面劳动合同，与劳动者约定的劳动报酬不明确的，新招用的劳动者的劳动报酬按照集体合同规定的标准执行；没有集体合同或者集体合同未规定的，实行同工同酬。

2）订立口头劳动协议的情形

非全日制用工双方当事人可以订立口头协议。非全日制用工是指以小时计酬为主，劳动者在同一用人单位一般平均每日工作时间不超过 4h，每周工作时间累计不超过 24h 的用工形式。从事非全日制用工的劳动者可以与 1 个或者 1 个以上用人单位订立劳动合同；但是，后订立的劳动合同不得影响先订立的劳动合同的履行。

（3）试用期

1）试用期的时间长度限制

劳动合同期限 3 个月以上不满 1 年的，试用期不得超过一个月；劳动合同期限 1 年以上不满 3 年的，试用期不得超过 2 个月；3 年以上固定期限和无固定期限的劳动合同，试用期不得超过 6 个月。

2）试用期的次数限制

同一用人单位与同一劳动者只能约定一次试用期。以完成一定工作任务为期限的劳动合同或者劳动合同期限不满 3 个月的，不得约定试用期。试用期包含在劳动合同期限内。劳动合同仅约定试用期的，试用期不成立，该期限为劳动合同期限。

3）试用期内的最低工资

劳动者在试用期的工资不得低于本单位相同岗位最低档工资或者劳动合同约定工资的80%，并不得低于用人单位所在地的最低工资标准。

4）试用期内解除合同的限制

在试用期中，除劳动者有本法第 39 条和第 40 第 1 项、第 2 项规定的情形外，用人单位不得解除劳动合同。用人单位在试用期解除劳动合同的，应当向劳动者说明理由。

（4）劳动合同的生效和无效

劳动合同由用人单位与劳动者协商一致，并经用人单位与劳动者在劳动合同文本上签字或者盖章生效。劳动合同文本由用人单位和劳动者各执一份。

下列劳动合同无效或者部分无效：

1）以欺诈、胁迫的手段或者乘人之危，使对方在违背真实意思的情况下订立或者变更劳动合同的；

2）用人单位免除自己的法定责任、排除劳动者权利的；

3）违反法律、行政法规强制性规定的。

劳动合同部分无效，不影响其他部分效力的，其他部分仍然有效。劳动合同被确认无效，劳动者已付出劳动的，用人单位应当向劳动者支付劳动报酬。劳动报酬的数额，参照本单位相同或者相近岗位劳动者的劳动报酬确定。对劳动合同的无效或者部分无效有争议的，由劳动争议仲裁机构或者人民法院确认。

6. 集体合同

（1）集体合同的含义和当事人

集体合同是指企业职工一方与用人单位就劳动报酬、工作时间、休息休假、劳动安全卫生、保险福利等事项，通过平等协商达成的书面协议。集体合同实质上是一种特殊的劳动合同。

集体合同的当事人一方是由工会代表的企业职工，另一方当事人是用工单位。集体合同草案应当提交职工代表大会或者全体职工讨论通过。集体合同由工会代表企业职工一方与用人单位订立；尚未建立工会的用人单位，由上级工会指导劳动者推举的代表与用人单位订立。

（2）集体合同的分类

1）专项集体合同

企业职工一方与用人单位可以订立劳动安全卫生、女职工权益保护、工资调整机制等专项集体合同。

2）行业性集体合同或区域性集体合同

在县级以下区域内，建筑业、采矿业、餐饮服务业等行业可以由工会与企业方面代表订立行业性集体合同，或者订立区域性集体合同。

（3）集体合同的效力

1）集体合同的生效

集体合同订立后，应当报送劳动行政部门；劳动行政部门自收到集体合同文本之日起十五日内未提出异议的，集体合同即行生效。

2）集体合同的约束范围

依法订立的集体合同对用人单位和劳动者具有约束力。行业性、区域性集体合同对当地本行业、本区域的用人单位和劳动者具有约束力。

3）集体合同中劳动报酬和劳动条件条款的效力

集体合同中劳动报酬和劳动条件等标准不得低于当地人民政府规定的最低标准；用人单位与劳动者订立的劳动合同中劳动报酬和劳动条件等标准不得低于集体合同规定的标准。

4）集体合同的维权

用人单位违反集体合同，侵犯职工劳动权益的，工会可以依法要求用人单位承担责任；因履行集体合同发生争议，经协商解决不成的，工会可以依法申请仲裁、提起诉讼。

2.8.2　劳动合同的履行和变更

1. 劳动合同的履行

（1）用人单位应当履行支付劳动报酬的义务

用人单位与劳动者应当按照劳动合同的约定，全面履行各自的义务。

用人单位应当按照劳动合同约定和国家规定，向劳动者及时足额支付劳动报酬。用人单位拖欠或者未足额支付劳动报酬的，劳动者可以依法向当地人民法院申请支付令，人民法院应当依法发出支付令。

（2）依法限制用人单位安排劳动者的加班

用人单位应当严格执行劳动定额标准，不得强迫或者变相强迫劳动者加班。用人单位安排加班的，应当按照国家有关规定向劳动者支付加班费。

（3）劳动者有权拒绝违章指挥、冒险作业

劳动者拒绝用人单位管理人员违章指挥、强令冒险作业的，不视为违反劳动合同。劳动者对危害生命安全和身体健康的劳动条件，有权对用人单位提出批评、检举和控告。

2. 劳动合同的变更

用人单位变更名称、法定代表人、主要负责人或者投资人等事项，不影响劳动合同的履行。用人单位发生合并或者分立等情况，原劳动合同继续有效，劳动合同由承继其权利和义务的用人单位继续履行。

用人单位与劳动者协商一致，可以变更劳动合同约定的内容。变更劳动合同，应当采用书面形式。变更后的劳动合同文本由用人单位和劳动者各执一份。

2.8.3 劳动合同的解除和终止

1. 劳动合同的解除

用人单位与劳动者协商一致，可以解除劳动合同。劳动者提前30日以书面形式通知用人单位，可以解除劳动合同。劳动者在试用期内提前3日通知用人单位，可以解除劳动合同。

（1）劳动者可以解除劳动合同的情形

用人单位有下列情形之一的，劳动者可以解除劳动合同：

1）未按照劳动合同约定提供劳动保护或者劳动条件的；

2）未及时足额支付劳动报酬的；

3）未依法为劳动者缴纳社会保险费的；

4）用人单位的规章制度违反法律、法规的规定，损害劳动者权益的；

5）因本法第26条第1款规定的情形致使劳动合同无效的；

6）法律、行政法规规定劳动者可以解除劳动合同的其他情形。

用人单位以暴力、威胁或者非法限制人身自由的手段强迫劳动者劳动的，或者用人单位违章指挥、强令冒险作业危及劳动者人身安全的，劳动者可以立即解除劳动合同，不需事先告知用人单位。

《中华人民共和国劳动合同法实施条例》第18条进一步规定，有下列情形之一的，依照劳动合同法规定的条件、程序，劳动者可以与用人单位解除固定期限劳动合同、无固定期限劳动合同或者以完成一定工作任务为期限的劳动合同：

1）劳动者与用人单位协商一致的；

2）劳动者提前30日以书面形式通知用人单位的；

3）劳动者在试用期内提前3日通知用人单位的；

4）用人单位在劳动合同中免除自己的法定责任、排除劳动者权利的；

5）用人单位违反法律、行政法规强制性规定的。

（2）用人单位可以解除劳动合同的情形

用人单位单方解除劳动合同，应当事先将理由通知工会。用人单位违反法律、行政法规规定或者劳动合同约定的，工会有权要求用人单位纠正。用人单位应当研究工会的意见，并将处理结果书面通知工会。

1）随时解除

劳动者有下列情形之一的，用人单位可以解除劳动合同：

①在试用期间被证明不符合录用条件的；

②严重违反用人单位的规章制度的；

③严重失职，营私舞弊，给用人单位造成重大损害的；

④劳动者同时与其他用人单位建立劳动关系，对完成本单位的工作任务造成严重影响；或者经用人单位提出，拒不改正的；

⑤因本法第 26 条第 1 款第 1 项规定的情形致使劳动合同无效的；

⑥被依法追究刑事责任的。

2）预告解除

有下列情形之一的，用人单位提前 30 日以书面形式通知劳动者本人或者额外支付劳动者 1 个月工资后，可以解除劳动合同：

①劳动者患病或者非因工负伤，在规定的医疗期满后不能从事原工作，也不能从事由用人单位另行安排的工作的；

②劳动者不能胜任工作，经过培训或者调整工作岗位，仍不能胜任工作的；

③劳动合同订立时所依据的客观情况发生重大变化，致使劳动合同无法履行，经用人单位与劳动者协商，未能就变更劳动合同内容达成协议的。

3）经济性裁员

有下列情形之一，需要裁减人员 20 人以上或者裁减不足 20 人但占企业职工总数 10% 以上的，用人单位提前 30 日向工会或者全体职工说明情况，听取工会或者职工的意见后，裁减人员方案经向劳动行政部门报告，可以裁减人员：

①依照企业破产法规定进行重整的；

②生产经营发生严重困难的；

③企业转产、重大技术革新或者经营方式调整，经变更劳动合同后，仍需裁减人员的；

④其他因劳动合同订立时所依据的客观经济情况发生重大变化，致使劳动合同无法履行的。

裁减人员时，应当优先留用下列人员：

①与本单位订立较长期限的固定期限劳动合同的；

②与本单位订立无固定期限劳动合同的；

③家庭无其他就业人员，有需要扶养的老人或者未成年人的。

用人单位依照本条第 1 款规定裁减人员，在 6 个月内重新招用人员的，应当通知被裁减的人员，并在同等条件下优先招用被裁减的人员。

4）用人单位不得解除劳动合同的情形

劳动者有下列情形之一的，用人单位不得依照本法第 40 条、第 41 条的规定解除劳动合同：

①从事接触职业病危害作业的劳动者未进行离岗前职业健康检查，或者疑似职业病病人在诊断或者医学观察期间的；

②在本单位患职业病或者因工负伤并被确认丧失或者部分丧失劳动能力的；

③患病或者非因工负伤，在规定的医疗期内的；

④女职工在孕期、产期、哺乳期的；

⑤在本单位连续工作满十五年，且距法定退休年龄不足五年的；

⑥法律、行政法规规定的其他情形。

2. 劳动合同的终止

《劳动合同法》规定，有下列情形之一的，劳动合同终止：

（1）劳动者达到法定退休年龄的，劳动合同终止；

（2）劳动合同期满的；

（3）劳动者开始依法享受基本养老保险待遇的；

（4）劳动者死亡，或者被人民法院宣告死亡或者宣告失踪的；

（5）用人单位被依法宣告破产的；

（6）用人单位被吊销营业执照、责令关闭、撤销或者用人单位决定提前解散的；

（7）法律、行政法规规定的其他情形。

但在劳动合同期满时，有本法第42条规定情形之一的，劳动合同应当续延至相应的情形消失时终止。但是，本法第42条第2项规定丧失或者部分丧失劳动能力劳动者的劳动合同的终止，按照国家有关工伤保险的规定执行。

3. 终止劳动合同的经济补偿和标准

有下列情形之一的，用人单位应当向劳动者支付经济补偿：

（1）劳动者依照本法第38条规定解除劳动合同的；

（2）用人单位依照本法第36条规定向劳动者提出解除劳动合同并与劳动者协商一致解除劳动合同的；

（3）用人单位依照本法第40条规定解除劳动合同的；

（4）用人单位依照本法第41条第1款规定解除劳动合同的；

（5）除用人单位维持或者提高劳动合同约定条件续订劳动合同，劳动者不同意续订的情形外，依照本法第44条第1项规定终止固定期限劳动合同的；

（6）依照本法第44条第4项、第5项规定终止劳动合同的；

（7）法律、行政法规规定的其他情形。

经济补偿的标准，按劳动者在本单位工作的年限，每满1年支付1个月工资的标准向劳动者支付。6个月以上不满1年的，按1年计算；不满6个月的，向劳动者支付半个月工资的经济补偿。

劳动者月工资高于用人单位所在直辖市、设区的市级人民政府公布的本地区上年度职工月平均工资3倍的，向其支付经济补偿的标准按职工月平均工资3倍的数额支付，向其支付经济补偿的年限最高不超过12年。

月工资是指劳动者在劳动合同解除或者终止前12个月的平均工资。

用人单位应当在解除或者终止劳动合同时出具解除或者终止劳动合同的证明，并在15日内为劳动者办理档案和社会保险关系转移手续。

劳动者应当按照双方约定，办理工作交接。用人单位依照《劳动合同法》有关规定应当向劳动者支付经济补偿的，在办结工作交接时支付。

用人单位对已经解除或者终止的劳动合同的文本，至少保存两年备查。

2.8.4　劳务派遣

劳务派遣是指劳务派遣单位与被派遣劳动者订立劳动合同后，将该劳动者派遣到用人单位从事劳动的一种特殊的用工形式。其显著特征是劳动者的聘用与使用相分离。劳务派遣一般在临时性、辅助性或者替代性的工作岗位上实施。

1. 劳务派遣当事人

劳务派遣当事人包括劳务派遣单位、劳动者和用工单位。

（1）劳务派遣单位

劳务派遣单位指的是将劳动者派遣到用工单位的单位，是《劳动合同法》所称的用人单位。劳务派遣单位应当依照公司法的有关规定设立，注册资本不得少于五十万元。

（2）被派遣劳动者

劳动者是指被劳务派遣单位派遣到用工单位的人。被派遣劳动者享有与用工单位的劳动者同工同酬的权利。用工单位无同类岗位劳动者的，参照用工单位所在地相同或者相近岗位劳动者的劳动报酬确定。劳务派遣单位跨地区派遣劳动者的，被派遣劳动者享有的劳动报酬和劳动条件，按照用工单位所在地的标准执行。

被派遣劳动者有权在劳务派遣单位或者用工单位依法参加或者组织工会，维护自身的合法权益。被派遣劳动者可以依照《劳动合同法》第36条、第38条的规定与劳务派遣单位解除劳动合同。

（3）用工单位

用工单位是指接受劳务派遣单位派遣的劳动者的劳动并为其支付劳动报酬的单位。用工单位应当履行下列义务：1）执行国家劳动标准，提供相应的劳动条件和劳动保护；2）告知被派遣劳动者的工作要求和劳动报酬；3）支付加班费、绩效奖金，提供与工作岗位相关的福利待遇；4）对在岗被派遣劳动者进行工作岗位所必需的培训；5）连续用工的，实行正常的工资调整机制。用工单位不得将被派遣劳动者再派遣到其他用人单位。用人单位不得设立劳务派遣单位向本单位或者所属单位派遣劳动者。

被派遣劳动者具有《劳动合同法》第39条和第40第1项、第2项规定情形的，用工单位可以将劳动者退回劳务派遣单位，劳务派遣单位依照本法有关规定，可以与劳动者解除劳动合同。

2. 劳务派遣的劳动合同

劳务派遣的劳动合同由劳务派遣单位与劳动者订立。劳务派遣单位应当履行用人单位对劳动者的义务。该劳动合同除了应当具备一般劳动合同的基本条款外，还应当载明被派遣劳动者的用工单位以及派遣期限、工作岗位等情况。

劳务派遣单位应当与被派遣劳动者订立2年以上的固定期限劳动合同，按月支付劳动报酬；被派遣劳动者在无工作期间，劳务派遣单位应当按照所在地人民政府规定的最低工资标准，向其按月支付报酬。

3. 劳务派遣协议

劳务派遣单位派遣劳动者应当与接受以劳务派遣形式用工的单位（以下称用工单位）订立劳务派遣协议。劳务派遣协议应当约定派遣岗位和人员数量、派遣期限、劳动报酬和社会保险费的数额与支付方式以及违反协议的责任。

用工单位应当根据工作岗位的实际需要与劳务派遣单位确定派遣期限，不得将连续用工期限分割订立数个短期劳务派遣协议。

劳务派遣单位应当将劳务派遣协议的内容告知被派遣劳动者。劳务派遣单位不得克扣用工单位按照劳务派遣协议支付给被派遣劳动者的劳动报酬。劳务派遣单位和用工单位不得向被派遣劳动者收取费用。

2.8.5 非全日制用工

非全日制用工是指以小时计酬为主，劳动者在同一用人单位一般平均每日工作时间不超过四小时，每周工作时间累计不超过二十四小时的用工形式。非全日制用工具有以下特点：

（1）非全日制用工双方当事人可以订立口头协议。（2）从事非全日制用工的劳动者可以与一个或者一个以上用人单位订立劳动合同；但是，后订立的劳动合同不得影响先订立的劳动合同的履行。（3）非全日制用工双方当事人不得约定试用期。（4）非全日制用工双方当事人任何一方都可以随时通知对方终止用工。终止用工，用人单位不向劳动者支付经济补偿。（5）非全日制用工小时计酬标准不得低于用人单位所在地人民政府规定的最低小时工资标准。（6）非全日制用工劳动报酬结算支付周期最长不得超过十五日。

《劳动合同法实施条例》规定：劳务派遣单位不得以非全日制用工形式招用被派遣劳动者。

2.9 案 例 分 析

【案例2-9-1】"黑白"施工合同的效力和工程款结算

1. 事件过程

北京某集团四建工程有限责任公司通过工程招标投标，和北京××房地产开发有限责任公司签订了"某住宅小区 C 座、D 座及社区中心"和"某住宅小区 E 座、F 座"工程施工合同两份，合同价款分别为 1.3 亿元和 1.04 亿元，在北京市建设工程施工合同管理处备案后开始施工。两年中双方又签订了补充协议，分别将原来签订的两份合同工程价款从 1.3 亿元调整为 9880 万元、从 1.04 亿元调整为 8911 万元。某年 12 月、次年 9 月，上述工程竣工后交由××房地产公司使用，某四建公司得到工程款 1.46 亿元，双方对这些工程款数额都无异议。但双方在工程最后结算时，对依据已备案合同确定的工程价款进行结算，还是采用双方签订的施工合同补充协议确定的工程价款进行结算发生争议。施工单位作为原告提起了诉讼。

某四建公司认为，已备案的合同是经公开招标投标、中标后签订的，这份合同才是工程结算的唯一根据，依据该合同的内容，××房地产公司除已支付的款项外，还欠自己工程款 1.47 亿多元。

××房地产公司则辩称，两份备案合同不是双方的真实意思表示，后来签订的补充协议才是双方债务关系的体现。因为最初某四建公司为拿到工程项目，就向他们作出了垫资地上 8 层、让利 7.2%、对他们分包项目不收费等极为优惠的许诺，随后开始进场施工。直到两个月后，他们才为工程进行了形式上的招标投标活动。而根据双方签订的私下协

81

议：招标投标结果是为了办理开工证，中标价和合同价对双方没有约束力，施工图纸定出后一个月再约定合同价。他们说，实际上招标投标的文件是原告自己编制的，招标投标活动由原告一手操办，参加投标的其实都是某集团的下属企业。因此，他们认为应按补充协议确定工程款数额，尚欠的工程款应待双方进一步核实后再确定。

2. 法院审理和判决

法院审理后认为，根据《招标投标法》的有关规定，招标人和中标人应当自中标通知书发出之日起30日内，订立书面合同，招标人和中标人不得再行订立背离合同实质性内容的其他协议。由于谋四建公司承建的住宅楼建设工程，是通过公开招标投标的形式所取得，上述工程的标底在工程招标投标文件中已得到了双方的确认，中标后，他们依据公开招标投标文件所确定的数额与××房地产公司签订了工程施工合同，上述协议不违反法律的规定，且双方对所签合同进行了备案，故该合同合法有效。而双方后来又签订的补充协议中，对原已备案的合同内容进行了变更，并将备案合同约定的工程价款进行了较大的变动，因此，应当认定变更后的协议内容与已备案合同相比，已构成了国家《招标投标法》中所禁止的"背离合同实质性内容"的变化，这些行为违反了有关法规，因此这些补充协议应为无效。××房地产公司应按与某四建公司通过工程招标投标而签订的、已备案的施工合同的约定履行支付工程款的义务。据此法院一审判决由××房地产公司支付工程款1.47亿元及相应利息。

3. 案件评析

本案件判决的作出发生在《最高人民法院关于审理建设工程施工合同纠纷案件适用法律问题的解释》出台之前，《解释》第21条规定："当事人就同一建设工程另行订立的建设工程施工合同与经过备案的中标合同实质性内容不一致的，应当以备案的中标合同作为结算工程价款的根据"。本案件中，北京某四建工程有限责任公司通过工程招标投标，和北京××房地产开发有限责任公司签订了两份工程施工合同，合同价款分别为1.3亿元和1.04亿元，并在北京市建设工程施工合同管理处备案后施工。后来双方又签订了补充协议，分别将原来签订的两份合同工程价款从1.3亿元调整为9880万元、从1.04亿元调整为8911万元。将备案合同约定的工程价款进行了较大变动，与备案合同相比已构成实质性背离。依据《解释》规定，法院也会判决按照双方备案的合同作为双方工程款结算的依据。

4. 案件启示

在建筑施工领域，发包方与承包方之间存在两种施工合同的情况比较普遍，一份是经过招标投标的备案合同，另一份是与备案合同不一致而实际履行的合同，俗称为"黑白合同"。建设工程施工合同的双方当事人除经过招标投标签订的正式合同外，另外还签订一份或一份以上实际履行的补充协议，正式合同与补充协议的实质性内容相异，用来规避招标投标制度，或实现某种非法的利益。实践中，"黑白合同"虽然是就同一工程项目签订的两份在工程价款和付款方式上存在明显差异的合同，但双方在实际履行中对各自的权利义务是默契的。那么，如果双方对合同履行产生争议，一方以备案的对自己有利的合同主张权利，另一方以未备案的合同主张权利，法院该以哪一份合同为依据来判定当事人的权利义务呢？怎样预防此类合同带来的风险？

（1）依据《招标投标法》必须进行招标投标的工程项目，建设单位未进行招标投标而直接与施工单位签订建设施工合同（即"黑合同"），将工程发包给关系单位施工。但为了应付政府部门的监督和检查，进行了形式上的招标投标活动并签订了"白合同"，或者连形式上的招标投标活动也省去，直接签订"白合同"，并编造了与之相应的招标投标文件用以备案。这种情况下，"黑合同"的签订系违背法律和行政法规的强制性规定，而"白合同"的签订则属于以合法形式掩盖非法目的，都会被认定为无效合同，对有关责任人可能根据情形追究行政责任乃至刑事责任。因此要严格避免出现"黑白合同"。

（2）依照法律规定对不属于必须招标投标的工程项目，由于一些地方政府或者具体行政主管部门要求进行招标投标，建设单位未进行招标投标而直接与施工单位签订建设施工合同，将工程发包给施工单位，但为了办理有关手续而进行徒具形式的招标投标，或者编造招标投标"事实"，并签订、编造与招标投标"事实"相对应的"白合同"，以应付主管部门检查。对于这种情况还是要尽量避免发生，尽管此种情形下签订"黑白合同"且不存在以下情形：1）一方以欺诈、胁迫的手段订立合同，损害国家利益；2）恶意串通，损害国家、集体或者第三人利益；3）以合法形式掩盖非法目的；4）损害社会公共利益等合同法规定的合同无效的情形，法院不会认定为无效，但是在关于工程款结算这一点上会按照备案的合同来确认，为了避免施工单位违反双方之间的"默契"，应当把两份合同关于工程款结算的条款约定的基本一致，不要把备案合同约定的内容过于详细，备案合同没有约定的情况下，可以按照双方没有备案的合同来确认双方的权责。

【案例 2-9-2】施工合同垫资条款的效力及履行

1. 事件过程

某年 10 月乙建筑公司在甲宾馆举行的酒店项目施工招标中一举中标。乙公司中标的工程承包造价为 4673 万余元，但双方签约时，甲宾馆要求乙公司前期垫资 2000 万元施工，乙公司考虑到这是一个工程总额近 5000 万元的大合同，能拿到手不容易，于是就同意了甲宾馆的要求。同年 10 月 12 日双方签署了《建设工程施工合同》，该合同约定甲宾馆在合同签订后 10 日内支付工程总价款的 15%，即 700 万余元作为预付工程款，工程进度款在工程达到正负零后 10 日内支付工程总价款的 30%、工程封顶后 10 日内支付工程总价款的 35%（扣除预付工程款部分）、竣工验收后 10 日支付工程总价款的 30%，余款 5% 作为质量保证金，待工程交付使用一年质保期到期后清算。同日，甲乙双方又签订了一份补充协议，约定由乙公司为甲宾馆提供前期工程垫资 2000 万元，该款项在工程竣工后 90 日内由甲方一次性付清，该协议还约定考虑到乙公司承受的垫资压力，甲宾馆同意将工程价款增加 150 万元，增加的该笔工程款在甲方向乙方偿还 2000 万元垫资款时一并支付给乙方。之后，施工合同报送当地建委进行了备案，但补充协议未履行备案手续。2003 年 12 月 18 日在工程出地面达到正负零时，甲宾馆支付了扣除 2000 万元后的工程应付款的余额部分 102 万余元。之后，甲宾馆按照施工合同的约定支付了其余工程进度款。2004 年 10 月 11 日工程按期竣工，但甲宾馆对乙公司的 2000 万元垫资款和在协议中增加的 150 万元工程款一直以资金紧张为由拖欠未付。2005 年 3 月 23 日乙公司无奈诉至法院，要求甲宾馆支付垫资工程款 2000 万元和增加的工程价款 150 万元，并按银行计收逾期贷款利率请求支付相应利息 216 万余元。

2. 法院审理

一审法院经审理支持了乙公司要求甲宾馆支付工程款 2000 万元的主张，并依据双方签署的施工合同判决甲宾馆向乙公司支付工程欠款利息 90 余万元。但法院以双方签署的补充协议没有备案，因此不能作为双方工程价款结算的依据为由，驳回了乙公司要求甲宾馆支付增加的工程价款 150 万元。同时，法院还以甲乙双方签署的补充协议中没有约定垫资利息为由，判决驳回了乙公司要求甲宾馆对 2000 万元垫资款按银行计收逾期贷款利率的标准支付利息的诉讼请求。一审宣判后，乙公司不服而上诉，后经咨询律师意见，又主动撤回了上诉，一审判决遂发生法律效力。

3. 分析与提示

（1）垫资施工条款是有效合同条款。认定合同及合同条款是否有效应当以我国合同法的规定为依据。我国《合同法》第 52 条规定，有下列情形之一的，合同无效：一方以欺诈、胁迫的手段订立合同，损害国家利益；恶意串通，损害国家、集体或者第三人利益；以合法形式掩盖非法目的；损害社会公共利益；违反法律、行政法规的强制性规定。最高人民法院关于适用《中华人民共和国合同法》若干问题的解释中再次明确："合同法实施以后，人民法院确认合同无效，应当以全国人大及其常委会制定的法律和国务院制定的行政法规为依据，不得以地方性法规、行政规章为依据。"那么，垫资施工是否违反了法律、行政法规呢？答案是否定的。禁止垫资施工主要是依据 1996 年 6 月原国家计划委员会、建设部、财政部联合下发的《关于严格禁止在工程建设中带资承包的通知》（以下简称《通知》），从行政管理的角度说，这一《通知》是建设行政主管部门依法对工程合同进行管理的重要依据。但是一些法院据此认为施工合同中垫资施工的条款，违反了该强制性规定而属于无效条款却是不当的。因为该通知从法律上来说，至多属于规章的范畴，并不属于我国《合同法》第 52 条所规定的法律和行政法规。承发包双方违反了该规定，应当接受有关行政主管部门的相应处罚，但不应当因此影响民事合同的效力。而且目前我国建筑市场垫资施工的现象相当普遍，一概认定垫资合同或垫资条款无效既不利于承包商利益的保护也不符合国际惯例。考虑到上述原因，《解释》明确了垫资条款不作无效处理，明确规定："当事人对垫资和垫资利息有约定，承包人请求按照约定返还垫资及其利息的，应予支持，但是约定的利息计算标准高于中国人民银行发布的同期同类贷款利率的部分除外。当事人对垫资没有约定的，按照工程欠款处理。当事人对垫资利息没有约定，承包人请求支付利息的，不予支持。"在案例中，虽然甲乙双方签署的补充协议约定了工程垫资，但却没有对是否支付垫资利息做出明确约定，这正是乙公司请求支付垫资款利息得不到支持的原因。

（2）出现黑白合同应以白合同为准。在建设工程招标投标过程中，一些当事人为了获取其他利益，往往在签订中标合同前后，就同一工程项目再签订一份或者多份与中标合同的工程价款等主要内容不一致的合同。实践中，一般将备案的中标合同称为"白合同"，将另一份与中标合同不一致且未备案的合同称为"黑合同"。一些建筑企业屈从于发包人的压力而签订"黑合同"的情形较为常见。"黑白合同"的出现直接造成招标投标流于形式，为了维护中标合同的严肃性，我国《招标投标法》及相关行政法规规定了，招标人与中标人必须按照招标文件和中标人的投标文件订立合同，否则要给予相应处罚，同时中标合同的变更必须经过法定程序。因此，"黑合同"虽然也可能是当事人的真实意思表示，但由于合同形式不合法，不产生变更"白合同"的法律效力。因此，《解释》第 21 条明确规定："当事人就同一建设工程另行订立的建设工程施工合同与经过备案的中标合同实质性内容不一致的，应当以备案的中标合同作为结算工程价款的根据。"也就是明确了在出现"黑白合同"时，应以白合同为准。在案例中，甲乙双方虽然通过补充协议将工程价款增加了150万元，但该补充协议并没有报送当地建设行政主管部门备案。因此，法院认定以备案的《建设工程施工合同》而不是《补充协议》作为双方对工程价款结算的依据是正确的。

【案例2-9-3】施工合同的解除及工程结算

1. 事件过程

申请人与被申请人就承建某物流中心工程，于某年6月25日签订了《建筑工程施工合同》。工程款支付约定为竣工验收后支付至总工程款的95%，结算完成后付至97%。合同约定，被申请人未按时支付工程款，则按所拖欠工程款总额的每日万分之三向申请人支付利息，工期相应顺延。申请人按照合同约定履行了自己的义务，但被申请人却一直未按合同要求支付工程进度款，并因资金问题停工及设计变更导致工程量增加等原因，造成工程延期。双方某年3月5日签署工程延期协议书。协议约定：工程延期至某年8月15日；因延期属被申请人责任所致，申请人不承担任何责任。某年4月18日，被申请人因资金紧张导致工程停工，并向申请人发出"关于工程停工情况的说明"，申请人要求解除双方的合同并结算。申请人提交结算报告显示已完成工程部分工程款为7，206，000元人民币。被申请人收到结算报告后一直未答复。申请人遂向××仲裁委员会提出仲裁申请，请求裁决：1. 解除申请人与被申请人之间《建筑工程施工合同》；2. 被申请人支付申请人工程款7，206，000元及违约金；3. 申请人就本项债权，对某物流中心工程享有优于抵押权和其他债权的优先受偿权；4. 被申请人承担全部仲裁费。被申请人在庭审中答辩称：1. 确实存在拖欠工程款问题，我方对申请人解除合同的主张不反对；2. 申请人一期工程基本做完，但收尾工作还没有完成，如果解除合同，我方必须另找其他公司做剩余收尾工作，希望申请人能配合我方验收；3. 对于已完成的工程款部分有争议。

2. 仲裁庭审理

根据本案事实、合同约定和《合同法》及其他相关法律法规规定，仲裁庭意见如下：

（1）关于本案合同的法律效力。本案合同为双方当事人的真实意思表示，且不违背法律法规规定，为有效合同，对双方当事人均有约束力。

（2）关于本案合同的解除。因被申请人拖欠工程款，导致工程停工，合同不能实际履行，申请人请求解除合同。被申请人对此亦予以认可。仲裁庭经审查，支持申请人的此项请求。

（3）关于被申请人所欠工程款的金额。双方当事人对已经完成的工程造价金额有异议。为查明案件事实，经申请人申请，仲裁庭于某年1月委托B司法鉴定所对涉案工程造价进行司法鉴定，经鉴定该工程造价为人民币6，546，000元。

（4）关于本案工程欠款优于抵押权和其他债权的优先受偿权。仲裁庭注意到，申请人的此项请求不仅要对抗其他债权，而且还要求对抗不特定的抵押权。对此，仲裁庭认为，本案工程欠款是因为建造该项工程所致，该债权与该物权虽然属于不同的法律关系，但从财富的渊源上分析，属于资金物化形式的直接转换。申请人请求以此偿债，并请求优先权，符合情理，仲裁庭予以支持。

（5）关于被申请人答辩中要求的配合竣工验收符合合同约定，也是申请人按照合同约定应尽的义务，且由于被申请人没有就其主张提出反请求，仲裁庭对此不予裁决。仲裁庭裁决解除《建设工程施工合同》、被申请人向申请人支付工程欠款人民币6,546,000元及违约金及被申请人承担本案的仲裁费用。申请人依本裁决享有对某物流中心工程的优先受偿权。

3. 案件分析与评论

本案是一个很普通的建筑工程纠纷案件，但涉及建筑工程合同的效力、合同的解除、建筑工程的结算与鉴定、工程款的优先受偿权等多个问题。本案中主要适用《合同法》中"第16章建设工程合同"中的相关规定，另外2005年1月1日起施行的最高人民法院公布的《关于审理建设工程施工合同纠纷案件适用法律问题的解释》（下称《建设工程施工案件解释》）对于《合同法》第16章的规定作了细化，在仲裁裁决中可以参照适用。

（1）建设工程合同的效力问题。建设工程合同受到众多法律、行政法规和规章的调整，特制是法律、法规、规章中的强制性规范较多，如果违反这些规范都以违反法律强制性规定为由认定合同无效，不符合《合同法》的立法精神，不利于维护交易的稳定性，也不利于保护各方当事人的合法权益。根据《建设工程施工案件解释》第1条和第4条的规定，除《民法通则》第58条、《合同法》第52条、53条等基本法律规定的合同无效情形应当适用于建设工程合同外，建设工程合同存在以下5种情形也应认定无效："一是承包人未取得建筑施工资质或者超越资质等级的；二是没有资质等级的实际施工人借用有资质的建筑施工企业名义的；三是建设工程必须进行招标而未招标或中标无效的；四是承包人非法转包建设工程的；五是承包人违法分包建设工程的。"除此之外，就应当尽量认定合同有效。其次，对垫资条款不作无效处理。本案中并不存在以上几类情形，据此仲裁庭认为合同为有效合同。

（2）建设工程合同的解除问题。合同的解除，一般包括约定解除和法定解除两种形式。法定解除主要适用于当事人不履行合同的主要义务，致使合同目的无法实现的情形。《建设工程施工案件解释》第8条、第9条分别规定了发包人和承包人的解除权。第9条规定"发包人有下列情形之一，致使承包人无法施工，且在催告的合理期限内仍未履行相应义务，承包人请求解除建设工程合同的，应予支持：一是未按约定支付工程价款的……"第10条规定了建设工程施工合同解除后的处理规则"合同解除后，已经完成的建设工程质量合格的，发包人应当按照约定支付相应的工程价款……"本案中属于一方未按约定支付工程价款导致的合同解除，且双方当事人对合同解除无异议，因此仲裁庭支持申请人的请求。

（3）建设工程结算和鉴定问题。首先，建设工程结算应当充分尊重当事人的约定。当事人对建设工程的计价标准或者计价有约定的，按照约定结算工程款。一般情况下，建设工程经竣工验收合格后，双方就应当结算。结算中，一般是由承包人提交竣工结算报告，由发包人审核。实践中有的发包人收到承包人提交的工程结算文件后迟迟不予答复或根本不予答复，以达到拖欠或不支付工程款的目的，严重损害了承包人的合法权益。为制止这种行为，《建设工程施工案件解释》第20条明确规定"当事人约定，发包人收到竣工结算文件后，在约定期限内不予答复，视为认可竣工结算文件的，按照约定处理。""当事人对部分案件事实有争议的，仅对有争议的事实进行鉴定。"本案中当事人未对结算文件答复期限做出约定且双方有争议，经申请人的申请，仲裁庭委托B司法鉴定所进行鉴定。被申请人对司法鉴定机构的鉴定程序和鉴定结论先后提出了若干异议。仲裁庭采纳了其合理意见。仲裁庭认为，鉴定过程是公正和透明的，充分保证了当事双方的举证、质证和发表意见的权利，符合相关法规的规定。当事人尽管对鉴定结论不予认同，但并未依法向有关主管部门申请复议。有鉴于此，仲裁庭认为，鉴定机构关于涉案工程造价的鉴定结论可以作为认定本案依据。

（4）关于本案工程欠款优于抵押权和其他债权的优先受偿权的问题。最高人民法院《关于建设工程价款优先受偿权问题的批复》，对承包人优先受偿权与抵押权和其他债权的关系，与作为消费者的买受人的关系以及对建设工程价款的范围、权利行使的期限均作了规定。"一、……在审理房地产纠纷案件和办理执行案件中，应当依照《合同法》第286条的规定，认定建筑工程的承包人的优先受偿权优于抵押权和其他债权。……"本案申请人的工程款优先权的请求于法有据，应该得到支持。

【案例2-9-4】低于成本价竞标获得施工合同的效力：建筑公司"亏钱"建房又输官司

1. 核心提示

一家建筑公司为了拿到某高校学生公寓的工程，不惜报出很低的价格。工程竣工后经验收合格投入使用，但双方的纠纷却随之而来。工程方认为校方支付的工程款比自己的成本还少了700多万，而校方却称自己是按照合同办事。双方诉诸法律也一波三折，一审法院支持了建筑公司的诉讼理由，判决学校和建筑公司签订的合同无效。市中院二审则支持学校的观点：撤销一审判决，驳回该建筑公司的诉讼请求。经省高院再审，此案作出终审判决：维持××市中院的判决。

2. 建筑公司低于成本价中标

某年11月，某高校为建设学生公寓对外进行招标，湖北某建筑公司参加了其中C栋楼的招标。学校为招标事宜制定了评标办法，该办法规定：评标前先采用"拦标价"检验本项目评标入围投标人。具体办法是招标人委托有资质的造价咨询中介机构编制本招标项目工程的"拦标价"，若投标人的投标报价高于"拦标价"，则投标报价视为招标人不可接受的报价，即为废标，该投标人的投标文件不纳入评标范围。某年11月23日，某建筑公司委托一家造价咨询公司编制的报告书中确定：C栋学生公寓的单方造价为每平方米803.68元，但同日学校公布的该工程的"拦标价"（即单方造价）为每平方米632.4元。3天后，这家建筑公司按照校方的拦标价进行投标并确定中标。随后双方签订了建设工程施工合同。某年8月，该工程竣工经验收合格后交付使用。以后，由于学校不按建筑公司要求的实际造价办理工程结算，仅付工程款1000余万元，而建筑公司计算的工程实际造价为1700多万元，双方发生争议。某年4月，这家建筑公司向××区法院提出诉讼，以学校的行为违反了《招标投标法》第33条的规定为由，请求判决双方签订的建设工程施工合同无效并据实结算工程款，要求学校立即向建筑公司支付拖欠的工程款700万元并赔偿相应损失。审理中，该建筑公司将诉讼请求变更为：请求判决双方签订的合同无效。

3. 区法院审理：合同无效

法院一审时，校方称本案的工程招标投标合法、合同有效、价格公平合理。"拦标价"只是学校单方制定的一个价格，如何制定"拦标价"与对方无关，也无需承担任何法律责任。本案工程的工程价款与权威机构认定的市场价格、同类工程的其他公司的报价一致，并未低于成本价。即使工程造价低了也是有失公平的问题，而非导致合同无效。法院一审认为，本案焦点为：校方的"拦标价"是否低于成本价？如果低于成本价，合同是否有效？经法院委托，一家鉴定机构的司法鉴定结论显示，涉案工程单方造价为829元。法院遂认为学校公布的"拦标价"低于成本价，而某建筑公司以低于成本价的报价竞标，违法了相关法律规定。某年3月，××区法院一审判决双方签订的建设工程施工合同无效。

4. 市中院审理：撤销区法院判决

校方不服一审判决，很快上诉至市中级人民法院。市中院在审理时认为，本案鉴定单位作出的司法鉴定结论（即涉案工程单方造价为829元），系根据建筑行业主管部门颁布的工程定额标准和价格信息进行编制的，而定额和价格信息反映的是建筑市场建筑成本的平均值，故该鉴定结论可以证明学校在招标过程中设置的"拦标价"和建筑公司的投标价是低于招标工程的社会平均成本的。但每个企业存在自身的个别成本，企业个别成本与企业规模、管理水平相关，管理水平越高的企业其个别成本越低，故鉴定结论并不能证明该建筑公司投标价低于其企业个别成本。同时本案没有证据证明学校强迫该公司投标，本案也没有证据证明该建筑公司系非自愿投标及签订合同，在工程已经施工完毕后，该建筑公司以其自身行为违反了法律规定，主张合同无效违背了诚实信用原则。某年9月，市中院作出判决，撤销××区法院的一审判决，驳回某建筑公司的诉讼请求。某建筑公司不服市中院的判决，申请再审。

5. 省高院终审：维持市中院的判决

省高级人民法院组成合议庭，公开审理此案。本次庭审中，双方均无新的证据提交。某建筑公司认为，自己参加投标虽然是自愿的，但以低于成本价投标却是被迫的，投标人参加投标必须要接受学校公布的"拦标价"，是学校利用其招标人的优势地位强迫投标人接受的。法院认为，某建筑公司作为一独立的民事主体，能够理性地评判自己的民事行为及其后果，如其认为学校设置的"拦标价"过低无法赢利，可以选择不参与竞标，其并没有处于一种无可选择的境地。故公司认为学校迫使其以低于成本的价格参与投标的理由不能成立。《招标投标法》禁止投标人以低于成本的价格竞标，其目的是保证投标市场的正常秩序，维护公平竞争，而该建筑公司的投标价是以学校的"拦标价"为基础，其主观上并无以低于成本价投标排挤其他竞争对手的故意，且其他投标人及学校亦没有提出该公司有违背公平竞争、扰乱了招标投标市场秩序的行为，故公司这一行为并未损害社会公益。法院同时认为，即使该建筑公司存在这一恶意竞标的故意，其也不能因自己的恶意行为而以主张合同无效的方式获利，这与民法的诚信原则相悖，亦不应获得支持。因此，该建筑公司以此条款为由主张合同无效的理由不能成立。

【案例2-9-5】工程招标投标中的履约保证金是否应双倍返还？

1. 事件过程

甲公司就某建设项目组织了招标投标，经过法定的程序，乙公司中标。在收到乙公司15万元的履约保证金后，甲公司向乙公司发出了中标通知书。但三天之后，甲公司通知乙公司，原建设项目已被取消，双方不再签订施工合同。乙公司向法院起诉，要求甲公司双倍返还履约保证金。甲公司表示愿意退还已收取的15万元履约保证金，但不同意乙公司双倍返还的请求。

2. 案例分析

对于履约保证金是否应双倍返还，存在两种意见：第一种意见认为，甲公司应双倍返还履约保证金。因为《工程建设项目施工招标投标办法》（以下简称《办法》）第85条规定："招标人不履行与中标人订立的合同的，应当双倍返还中标人的履约保证金"。第二种意见认为，甲公司不应双倍返还履约保证金，乙公司的诉请不符合《中华人民共和国招标投标法》（以下简称《招标投标法》）的规定，理应驳回，主要原因在于：

（1）《办法》第85条因与《招标投标法》、《合同法》抵触而无效。乙公司起诉的主要依据是由国家发展计划委员会、建设部、铁道部、交通部、信息产业部、水利部、中国民用航空总局等制定的《办法》。该《办法》属于部门规章，其效力低于《招标投标法》、《合同法》等法律。根据上位法优先于下位法的原则，当《办法》中的条款与《招标投标法》、《合同法》抵触时，相关条款即归于无效。

（2）《招标投标法》第45条第2款规定："中标通知书对招标人和中标人具有法律效力。中标通知书发出后，招标人改变中标结果的，或者中标人放弃中标项目的，应当依法承担法律责任"。第60条规定："中标人不履行与招标人订立的合同的，履约保证金不予退还"。可见，《招标投标法》中履约保证金的作用是单向的：当中标人违约时，招标人可不予返还；而在招标人违约时，中标人却无权要求双倍返还。《合同法》奉行等额赔偿原则，除了法律有特别规定外，当事人只能就自己的实际损失数额要求赔偿。乙公司要求甲公司双倍返还履约保证金，实际是要求法院在不考虑实际损失的情况下，适用定金规则。在缺乏法律明确规定的情况下，这种背离《合同法》一般原则的请求不应得到支持。

（3）履约保证金的适用以施工合同的生效为前提。有观点认为，即使《办法》第85条因与《招标投标法》、《合同法》抵触而无效，但该条规定可以视为建设工程领域的交易习惯，从而对当事人发生法律效力，但这种观点也是不成立的。在招标投标法律关系中，通常存在着两个合同：招标人向投标人发出中标通知书时，双方所成立的预备合同；在规定时间内，招标人与中标人所签订的正式施工合同。履约保证金的适用必须以施工合同的生效为前提。履约保证金中的"履约"二字专指施工合同的履行，而并不包括预备合同的履行。尽管预备合同具有合同的一般属性，也对双方当事人具有约束力，应当获得履行，但由于该合同的主要内容是施工合同的订立，因此，对预备合同的保证金应称为"订约"保证金，而非履约保证金。本案中，甲公司在向乙公司发出中标通知书后，并未与乙公司签订正式的施工合同。招标人违反的是预备合同，而并未违反施工合同。因此，即使《办法》第85条被视为建设工程领域的交易习惯，本案也不属于其规定的适用情形。

（4）甲公司应承担缔约过失责任。不支持乙公司双倍返还履约保证金的请求，并不等于乙公司就不能获得任何赔偿。乙公司应当按照《合同法》的一般规则，向法院提交证据以证明其所遭受的实际损失，甲公司应当承担缔约过失责任。乙公司只能要求甲公司赔偿既得利益的损失，而不能要求甲公司赔偿可得利益的损失。由于施工合同没有签订，乙公司无权要求甲公司赔偿履行该合同所可能带来的利润。乙公司只能就其实际支出和所丧失的缔约机会提出索赔，且其数额不应超出如施工合同履行时所获得的利益。

【案例2-9-6】建设工程劳务分包纠纷案例

1. 事件过程

某年甲度假村与乙建筑公司签订《安装工程合同》，约定由乙建筑公司承包度假村的空调、水、电以及消防工程。双方约定承包范围：空调安装、水、电以及消防工程；质量要求：优良；付款方式：按工程进度支付。同年5月乙建筑公司将部分水暖电安装作业、焊接作业等劳务作业分包给了具有劳务分包资质的丙建筑公司，并签订《建筑工程施工劳务分包合同》，约定劳务范围是：管道疏通、水暖电安装作业、焊接作业；劳务报酬为30万元，乙建筑公司承建工程的主体及专业部分。合同签订后，丙建筑公司进场施工，施工过程中甲度假村向乙建筑公司支付了80万元的工程款。由于度假村资金紧张，不能按约支付工程款，乙建筑公司于同年9月停止工程的施工建设，将所承建的工程移交给度假村使用。

次年2月丙建筑公司向法院提起诉讼，要求判决乙建筑公司支付劳务报酬，甲度假村承担连带责任。乙建筑公司辩称丙建筑公司不具有相应等级的劳务资质，不应超越其资质等级对外承接劳务作业，与其签订的《建筑工程施工劳务分包合同》为无效合同，其收费不应按照相应等级的劳务资质取费，不同意按劳务分包合同支付劳务报酬。甲度假村辩称乙公司以劳务分包名义将工程进行肢解转包，属于非法转包应属无效，且乙公司将工程分包给丙建筑公司，未经甲度假村同意，不同意承担责任。

2. 案例分析

法院经审理认为，丙建筑公司具有劳务分包法定资质，乙建筑公司与丙建筑公司签订的《建筑工程施工劳务分包合同》是双方当事人的真实意思表示，不存在违反法律法规的情形，合同合法有效。合同签订后丙建筑公司已经按照合同约定履行了部分合同义务，后由于甲度假村未能按期支付工程款，导致工程停工。乙建筑公司为劳务分包合同的发包人，应按照合同约定支付丙建筑公司已完工程的报酬。乙建筑公司辩称丙建筑公司不具有相应资质，没有事实依据，法院不予支持。鉴于甲度假村是工程的实际受益者，且由于其未按照合同约定支付工程款，导致工程停工，应以其与乙建筑公司之间未结清的工程款为限承担连带付款责任。

【案例2-9-7】工程转包、劳务分包还是劳动合同纠纷？

1. 事件过程

甲公司通过竞标承建某公路A—B段，而后甲公司把A—B段公路以《A—B段公路劳务分包协议》的形式全部转给当地人乙修建，协议约定该工程所需费用由乙全部垫资，业主验收合格后，甲公司抽取工程总价的20%作为管理费，剩余部分支付给乙。协议签订后，乙组织了当地村民丙、丁等连同乙共50人共同修建此段公路。在修建此段公路的过程中，原材料、机器设备等均由乙等50名村民自行组织，从路基到水泥路面也由乙等村民完成。在完工并交付使用后，乙等50名村民并未如期拿到约定的工程款，乙以甲公司作为被告向法院提起诉讼，要求按协议履行。

2. 案例分析

（1）本案不属于劳动分包合同纠纷。《最高人民法院关于审理建设工程施工合同纠纷案件适用法律问题的解释》第7条规定，具有劳务作业法定资质的承包人与总承包人、分包人签订的劳务分包合同，当事人以转包建设工程违反法律规定为由请求确认无效的，不予支持。《房屋建筑和市政基础设施工程施工分包管理办法》第5条第3款规定，本办法所称劳务分包是指施工总承包企业或者专业承包企业（以下简称劳务作业发包人）将其承包工程中的劳务作业发包给劳务分包企业（以下简称劳务作业承包人）完成的活动。从上述规定来看，劳务承包人应当是具备法定资质的企业，个人或没有法定资质的组织不能成为劳务分包合同的主体，乙是自然人，当然不能成为劳务分包合同主体。其次，劳务分包的对象是工程施工中的劳务，而非工程本身。本案当事人间签订的《A—B段公路劳务分包协议》实质上是约定由乙完成A—B段整个工程，这已经超出了劳务分包的范围。再次，劳务分包是承包人对工程中的劳务部分进行施工管理的一种形式，甲公司并未提供资金支持也未进行施工管理，该工程完全是在乙自行组织下完成的。

（2）本案也不是劳动合同纠纷。乙等50名村民并未与甲公司形成事实上的劳动关系。劳动关系是一种管理与被管理、支配与被支配的关系，劳动者从属于用人单位，劳动者是用人单位的一员，劳动者要遵守用人单位的规章制度。在本案中，乙等50名村民自行组织完成了该工程，甲公司并未对其进行管理，他们与甲公司的关系也随着该工程的竣工而结束，他们并非是甲公司的其中一员。

（3）本案当事人之间签订的虽然是劳务分包协议，但其实质是把整个A—B段工程全部转包给乙，在认定案件性质时应当按照当事人的真实意思表示确定，而不是仅仅依据合同的名称确定。根据合同法第272条规定，总承包人或者勘察、设计、施工承包人经发包人同意，可以将自己承包的部分工作交由第三人完成。承包人不得将其承包的全部建设工程转包给第三人。建设工程主体结构的施工必须由承包人自行完成。该工程的主体部分应当由承包人甲公司自行完成。工程分包只是针对工程中的非主体结构部分，也不能以分包形式达到转包的目的。在本案件中，A—B段工程的原材料、机器设备均由乙等50名村民自行组织，从路基至路面水泥所有工程也由其完成，协议约定已经涉及了A—B段工程的主体结构。

（4）综上分析，本案当事人之间应属工程转包关系，《A—B段公路劳务分包协议》违反了法律的规定，属于无效合同。该工程竣工并交付使用，应按照法律规定支付工程价款。甲公司的管理费和该工程的利润应当没收，"当事人不能从违法行为中得到利益"是处理民事案件的原则，对甲公司而言，明知乙是不具备法定资质的自然人，却与之签订合同，约定的管理费是违法所得；对乙而言，明知不具法定资质却承揽工程，主观存在过错，毕竟工程合格并交付使用，对其实际支出部分应予以支持，利润应予以没收，否则，对于其他经过努力取得资质的企业是不公平的，对取得资质的企业变相地构成不正当竞争，也会给违法转包人双方造成只要工程质量合格就会得到法院支持的假象，不利于建设工程行业进行有效的规范。

第3章 建设工程安全生产法律制度

3.1 安全生产许可制度

中华人民共和国国务院令第 397 号《安全生产许可证条例》于 2004 年 1 月 7 日国务院第 34 次常务会议通过，自 2004 年 1 月 13 日起施行。

《安全生产许可证条例》第 1 条明确了制定该条例的目的是为了严格规范安全生产条件，进一步加强安全生产监督管理，防止和减少生产安全事故。《安全生产许可证条例》第 2 条规定：国家对矿山企业、建筑施工企业和危险化学品、烟花爆竹、民用爆破器材生产企业（以下统称企业）实行安全生产许可制度。企业未取得安全生产许可证的，不得从事生产活动。

为了严格规范建筑施工企业安全生产条件，进一步加强安全生产监督管理，防止和减少生产安全事故，原建设部根据《安全生产许可证条例》、《建设工程安全生产管理条例》等有关行政法规，制定了《建筑施工企业安全生产许可证管理规定》。《规定》第 2 条明确指出"国家对建筑施工企业实行安全生产许可制度。建筑施工企业未取得安全生产许可证的，不得从事建筑施工活动。本规定所称建筑施工企业，是指从事土木工程、建筑工程、线路管道和设备安装工程及装修工程的新建、扩建、改建和拆除等有关活动的企业"。

3.1.1 安全许可证的取得条件

《施工生产许可证条例》第 6 条指出，企业领取安全生产许可证应当具备一系列安全生产条件。《建筑施工企业安全生产许可证管理规定》第 4 条对建筑施工企业取得安全生产许可证应当具备相应的条件进行了详细的说明，具体为：

（1）建立、健全安全生产责任制，制定完备的安全生产规章制度和操作规程；

（2）保证本单位安全生产条件所需资金的投入；

（3）设置安全生产管理机构，按照国家有关规定配备专职安全生产管理人员；

（4）主要负责人、项目负责人、专职安全生产管理人员经建设主管部门或者其他有关部门考核合格；

（5）特种作业人员经有关业务主管部门考核合格，取得特种作业操作资格证书；

（6）管理人员和作业人员每年至少进行一次安全生产教育培训并考核合格；

（7）依法参加工伤保险，依法为施工现场从事危险作业的人员办理意外伤害保险，为从业人员交纳保险费；

（8）施工现场的办公、生活区及作业场所和安全防护用具、机械设备、施工机具及配件符合有关安全生产法律、法规、标准和规程的要求；

（9）有职业危害防治措施，并为作业人员配备符合国家标准或者行业标准的安全防护用具和安全防护服装；

（10）有对危险性较大的分部分项工程及施工现场易发生重大事故的部位、环节的预防、监控措施和应急预案；

（11）有生产安全事故应急救援预案、应急救援组织或者应急救援人员，配备必要的应急救援器材、设备；

（12）法律、法规规定的其他条件。

《施工生产许可证条例》第 14 条同时规定，企业取得安全生产许可证后，不得降低安全生产条件，并应当加强日常安全生产管理，接受安全生产许可证颁发管理机关的监督检查。安全生产许可证颁发管理机关应当加强对取得安全生产许可证的企业的监督检查，发现其不再具备本条例规定的安全生产条件的，应当暂扣或者吊销安全生产许可证。

3.1.2 安全生产许可证的申请

建筑施工企业从事建筑施工活动前，应当依照《施工生产许可证条例》第 6 条的规定向省级以上建设主管部门申请领取安全生产许可证。

（1）中央管理的建筑施工企业（集团公司、总公司）应当向国务院建设主管部门申请领取安全生产许可证。

（2）前一款规定以外的其他建筑施工企业，包括中央管理的建筑施工企业（集团公司、总公司）下属的建筑施工企业，应当向企业注册所在地省、自治区、直辖市人民政府建设主管部门申请领取安全生产许可证。

建筑施工企业申请安全生产许可证时，应当向建设主管部门提供下列材料：

（1）建筑施工企业安全生产许可证申请表；

（2）企业法人营业执照；

（3）与申请安全许可证应当具备的安全生产条件相关的相关文件、材料。

建筑施工企业申请安全生产许可证，应当对申请材料实质内容的真实性负责，不得隐瞒有关情况或者提供虚假材料。

3.1.3 安全生产许可证的变更与注销

建筑施工企业变更名称、地址、法定代表人等，应当在变更后 10 日内，到原安全生产许可证颁发管理机关办理安全生产许可证变更手续。

建筑施工企业破产、倒闭、撤销的，应当将安全生产许可证交回原安全生产许可证颁发管理机关予以注销。

建筑施工企业遗失安全生产许可证，应当立即向原安全生产许可证颁发管理机关报告，并在公众媒体上声明作废后，方可申请补办。

3.1.4 安全生产许可证的有效期

安全生产许可证的有效期为 3 年。安全生产许可证有效期满需要延期的，企业应当于期满前 3 个月向原安全生产许可证颁发管理机关申请办理延期手续。

企业在安全生产许可证有效期内，严格遵守有关安全生产的法律法规，未发生死亡事故的，安全生产许可证有效期届满时，经原安全生产许可证颁发管理机关同意，不再审查，安全生产许可证有效期延期3年。

3.1.5 安全生产许可证的强制性规定与相关法律责任

3.1.5.1 强制性规定

建设主管部门在审核发放施工许可证时，应当对已经确定的建筑施工企业是否有安全生产许可证进行审查，对没有取得安全生产许可证的，不得颁发施工许可证。

建筑施工企业取得安全生产许可证后，不得降低安全生产条件，并应当加强日常安全生产管理，接受建设主管部门的监督检查。安全生产许可证颁发管理机关发现企业不再具备安全生产条件的，应当暂扣或者吊销安全生产许可证。

建筑施工企业不得转让、冒用安全生产许可证或者使用伪造的安全生产许可证。

安全生产许可证颁发管理机关或者其上级行政机关发现有下列情形之一的，可以撤销已经颁发的安全生产许可证：

（1）安全生产许可证颁发管理机关工作人员滥用职权、玩忽职守颁发安全生产许可证的；

（2）超越法定职权颁发安全生产许可证的；

（3）违反法定程序颁发安全生产许可证的；

（4）对不具备安全生产条件的建筑施工企业颁发安全生产许可证的；

（5）依法可以撤销已经颁发的安全生产许可证的其他情形。

依照前款规定撤销安全生产许可证，建筑施工企业的合法权益受到损害的，建设主管部门应当依法给予赔偿。

3.1.5.2 相关法律责任

（1）未取得安全生产许可证擅自进行生产的法律责任：《安全生产许可条例》第19条规定，未取得安全生产许可证擅自进行生产的，责令停止生产，没收违法所得，并处10万元以上50万元以下的罚款；造成重大事故或者其他严重后果，构成犯罪的，依法追究刑事责任。

（2）安全生产许可证有效期满未办理延期手续，继续进行生产的法律责任：《安全生产许可条例》第20条规定，安全生产许可证有效期满未办理延期手续，继续进行生产的，责令停止生产，限期补办延期手续，没收违法所得，并处5万元以上10万元以下的罚款；逾期仍不办理延期手续，继续进行生产的，依照本条例第19条的规定处罚。

（3）转让安全生产许可证的法律责任：《安全生产许可条例》第21条规定，转让安全生产许可证的，没收违法所得，处10万元以上50万元以下的罚款，并吊销其安全生产许可证；构成犯罪的，依法追究刑事责任；接受转让的，依照本条例第19条的规定处罚。

冒用安全生产许可证或者使用伪造的安全生产许可证的，责令停止生产，没收违法所得，并处10万元以上50万元以下的罚款；造成重大事故或者其他严重后果，构成犯罪的，依法追究刑事责任。

3.2 施工单位的安全生产责任

3.2.1 施工单位安全生产责任制度

1. 施工单位主要负责人的安全生产责任

《建筑法》第44条规定：建筑施工企业必须依法加强对建筑安全生产的管理，执行安全生产责任制度，采取有效措施，防止伤亡和其他安全生产事故的发生。建筑施工企业的法定代表人对本企业的安全生产负责。《建设工程安全生产管理条例》第21条第1款规定：施工单位主要负责人依法对本单位的安全生产工作全面负责。与此同时，《安全生产法》第17条规定：生产经营单位的主要负责人对本单位安全生产工作负有下列职责：

（1）建立、健全本单位安全生产责任制；

（2）组织制定本单位安全生产规章制度和操作规程；

（3）保证本单位安全生产投入的有效实施；

（4）督促、检查本单位的安全生产工作，及时消除生产安全事故隐患；

（5）组织制定并实施本单位的生产安全事故应急救援预案；

（6）及时、如实报告生产安全事故。

《建设工程安全生产管理条例》第21条第1款也明确规定了建筑工程施工单位主要负责人职责，即应当建立健全安全生产责任制度和安全生产教育培训制度，制定安全生产规章制度和操作规程，保证本单位安全生产条件所需资金的投入，对所承担的建设工程进行定期和专项安全检查，并做好安全检查记录。

2. 施工单位项目负责人的安全生产责任

《建设工程安全生产管理条例》第21条第2款规定：施工单位的项目负责人应当由取得相应执业资格的人员担任，对建设工程项目的安全施工负责，落实安全生产责任制度、安全生产规章制度和操作规程，确保安全生产费用的有效使用，并根据工程的特点组织制定安全施工措施，消除安全事故隐患，及时、如实报告生产安全事故。项目负责人在项目施工活动中占有举足轻重地位，代表施工企业法定代表人对项目组织实施中劳动力的调配、资金的使用、建筑材料的购进等行使决策权。因此，施工单位项目负责人应当对建筑工程项目施工安全生产负全面责任，是建筑工程项目安全生产第一责任人。

3. 施工单位安全生产管理人员的安全生产责任

《建设工程安全生产管理条例》第23条规定：施工单位应当设立安全生产管理机构，配备专职安全生产管理人员。专职安全生产管理人员负责对安全生产进行现场监督检查。发现安全事故隐患，应当及时向项目负责人和安全生产管理机构报告；对违章指挥、违章操作的，应当立即制止。专职安全生产管理人员的配备办法由国务院建设行政主管部门会同国务院其他有关部门制定。

4. 施工总承包单位与分包单位的安全生产责任

《建设工程安全生产管理条例》第24条规定：建设工程实行施工总承包的，由总承包单位对施工现场的安全生产负总责。总承包单位应当自行完成建设工程主体结构的施工。总承包单位依法将建设工程分包给其他单位的，分包合同中应当明确各自的安全生产方面的权利、义务。总承包单位和分包单位对分包工程的安全生产承担连带责任。分包单位应当服从总承包单位的安全生产管理，分包单位不服从管理导致生产安全事故的，由分包单位承担主要责任。

3.2.2 施工单位安全生产经济保障

《安全生产法》第18条规定：生产经营单位应当具备的安全生产条件所必需的资金投入，由生产经营单位的决策机构、主要负责人或者个人经营的投资人予以保证，并对由于安全生产所必需的资金投入不足导致的后果承担责任。第24条规定：生产经营单位新建、改建、扩建工程项目的安全设施，必须与主体工程同时设计、同时施工、同时投入生产和使用。安全设施投资应当纳入建设项目概算。第39条规定：生产经营单位应当安排用于配备劳动防护用品、进行安全生产培训的经费。第43条规定：生产经营单位必须依法参加工伤社会保险，为从业人员缴纳保险费。《建设工程安全生产管理条例》第22条规定：施工单位对列入建设工程概算的安全作业环境及安全施工措施所需费用，应当用于施工安全防护用具及设施的采购和更新、安全施工措施的落实、安全生产条件的改善，不得挪作他用。

3.2.3 施工单位施工现场安全保障

3.2.3.1 施工单位特殊工种的安全施工要求

《建设工程安全生产管理条例》第25条规定：垂直运输机械作业人员、安装拆卸工、爆破作业人员、起重信号工、登高架设作业人员等特种作业人员，必须按照国家有关规定经过专门的安全作业培训，并取得特种作业操作资格证书后，方可上岗作业。

3.2.3.2 施工单位安全技术措施和组织方案

《建设工程安全生产管理条例》第26条规定：施工单位应当在施工组织设计中编制安全技术措施和施工现场临时用电方案，对下列达到一定规模的危险性较大的分部分项工程编制专项施工方案，并附具安全验算结果，经施工单位技术负责人、总监理工程师签字后实施，由专职安全生产管理人员进行现场监督：

（1）基坑支护与降水工程；

（2）土方开挖工程；

（3）模板工程；

（4）起重吊装工程；

（5）脚手架工程；

（6）拆除、爆破工程；

（7）国务院建设行政主管部门或者其他有关部门规定的其他危险性较大的工程。

对前款所列工程中涉及深基坑、地下暗挖工程、高大模板工程的专项施工方案，施工单位还应当组织专家进行论证、审查。第27条规定：建设工程施工前，施工单位负责项目管理的技术人员应当对有关安全施工的技术要求向施工作业班组、作业人员做出详细说明，并由双方签字确认。

3.2.3.3 施工单位施工现场安全防护管理

建筑工程施工单位应当在施工现场采取维护安全、防范危险、预防火灾等措施。《建设工程安全生产管理条例》第28条规定：施工单位应当在施工现场入口处、施工起重机械、临时用电设施、脚手架、出入通道口、楼梯口、电梯井口、孔洞口、桥梁口、隧道口、基坑边沿、爆破物及有害危险气体和液体存放处等危险部位，设置明显的安全警示标志。安全警示标志必须符合国家标准。施工单位应当根据不同施工阶段和周围环境及季节、气候的变化，在施工现场采取相应的安全施工措施。施工现场暂时停止施工的，施工单位应当做好现场防护，所需费用由责任方承担，或者按照合同约定执行。第36条第1款规定：施工单位对因建设工程施工可能造成损害的毗邻建筑物、构筑物和地下管线等，应当采取专项防护措施。

3.2.3.4　施工单位施工现场生活区和作业区环境管理

《建设工程安全生产管理条例》第29条规定：施工单位应当将施工现场的办公、生活区与作业区分开设置，并保持安全距离；办公、生活区的选址应当符合安全性要求。职工的膳食、饮水、休息场所等应当符合卫生标准。施工单位不得在尚未竣工的建筑物内设置员工集体宿舍。施工现场临时搭建的建筑物应当符合安全使用要求。施工现场使用的装配式活动房屋应当具有产品合格证。

3.2.3.5　施工单位施工现场消防管理

《建设工程安全生产管理条例》第31条规定：施工单位应当在施工现场建立消防安全责任制度，确定消防安全责任人，制定用火、用电、使用易燃易爆材料等各项消防安全管理制度和操作规程，设置消防通道、消防水源，配备消防设施和灭火器材，并在施工现场入口处设置明显标志。

3.2.3.6　施工单位施工现场作业人员安全防护

《建设工程安全生产管理条例》第32条规定：施工单位应当向作业人员提供安全防护用具和安全防护服装，并书面告知危险岗位的操作规程和违章操作的危害。作业人员有权对施工现场的作业条件、作业程序和作业方式中存在的安全问题提出批评、检举和控告，有权拒绝违章指挥和强令冒险作业。在施工中发生危及人身安全的紧急情况时，作业人员有权立即停止作业或者在采取必要的应急措施后撤离危险区域。第33条规定：作业人员应当遵守安全施工的强制性标准、规章制度和操作规程，正确使用安全防护用具、机械设备等。第34条规定：施工单位采购、租赁的安全防护用具、机械设备、施工机具及配件，应当具有生产（制造）许可证、产品合格证，并在进入施工现场前进行查验。施工现场的安全防护用具、机械设备、施工机具及配件必须由专人管理，定期进行检查、维修和保养，建立相应的资料档案，并按照国家有关规定及时报废。

3.2.3.7　施工单位施工现场环境保护

《建筑法》第41条规定：建筑施工企业应当遵守有关环境保护和安全生产的法律、法规的规定，采取控制和处理施工现场的各种粉尘、废气、废水、固体废物以及噪声、振动对环境的污染和危害的措施。《建设工程安全生产管理条例》第31条第2、3款规定：施工单位应当遵守有关环境保护法律、法规的规定，在施工现场采取措施，防止或者减少粉尘、废气、废水、固体废物、噪声、振动和施工照明对人和环境的危害和污染。在城市市区内的建设工程，施工单位应当对施工现场实行封闭围挡。

基于以上规定，施工单位应当积极采取防止环境污染的措施，主要包括以下几点：

（1）妥善处理泥浆水，未经处理不得直接排入城市排水设施和河流。

（2）附设有符合规定的装置外，不得在施工现场熔融沥青和焚烧油毡、油漆以及其他会产生有毒有害烟尘和恶臭气体的物质。

（3）使用密封式的圈筒或者采取其他措施处理高空废弃物。

（4）采取有效措施控制施工过程中的扬尘。

（5）禁止将有毒有害废弃物用作土方回填。

（6）对产生噪声、振动的施工机械，应采取有效控制措施，减轻噪声扰民。

3.2.3.8 施工单位房屋拆除安全管理

《建筑法》第 50 条规定：房屋拆除应当由具备保证安全条件的建筑施工单位承担，由建筑施工单位负责人对安全负责。住房和城乡建设部《建筑拆除工程安全技术规范》JGJ 147—2004 对建筑拆除工程的安全措施作了详细规定。

3.2.3.9 施工单位设备使用安全管理

《安全生产法》第 28 条规定：生产经营单位应当在有较大危险因素的生产经营场所和有关设施、设备上，设置明显的安全警示标志。第 29 条规定：安全设备的设计、制造、安装、使用、检测、维修、改造和报废，应当符合国家标准或者行业标准。生产经营单位必须对安全设备进行经常性维护、保养，并定期检测，保证正常运转。维护、保养、检测应当作好记录，并由有关人员签字。第 31 条规定：国家对严重危及生产安全的工艺、设备实行淘汰制度。生产经营单位不得使用国家明令淘汰、禁止使用的危及生产安全的工艺、设备。

《建设工程安全生产管理条例》第 35 条规定：施工单位在使用施工起重机械和整体提升脚手架、模板等自升式架设设施前，应当组织有关单位进行验收，也可以委托具有相应资质的检验检测机构进行验收；使用承租的机械设备和施工机具及配件的，由施工总承包单位、分包单位、出租单位和安装单位共同进行验收。验收合格的方可使用。

《特种设备安全监察条例》规定的施工起重机械，在验收前应当经有相应资质的检验检测机构监督检验合格。施工单位应当自施工起重机械和整体提升脚手架、模板等自升式架设设施验收合格之日起 30 日内，向建设行政主管部门或者其他有关部门登记。登记标志应当置于或者附着于该设备的显著位置。

3.2.3.10 施工单位安全教育与培训

《建设工程安全生产管理条例》第 36 条规定：施工单位的主要负责人、项目负责人、专职安全生产管理人员应当经建设行政主管部门或者其他有关部门考核合格后方可任职。施工单位应当对管理人员和作业人员每年至少进行一次安全生产教育培训，其教育培训情况记入个人工作档案。安全生产教育培训考核不合格的人员，不得上岗。第 37 条规定：作业人员进入新的岗位或者新的施工现场前，应当接受安全生产教育培训。未经教育培训或者教育培训考核不合格的人员，不得上岗作业。施工单位在采用新技术、新工艺、新设备、新材料时，应当对作业人员进行相应的安全生产教育培训。

3.2.3.11 施工单位意外伤害保险办理

《建筑法》第 48 条规定：建筑施工企业必须为从事危险作业的职工办理意外伤害保险，支付保险费。《建设工程安全生产管理条例》第 38 条规定：施工单位应当为施工现场从事危险作业的人员办理意外伤害保险。意外伤害保险费由施工单位支付。实行施工总承包的，由总承包单位支付意外伤害保险费。意外伤害保险期限自建设工程开工之日起至竣工验收合格止。

3.2.4 相关法律责任

（1）施工单位挪用安全生产费用的法律责任：施工单位挪用列入建设工程概算的安全生产作业环境及安全施工措施所需费用的，责令限期改正，处挪用费用 20% 以上 50% 以下的罚款；造成损失的，依法承担赔偿责任。

（2）施工单位违反现场安全管理规定的法律责任：施工单位有下列行为之一的，责令限期改正；逾期未改正的，责令停业整顿，并处 5 万元以上 10 万元以下的罚款；造成重大安全事故，构成犯罪的，对直接责任人员，依照刑法有关规定追究刑事责任：

1）施工前未对有关安全施工的技术要求作出详细说明的；

2）未根据不同施工阶段和周围环境及季节、气候的变化，在施工现场采取相应的安全施工措施，或者在城市市区内的建设工程的施工现场未实行封闭围挡的；

3）在尚未竣工的建筑物内设置员工集体宿舍的；

4）施工现场临时搭建的建筑物不符合安全使用要求的；

5）未对因建设工程施工可能造成损害的毗邻建筑物、构筑物和地下管线等采取专项防护措施的。

施工单位有前款规定第 4）项、第 5）项行为，造成损失的，依法承担赔偿责任。

（3）施工单位违反现场安全设施管理的法律责任：施工单位有下列行为之一的，责令限期改正；逾期未改正的，责令停业整顿，并处 10 万元以上 30 万元以下的罚款；情节严重的，降低资质等级，直至吊销资质证书；造成重大安全事故，构成犯罪的，对直接责任人员，依照刑法有关规定追究刑事责任；造成损失的，依法承担赔偿责任：

1）安全防护用具、机械设备、施工机具及配件在进入施工现场前未经查验或者查验不合格即投入使用的；

2）使用未经验收或者验收不合格的施工起重机械和整体提升脚手架、模板等自升式架设设施的；

3）委托不具有相应资质的单位承担施工现场安装、拆卸施工起重机械和整体提升脚手架、模板等自升式架设设施的；

4）在施工组织设计中未编制安全技术措施、施工现场临时用电方案或者专项施工方案的。

（4）施工单位的主要负责人、项目负责人、作业人员违反安全生产管理条例的法律责任：施工单位的主要负责人、项目负责人未履行安全生产管理职责的，责令限期改正；逾期未改正的，责令施工单位停业整顿；造成重大安全事故、重大伤亡事故或者其他严重后果，构成犯罪的，依照刑法有关规定追究刑事责任。

作业人员不服管理、违反规章制度和操作规程冒险作业造成重大伤亡事故或者其他严重后果，构成犯罪的，依照刑法有关规定追究刑事责任。

施工单位的主要负责人、项目负责人有前款违法行为，尚不够刑事处罚的，处 2 万元以上 20 万元以下的罚款或者按照管理权限给予撤职处分；自刑罚执行完毕或者受处分之日起，5 年内不得担任任何施工单位的主要负责人、项目负责人。

（5）施工单位降低安全生产条件的法律责任：施工单位取得资质证书后，降低安全生产条件的，责令限期改正；经整改仍未达到与其资质等级相适应的安全生产条件的，责令停业整顿，降低其资质等级直至吊销资质证书。

（6）同时，对于施工生产过程中的一些具体细节《建设工程安全生产管理条例》第61条进行了相应的规定：施工单位有下列行为之一的，责令限期改正；逾期未改正的，责令停业整顿，依照《中华人民共和国安全生产法》的有关规定处以罚款；造成重大安全事故，构成犯罪的，对直接责任人员，依照刑法有关规定追究刑事责任：

1）未设立安全生产管理机构、配备专职安全生产管理人员或者分部分项工程施工时无专职安全生产管理人员现场监督的；

2）施工单位的主要负责人、项目负责人、专职安全生产管理人员、作业人员或者特种作业人员，未经安全教育培训或者经考核不合格即从事相关工作的；

3）未在施工现场的危险部位设置明显的安全警示标志，或者未按照国家有关规定在施工现场设置消防通道、消防水源、配备消防设施和灭火器材的；

4）未向作业人员提供安全防护用具和安全防护服装的；

5）未按照规定在施工起重机械和整体提升脚手架、模板等自升式架设设施验收合格后登记的；

6）使用国家明令淘汰、禁止使用的危及施工安全的工艺、设备、材料的。

3.3 建设单位和其他单位的安全生产责任

3.3.1 建设单位的安全生产责任

建设单位是建设工程项目的投资方或建设方，在整个工程建设中居于主导地位。但长期以来，对建设单位监督管理不够重视，对其安全责任也没有明确规定，因建设单位行为不规范直接或间接导致安全事故发生是有着不少惨痛教训的。因此，《建设工程安全生产管理条例》中明确规定，建设单位必须遵守安全生产法律法规规定，保证建设工程安全生产，依法承担建设工程安全生产责任。

1. 办理有关报批手续的责任

《建筑法》规定，有下列情形之一的，建设单位应当按照国家有关规定办理申请批准手续：

（1）需要临时占用规划批准范围以外场地的；

（2）可能损坏道路、管线、电力、邮电通讯等公共设施的；

（3）需要临时停水、停电、中断道路交通的；

（4）需要进行爆破作业的；

（5）法律、法规规定需要办理报批手续的其他情形。

上述活动不仅涉及工程建设顺利进行和施工现场作业人员安全，也会影响到周边区域人们安全或是正常工作生活，还需要有关方面给予支持和配合。因此，为了保证因工程建设活动所涉有关重要设施安全，避免因建设工程施工影响正常社会生活秩序，建设单位应当向有关部门申请办理批准手续。

2. 向施工单位提供有关资料的责任

《建筑法》规定，建设单位应当向建筑施工企业提供与施工现场相关的地下管线资料，建筑施工企业应当采取措施加以保护。《建设工程安全生产管理条例》进一步规定，建设单位应当向施工单位提供施工现场及毗邻区域内供水、排水、供电、供气、供热、通信、广播电视等地下管线资料，气象和水文观测资料，相邻建筑物和构筑物、地下工程的有关资料，并保证资料的真实、准确、完整。

建设工程施工前，施工单位必须搞清楚施工现场及毗连区域内地下管线详细情况，否则因施工造成地下管线破坏，不仅会导致人员伤亡和经济损失，还会影响周边地区单位和居民工作与生活。地下管线资料应该包括线路管道地下走向及其地下埋设深度等数据。如果建设单位缺少这些资料，建设单位可以向有关部门或者单位查询，有关部门或者单位应当依法及时提供。与此同时，建设单位还应当提供气象和水文观测资料。这主要是考虑施工周期比较长，大部分时间又是露天作业，受气候条件影响相当大。在不同的季节、天气和水文条件下，采取的施工安全技术措施和费用是不同的。对于相邻的建筑物、构筑物和地下工程，如果缺乏有关资料，在施工中也有可能会对其造成损坏，乃至发生安全事故。不论哪种情况下，建设单位必须保证所提供资料的真实、准确、完整，不能伪造或篡改，并应该能够满足施工安全作业需要。

3. 依法履行合同的责任

建设单位对于整个建设工程活动居于主导作用，但必须遵守国家有关的法律法规和强制性标准。《建设工程安全生产管理条例》规定，建设单位不得对勘察、设计、施工、工程监理等单位提出不符合建设工程安全生产法律、法规和强制性标准规定的要求，不得压缩合同约定的工期。

合理工期是指在正常建设条件下，采取科学合理的施工工艺和管理方法，以现行国家颁布的工期定额为基础，结合项目建设的具体情况而确定的使投资方与各参建单位均能获得满意的经济效益的工期。合理工期要以工期定额为基础，但是不要求与工期定额完全一致，可以根据施工条件、技术条件等作适当调整。例如，不同的季节、不同的地区、不同的结构、不同的设计要求、不同的施工方法等，都会对施工工期产生影响。合同约定的工期是建设单位与施工单位在工期定额的基础上，经过双方平等协商而共同约定的工期。建设单位不能片面为了早日发挥项目效益，迫使施工单位大量增加人力与物力投入或是简化施工程序，随意压缩合同约定工期。任何违背科学和客观规律的行为，都是生产安全事故隐患，最终将会导致生产安全事故发生。

4. 保证安全生产费用的责任

《建设工程安全生产管理条例》第8条规定，建设单位在编制工程概算时，应当确定建设工程安全作业环境及安全施工措施所需的费用。多年的实践表明，忽略安全投入成本、淡化安全经济观是导致建设工程安全生产事故的重要原因之一。一些地方政府和建设单位、施工单位没有充分认识到安全投入成本与经济效益间关系，单纯追求经济效益，置安全生产于不顾。由于事先不重视安全生产投入，不把安全事故和职业危害消灭在萌芽状态，一旦发生事故就要花费高额资金进行补救，而且将造成恶劣社会影响甚至会毁掉企业。所谓工程概算是指在初步设计阶段，根据初步设计的图纸、概算定额或预算指标、费用定额及其他有关文件，概略计算的拟建工程费用。建设单位在编制工程概算时，应当确定建设工程安全作业环境及安全施工措施所需的费用，并向施工单位提供相应的费用。

5. 不得要求购买、租赁和使用不符合安全施工要求的用具设备

建设单位不得明示或暗示施工单位购买、租赁和使用不符合安全施工要求的安全防护用具、机械设备、施工机具及配件、消防设施和器材。建设单位与施工单位在合同中应当明确约定双方权利义务，包括采用哪种供货方式等。无论施工单位在购买、租赁还是使用有关安全生产的材料设备时，建设单位都不得采用明示或暗示的手段对施工单位施加影响，提出不符合安全施工条件的要求。

6. 提供有关安全施工措施资料的责任

《建设工程安全生产管理条例》规定，建设单位在领取施工许可证时，应当提供建设工程有关安全施工措施的资料。依法批准开工报告的建设工程，建设单位应当自开工报告批准之日起 15 日内，将保证安全施工的措施报送建设工程所在地的县级以上地方人民政府建设行政主管部门或者其他有关部门备案。

建设单位在申请领取施工许可证时应当提供的建设工程安全施工措施资料一般包括：工程中标通知书，工程施工合同，施工现场总平面布置图，临时设施规划方案和已搭建情况，施工现场安全防护设施搭设（设置）计划、施工进度计划、安全措施费用计划，专项安全施工组织设计（方案、措施），拟进入施工现场使用的施工起重机械设备（塔式起重机、物料提升机、外用电梯）的型号、数量，工程项目负责人、安全管理人员及特种作业人员持证上岗情况，建设单位安全监督人员名册、工程监理单位人员名册，以及其他应该提交的资料。

7. 依法实施装修工程和拆除工程

《建筑法》规定，涉及建筑主体和承重结构变动的装修工程，建设单位应当在施工前委托原设计单位或者具有相应资质条件的设计单位提出设计方案；没有设计方案的，不得施工。房屋拆除应当由具备保证安全条件的建筑施工单位承担，由建筑施工单位负责人对安全负责。

《建设工程安全生产管理条例》第 11 条规定，建设单位应当将拆除工程发包给具有相应资质等级的施工单位。建设单位应当在拆除工程施工 15 日前，将下列资料报送建设工程所在地的县级以上地方人民政府建设行政主管部门或者其他有关部门备案：（1）施工单位资质等级证明；（2）拟拆除建筑物、构筑物及可能危及毗邻建筑的说明；（3）拆除施工组织方案；（4）堆放、清除废弃物的措施。实施爆破作业的，应当遵守国家有关民用爆炸物品管理的规定。

8. 建设单位安全生产违法行为应该承担法律责任

《建设工程安全生产管理条例》规定：

（1）建设单位未提供建设工程安全生产作业环境及安全施工措施所需费用的，责令限期改正；逾期未改正的，责令该建设工程停止施工。

（2）建设单位未将保证安全施工的措施或者拆除工程的有关资料报送有关部门备案的，责令限期改正，给予警告。

（3）建设单位有下列行为之一的，责令限期改正，处 20 万元以上 50 万元以下的罚款；造成重大安全事故，构成犯罪的，对直接责任人员，依照刑法有关规定追究刑事责任；造成损失的，依法承担赔偿责任：1）对勘察、设计、施工、工程监理等单位提出不符合安全生产法律、法规和强制性标准规定的要求的；2）要求施工单位压缩合同约定的

工期的；3）将拆除工程发包给不具有相应资质等级的施工单位的。

3.3.2 勘察单位的安全生产责任

根据国务院 2003 年发布的《建设工程安全生产管理条例》第 12 条，勘察单位应当按照法律、法规和工程建设强制性标准进行勘察，提供的勘察文件应当真实、准确，满足建设工程安全生产的需要。勘察单位在勘察作业时，应当严格执行操作规程，采取措施保证各类管线、设施和周边建筑物、构筑物的安全。

3.3.3 设计单位的安全生产责任

《建筑法》第 37 条规定，建筑工程设计应当符合按照国家规定制定的建筑安全规程和技术规范，保证工程的安全性能。

《建设工程安全生产管理条例》第 13 条规定，设计单位应当按照法律、法规和工程建设强制性标准进行设计，防止因设计不合理导致生产安全事故的发生。设计单位应当考虑施工安全操作和防护的需要，对涉及施工安全的重点部位和环节在设计文件中注明，并对防范生产安全事故提出指导意见。采用新结构、新材料、新工艺的建设工程和特殊结构的建设工程，设计单位应当在设计中提出保障施工作业人员安全和预防生产安全事故的措施建议。设计单位和注册建筑师等注册执业人员应当对其设计负责。

3.3.4 监理单位的安全生产责任

根据国务院 2003 年发布的《建设工程安全生产管理条例》第 14 条，工程监理单位应当审查施工组织设计中的安全技术措施或者专项施工方案是否符合工程建设强制性标准。工程监理单位在实施监理过程中，发现存在安全事故隐患的，应当要求施工单位整改；情况严重的，应当要求施工单位暂时停止施工，并及时报告建设单位。施工单位拒不整改或者不停止施工的，工程监理单位应当及时向有关主管部门报告。工程监理单位和监理工程师应当按照法律、法规和工程建设强制性标准实施监理，并对建设工程安全生产承担监理责任。

3.3.5 其他相关单位的安全生产责任

《建设工程安全生产管理条例》对与建筑工程相关的其他单位承担的安全生产责任规定如下：

（1）为建设工程提供机械设备和配件的单位，应当按照安全施工的要求配备齐全有效的保险、限位等安全设施和装置。

（2）出租的机械设备和施工机具及配件，应当具有生产（制造）许可证、产品合格证。出租单位应当对出租的机械设备和施工机具及配件的安全性能进行检测，在签订租赁协议时，应当出具检测合格证明。禁止出租检测不合格的机械设备和施工机具及配件。

（3）在施工现场安装、拆卸施工起重机械和整体提升脚手架、模板等自升式架设设施，必须由具有相应资质的单位承担。安装、拆卸施工起重机械和整体提升脚手架、模板等自升式架设设施，应当编制拆装方案、制定安全施工措施，并由专业技术人员现场监督。施工起重机械和整体提升脚手架、模板等自升式架设设施安装完毕后，安装单位应当自检，出具自检合格证明，并向施工单位进行安全使用说明，办理验收手续并签字。

（4）施工起重机械和整体提升脚手架、模板等自升式架设设施的使用达到国家规定的检验检测期限的，必须经具有专业资质的检验检测机构检测。经检测不合格的，不得继续使用。检验检测机构对检测合格的施工起重机械和整体提升脚手架、模板等自升式架设设施，应当出具安全合格证明文件，并对检测结果负责。

3.4 安全生产事故的应急救援与调查处理

3.4.1 建筑工程生产安全事故的概念与等级

建筑工程生产安全事故是指在工程建设过程中由于过失造成工程倒塌或报废、机械设备毁坏和安全设施不当造成人身伤亡或者经济损失的事故。

《生产安全事故报告和调查处理条例》第3条规定：根据生产安全事故（以下简称事故）造成的人员伤亡或者直接经济损失，事故一般分为以下等级：

（1）特别重大事故，是指造成30人以上死亡，或者100人以上重伤（包括急性工业中毒，下同），或者1亿元以上直接经济损失的事故；

（2）重大事故，是指造成10人以上30人以下死亡，或者50人以上100人以下重伤，或者5000万元以上1亿元以下直接经济损失的事故；

（3）较大事故，是指造成3人以上10人以下死亡，或者10人以上50人以下重伤，或者1000万元以上5000万元以下直接经济损失的事故；

（4）一般事故，是指造成3人以下死亡，或者10人以下重伤，或者1000万元以下直接经济损失的事故。

国务院安全生产监督管理部门可以会同国务院有关部门，制定事故等级划分的补充性规定。

3.4.2 建筑工程生产安全事故的报告程序

1. 事故单位的报告

建筑工程生产安全事故报告应当及时、准确、完整，任何单位和个人对事故不得迟报、漏报、谎报或者瞒报。事故发生后，事故现场有关人员应当立即向本单位负责人报告；单位负责人接到报告后，应当于1小时内向事故发生地县级以上人民政府安全生产监督管理部门和负有安全生产监督管理职责的有关部门报告。情况紧急时，事故现场有关人员可以直接向事故发生地县级以上人民政府安全生产监督管理部门和负有安全生产监督管理职责的有关部门报告。安全生产监督管理部门和负有安全生产监督管理职责的有关部门应当建立值班制度，并向社会公布值班电话，受理事故报告和举报。

2. 监管部门的报告

安全生产监督管理部门和负有安全生产监督管理职责的有关部门接到事故报告后，应当依照下列规定上报事故情况，并通知公安机关、劳动保障行政部门、工会和人民检察院：

（1）特别重大事故、重大事故逐级上报至国务院安全生产监督管理部门和负有安全生产监督管理职责的有关部门；

（2）较大事故逐级上报至省、自治区、直辖市人民政府安全生产监督管理部门和负有安全生产监督管理职责的有关部门；

（3）一般事故上报至设区的市级人民政府安全生产监督管理部门和负有安全生产监督管理职责的有关部门。

安全生产监督管理部门和负有安全生产监督管理职责的有关部门依照前款规定上报事故情况，应当同时报告本级人民政府。国务院安全生产监督管理部门和负有安全生产监督管理职责的有关部门以及省级人民政府接到发生特别重大事故、重大事故的报告后，应当立即报告国务院。必要时，安全生产监督管理部门和负有安全生产监督管理职责的有关部门可以越级上报事故情况。

安全生产监督管理部门和负有安全生产监督管理职责的有关部门逐级上报事故情况，每级上报的时间不得超过2小时。

3. 事故报告的内容

报告事故应当包括下列内容：

（1）事故发生单位概况；

（2）事故发生的时间、地点以及事故现场情况；

（3）事故的简要经过；

（4）事故已经造成或者可能造成的伤亡人数（包括下落不明的人数）和初步估计的直接经济损失；

（5）已经采取的措施；

（6）其他应当报告的情况。

与此同时，事故报告后出现新情况的，应当及时补报。自事故发生之日起30日内，事故造成的伤亡人数发生变化的，应当及时补报。道路交通事故、火灾事故自发生之日起7日内，事故造成的伤亡人数发生变化的，应当及时补报。

4. 应急救援、现场证据的保护

事故发生单位负责人接到事故报告后，应当立即启动事故相应应急预案，或者采取有效措施，组织抢救，防止事故扩大，减少人员伤亡和财产损失。事故发生地有关地方人民政府、安全生产监督管理部门和负有安全生产监督管理职责的有关部门接到事故报告后，其负责人应当立即赶赴事故现场，组织事故救援。事故发生后，有关单位和人员应当妥善保护事故现场以及相关证据，任何单位和个人不得破坏事故现场、毁灭相关证据；因抢救人员、防止事故扩大以及疏通交通等原因，需要移动事故现场物件的，应当做出标志，绘制现场简图并做出书面记录，妥善保存现场重要痕迹、物证。

3.4.3 建筑工程生产安全事故的调查程序

3.4.3.1 建筑工程生产安全事故的调查体制

特别重大事故由国务院或者国务院授权有关部门组织事故调查组进行调查。重大事故、较大事故、一般事故分别由事故发生地省级人民政府、设区的市级人民政府、县级人民政府负责调查。省级人民政府、设区的市级人民政府、县级人民政府可以直接组织事故调查组进行调查，也可以授权或者委托有关部门组织事故调查组进行调查。未造成人员伤亡的一般事故，县级人民政府也可以委托事故发生单位组织事故调查组进行调查。上级人民政府认为必要时，可以调查由下级人民政府负责调查的事故。自事故发生之日起 30 日内（道路交通事故、火灾事故自发生之日起 7 日内），因事故伤亡人数变化导致事故等级发生变化，依照《生产安全事故报告和调查处理条例》规定应当由上级人民政府负责调查的，上级人民政府可以另行组织事故调查组进行调查。特别重大事故以下等级事故，事故发生地与事故发生单位不在同一个县级以上行政区域的，由事故发生地人民政府负责调查，事故发生单位所在地人民政府应当派人参加。

3.4.3.2 建筑工程生产安全事故调查组及职责

事故调查组的组成应当遵循精简、效能的原则。根据事故的具体情况，事故调查组由有关人民政府、安全生产监督管理部门、负有安全生产监督管理职责的有关部门、监察机关、公安机关以及工会派人组成，并应当邀请人民检察院派人参加。事故调查组可以聘请有关专家参与调查。事故调查组履行下列职责：

（1）查明事故发生的经过、原因、人员伤亡情况及直接经济损失；

（2）认定事故的性质和事故责任；

（3）提出对事故责任者的处理建议；

（4）总结事故教训，提出防范和整改措施；

（5）提交事故调查报告。事故调查组有权向有关单位和个人了解与事故有关的情况，并要求其提供相关文件、资料，有关单位和个人不得拒绝。

事故调查中发现涉嫌犯罪的，事故调查组应当及时将有关材料或者其复印件移交司法机关处理。事故调查中需要进行技术鉴定的，事故调查组应当委托具有国家规定资质的单位进行技术鉴定。必要时，事故调查组可以直接组织专家进行技术鉴定。技术鉴定所需时间不计入事故调查期限。事故调查组应当自事故发生之日起 60 日内提交事故调查报告；特殊情况下，经负责事故调查的人民政府批准，提交事故调查报告的期限可以适当延长，但延长的期限最长不超过 60 日。

3.4.3.3 建筑工程生产安全事故调查组成员及其职责

事故调查组成员应当具有事故调查所需要的知识和专长，并与所调查的事故没有直接利害关系。事故调查组组长由负责事故调查的人民政府指定。事故调查组组长主持事故调查组的工作。事故调查组成员在事故调查工作中应当诚信公正、恪尽职守，遵守事故调查组的纪律，保守事故调查的秘密。未经事故调查组组长允许，事故调查组成员不得擅自发布有关事故的信息。

3.4.3.4 建筑工程生产安全事故调查报告及其内容

事故调查组应当自事故发生之日起 60 日内提交事故调查报告；特殊情况下，经负责事故调查的人民政府批准，提交事故调查报告的期限可以适当延长，但延长的期限最长不超过 60 日。事故调查报告应当包括下列内容：

（1）事故发生单位概况；

（2）事故发生经过和事故救援情况；

（3）事故造成的人员伤亡和直接经济损失；

（4）事故发生的原因和事故性质；

（5）事故责任的认定以及对事故责任者的处理建议；

（6）事故防范和整改措施。

事故调查报告应当附具有关证据材料。事故调查组成员应当在事故调查报告上签名。事故调查报告报送负责事故调查的人民政府后，事故调查工作即告结束。事故调查的有关资料应当归档保存。

3.4.3.5 建筑工程生产安全事故的处理程序

重大事故、较大事故、一般事故，负责事故调查的人民政府应当自收到事故调查报告之日起15日内做出批复；特别重大事故，30日内做出批复，特殊情况下，批复时间可以适当延长，但延长的时间最长不超过30日。有关机关应当按照人民政府的批复，依照法律、行政法规规定的权限和程序，对事故发生单位和有关人员进行行政处罚，对负有事故责任的国家工作人员进行处分。事故发生单位应当按照负责事故调查的人民政府的批复，对本单位负有事故责任的人员进行处理。负有事故责任的人员涉嫌犯罪的，依法追究刑事责任。

事故发生单位应当认真吸取事故教训，落实防范和整改措施，防止事故再次发生。防范和整改措施的落实情况应当接受工会和职工的监督。安全生产监督管理部门和负有安全生产监督管理职责的有关部门应当对事故发生单位落实防范和整改措施的情况进行监督检查。

事故处理的情况由负责事故调查的人民政府或者其授权的有关部门、机构向社会公布，依法应当保密的除外。

3.5 案 例 分 析

【案例3-5-1】 关于安全事故防范和责任分析的案例

1. 事件背景

某年10月2日，位于上海市浦东新区的某国际制造公司宿舍工程，发生一起井架式物料提升机吊篮坠落事故，造成4人死亡。事故发生经过：

上海市某国际制造公司宿舍二期1标段工程共4幢公寓楼（6号、7号、10号、11号）楼层为7~12层不等。建设单位为某国际制造公司，施工单位为江苏某建筑集团上海公司。该4幢楼施工的垂直运输机械采用了井架式物料提升机，共8台。至9月27日前已拆除4台，9月27日生产会上安排10月4日前拆除10号楼井架，于是项目经理通知安全科安排人员拆井架。

10月2日安全科派一名安全员带人到工地进行井架拆除工作。由于该工程项目负责人既不组织拆除井架现场的调查研究和对拆除作业方案是否可靠进行审查，也不对参加拆除的作业人员进行交底，完全放手交由安全员组织管理和拆除操作。安全员拆除之前随意用钢管和螺纹钢焊制了一根临时天梁（$l = 2.37m$），以替代拆除井架天梁时的吊点及负荷。

开始拆除天梁时吊篮内有4名人员作业，但未采取任何安全措施，当将临时天梁安装穿好钢丝绳后，并将井架的天梁拆下搬运到吊篮内时，临时天梁突然断裂，由于吊篮无任何安全措施而产生滑落，从35.67m高处直滑落地面，造成4人死亡。

2. 存在的主要问题

（1）从法律法规执行和管理的角度分析事故原因。

（2）分析该事故的责任问题，并提出相应的改进建议。

3. 案例分析

（1）本次事故主要由于该施工企业管理混乱，无相应的安全生产责任制，本属项目经理的责任却错误地交由安全科负责。而《建设工程安全生产管理条例》对安全专职管理人员的要求是对施工现场负有监督检查的责任；项目负责人的责任是落实规章制度和操作规程的责任。由于井架从安装、使用已留下隐患并带病运行，到拆除前又未经检查，盲目施工，违章指挥导致了事故发生。

该建筑公司管理混乱，项目负责人放弃管理，由于不懂井架安装、拆除及管理规定，把工作全部交由安技科承担。井架安装后不经验收就使用，以致多处不符合规范要求，井架无停靠装置，其断绳保护装置又失效不起作用，使用中不进行检查，长期带病运行，侥幸没发生事故。但在井架拆除作业中仍违章作业，因安全装置失效，导致了事故发生。井架拆除工作完全交由安全员负责，以致造成临时天梁材质不合格，作业前项目负责人既不检查，也未采取必要的安全措施，导致吊篮坠落事故。

（2）责任分析：1）该工程项目负责人对井架拆除前未进行现状调查，在断绳保护装置失效的情况下，人员进入吊篮内作业未采取任何安全措施；对临时天梁的设计制作未加检验，完全交由安全员负责，以致选材不当受力不足断裂。对造成事故应负失职责任。2）该建筑公司主要负责人应负其主要责任。安全责任制不健全，项目负责人对现场落实规章制度和操作规程的责任失职并未得以及时制止，以致造成管理混乱，责任不清，设备安装后不经验收就使用而无人制止，设备带病运行无人检修，井架无安全装置仍冒险使用，最终导致发生事故。

《建设工程安全生产管理条例》中规定，工程项目负责人对建设工程项目的安全施工负责。专职安全生产管理人员负责对安全生产进行现场监督检查。

《建筑法》及《建设工程安全生产管理条例》同时规定：安装、拆卸起重机械设备作业前必须制定专项方案并非是要走过场，而是为避免作业过程中发生事故，保证作业顺利进行的正确施工程序和可靠的安全措施。

分析本次事故管理上的严重错误是项目负责人放弃管理，完全交由安全人员负责。当项目负责人需要组织人员研究拆除方案时，可由安全人员或班组长及机械人员共同参加，拆除作业前，也可由项目负责人进行全面分工和确定指挥人员，对拆除过程中采取的安全措施及拆除程序必须严格把关，不能完全放弃管理。

【案例3-5-2】关于安全事故分类和报告的案例

1. 事件背景

某单层工业厂房项目，檐高20m，建筑面积5800m²。施工单位在拆除顶层钢模板时，将拆下的18根钢管（每根长4m）和扣件运到井字架的吊盘上，5名工人随吊盘一起从屋顶高处下落。此时恰好操作该机械的人员去厕所未归，一名刚刚招来两天的合同工开动了卷扬机。在卷扬机下降工程中，钢丝绳突然折断，人随吊盘下落坠地，造成2人死亡、3人重伤的恶性后果。

2. 存在的主要问题

（1）该工程这起重大事故可定为哪种等级的事故？依据是什么？

（2）简要分析造成这起事故的原因。

（3）重大事故发生后，事故发生单位应在24小时内写出书面报告，并按规定逐级上报。重大事故书面报告（初报表）应包括哪些内容？

3. 案例分析

（1）按照《生产安全事故报告和调查处理条例》，本工程这起重大事故可定为较大事故。具备下列条件之一者为较大事故：

1）死亡3人以上10人以下死亡；

2）10人以上50上以下重伤；

3）直接经济损失1000万元以上5000万元以下。

（2）造成这起事故的原因是：

1）违反了货运升降机严禁载人上下的安全规定；

2）违反了卷扬机应由经过专门培训且合格的人员操作的规定；

3）卷扬机缺少日常检查和维修保养，致使使用中发生伤亡事故。

（3）重大事故书面报告（初报表）应包括以下内容：

1）事故发生的时间、地点、工程项目、企业名称；

2）事故发生的简要经过、伤亡人数和直接经济损失的初步估计；

3）事故发生原因的初步判断；

4）事故发生后采取的措施及事故控制情况；

5）事故报告单位。

【案例3-5-3】关于安全事故处理与整改措施的案例

1. 事件背景

某年7月31日15时45分，在Q省G市某城市给水管网改造工程管沟土方施工时，发生沟壁土方坍塌，造成3人死亡，1人重伤，1人轻伤。直接经济损失40余万元。事故发生过程：

Q省G市某城市给水管网改造工程，系市政建设工程。由市自来水公司负责实施建设。A建筑公司得到该工程建设信息后，于5月29日以"便函"形式，委托外单位员工贺某以本单位项目部经理身份前往市自来水公司联系承揽该项工程。该项工程于6月7日开标，A建筑公司未能中标。但是由于中标单位缺少垫资资金，市自来水公司与中标单位协商后，未报市招标办同意，擅自将该工程的部分工程改由A建筑公司承包建设，并通知贺某将此决定转告该公司。6月15日，市自来水公司与A建筑公司签订了该城市给水管网改造建设工程施工合同。7月2日，A建筑公司生产管理部刘某将该工程转包给无任何施工安全资质的贺某，双方签订了"A建筑公司内部项目工程承包合同书"。某监理公司经理张某派没有执业资格的徐某负责该工程监理。

贺某在组织施工中发现，已开挖的管沟中心线位置略向北偏移，不符合施工要求，需重新修整。7月31日，工程承包人临时雇用G市的8名流散人员承包该部分管沟清理修整工程。31日早8时，被临时招雇的8人在没有书面交底的情况下，开始清理管沟。按照工程承包人的要求，将深1.9m的管沟南侧底部向内掏挖0.6m，并在1.9m的基础上深挖0.3m，挖出的土方堆放在管沟南侧顶端。15时45分，管沟清理修整基本完成，承担清理修整工程的8人中，5人在管沟内休息。由于管沟南侧帮底已被掏空，加之施工段为三类土质，管沟南侧顶端堆积土较厚，造成管沟南侧24m长的侧壁坍塌，坐在管沟内休息的5人被突然坍塌的土方埋在管沟内，虽经多方抢救，仍有3人死亡、1人重伤、1人轻伤。

2. 存在的主要问题

（1）从技术、管理等方面分析该事故发生的原因。

（2）分析该起事故的性质、事故责任划分并提出处理意见。

（3）需要采取哪些整改措施？

3. 案例分析

1）此次事故技术方面的原因主要有：①施工单位没有制定土方开挖的专项方案。②管沟直壁开挖，无任何护壁支撑加固措施。

此次事故管理方面的原因主要有：①A建筑公司将该工程转包给无任何施工安全资质的外单位人员贺某，使安全生产责任主体不明确，安全生产责任制不落实。②施工承包、指挥人员违章指挥；施工作业人员冒险作业。③工程承包人不懂施工安全基本要求，未制定安全操作规程。④该工程的监理单位未认真履行职责，未能及时发现和制止施工中违章指挥与冒险作业行为。

2）这是一起项目管理中典型的承建单位非法转包、以包代管，施工现场违章指挥、冒险蛮干，监理工作严重不到位的重大责任事故。

A建筑公司生产管理部刘某将工程转包给无任何施工安全资质的外单位贺某，对事故的发生负主要责任，应送交司法机关追究其刑事责任。

贺某违反《安全生产法》有关规定私招乱雇，使用未经培训的流散人员，施工前未对作业人员进行书面技术交底，对事故的发生负有直接责任，应送交司法机关追究其刑事责任。

监理公司徐某监理不到位，对施工方的违规行为没有下达停工令，无监理工程师资质证书上岗，对事故的发生负有主要责任，应送交司法机关追究其刑事责任。监理公司经理张某，派没有监理工程师资格的徐某对该工程进行监理，工作严重失职，负有监理方的领导责任，有关部门应按行业管理规定对该监理公司给予在该市停止承接任务1年的处罚和相应的经济处罚。

总承包单位安全负责人，负责公司安全生产管理工作，对施工现场安全监督不力，安全检查不到位，对事故发生负领导责任，应给予行政记大过处分。

3）整改措施包括：

①施工单位对本公司承建的工程项目必须委派具备相应施工管理资质的项目管理人员，建立健全安全与质量保证体系，严格劳动用工管理与上岗培训制度，并认真落实到施工中的每一道工序、每一个环节。强化事故预防和控制，杜绝违章指挥与冒险作业。

②监理单位应切实履行旁站监理责任，重视事故危险的预测与监督控制，及时纠正和制止施工中的冒险指挥与冒险作业。

③建设单位工程发包要依法进行，必须将工程切实发包给具备相应施工、安全资质与管理能力的施工单位及其项目管理部，并进行有效监管。

【案例3-5-4】关于安全教育和安全管理的案例

1. 事件背景

深圳市南山区海月花园三期阳台栏杆工程于某年2月27日发生高处坠落事故，死亡1人。事故发生经过：

2月3日，海月花园三期阳台栏杆工程进行验收，发现部分需要修补的问题。2月27日，施工单位安排作业人员对栏杆验收中发现的个别问题进行缺陷修补。约9时50分，杂工李×翻过18层的花坛内侧栏杆，站到18层花坛外侧约30cm宽、没有任何防护的飘板上向下溜放电焊机电缆，不慎从飘板面坠落至一层地面，坠落高度约54m，经抢救无效死亡。

2. 存在的主要问题

（1）分析事故原因。

（2）对事故进行总结。

3. 案例分析

（1）事故原因分析：

1）直接原因：李×违章冒险作业，在未系安全带、没有任何安全防护措施的情况下进行高处临边悬空作业。

2）间接原因：死者进场仅三天，未进行三级安全教育；施工单位安全管理混乱，现场无专职安全员，未进行安全技术交底；施工单位对工人只使用，不管理、不教育。

（2）事故结论与教训：1）临边作业必须有可靠的防护措施。2）加强对作业人员的安全教育，杜绝违章行为。3）施工单位应落实安全措施，提供安全作业环境。4）施工单位必须高度重视工程收尾阶段。

【案例3-5-5】关于安全施工管理的案例

1. 事件背景

某年10月24日，××派出所刑警大队警务楼工程工地（厦门市××路××号）正在拆除塔吊作业。16时30分左右，拆除操作人员在塔吊顶升套架上进行塔吊回转的拆除作业（高度约22.5m），突然，整个顶升套架连同在上面操作的四个工人一起坠落，操作人员被反弹出来，一名工人由于伤势严重送医后于17时30分死亡，另三人有不同程度的受伤。

2. 事故原因分析

（1）直接原因：

1）塔吊选型不当，起升高度不能满足拆除塔帽高度的要求，塔帽实际高度为±0.00以上37m，当塔吊幅度为6～8m，最大仰角80°时，有效起吊高度为38m，再加上绳索和吊钩的安全距离至少3m，该塔吊无法满足现场实际工作条件。

2）当标准节拆除并放置在爬升套引进平台上后，回转机构的下支撑与塔身标准节无螺栓连接（应共有8个连接螺栓）。

3）引进平台上的标准节未及时用塔吊吊离，造成爬升套偏心受力。

4）油缸收缩过多致使油缸横梁从标准节踏步中脱出（塔吊顶升油缸与标准节踏步不是垂直设置，在油缸及横梁的重力作用下，如油缸收缩过多横梁就会从踏步自动脱出）。

5）摆动爬爪销轴锈蚀严重，自动复位功能失效，在套架下坠时，不能起到防坠作用。

（2）间接原因：

1）塔吊安装位置错误，没有严格执行塔吊安装拆卸施工方案（原方案塔吊安装位置是选定在建筑物的北侧），导致无法降至塔吊拆卸基本高度，存在高空拆卸解体的危险性。

2）拆卸方案没有根据现行法规规范和标准，结合现场复杂的作业环境来编制，缺乏针对性，方案内容所设定的拆除作业条件无法满足现场实际。

3）塔吊拆卸方案所提供的拆卸作业人员名单，与现场实际操作除吴×外，其余人员名单均不相符。

4）施工总承包单位现场负责人、安装单位技术负责人只分别对吴×一人进行书面安全技术交底，未见其他作业人员接受安全技术交底资料。

5）当拆卸单位没有向有关部门进行拆卸告知备案且擅自拆除的情况下，施工与监理单位未有效制止该违规行为。

6）施工、监理单位现场安全生产管理人员缺乏塔吊拆卸安全常识，无法发现并制止违章作业。

（3）改进建议

1）施工单位应认真履行建筑施工安全生产主体责任，及时消除安全隐患。要切实落实和完善建筑起重机械安全使用管理制度，特别是要建立安全技术档案和维修保养制度，并按照使用说明书的规定，定期对起重机械的安全技术状况和重要、关键部位进行检查，及时消除隐患，确保设备安全运转。

2）监理单位应进一步强化工程安全监理意识，加强自身素质建设，努力提高工程监理水平，加强对易引发群死群伤事故的部位和环节的旁站监理，并加强建筑起重机械专业知识的学习。

3）建筑起重机械的使用单位、租赁单位、安装（拆卸）单位和检测单位，应认真履行各自的安全生产职责，尤其是检测单位，要充当好建筑起重机械安装质量的"把关"角色，提高责任意识和检测业务水平。塔吊或施工电梯改变高度、增加附墙后，应按规定再次进行检测，并重新验收后方可投入使用。

4）施工总承包单位、监理单位必须配备专（兼）职大型设备专业管理人员。

5）应当加强对安装单位的管理和人员的培训。严禁挂靠安装作业或以包代管、包而不管的现象发生，确保大型设备安拆过程始终处于受控状态。

6）应当加强对检测单位的管理，杜绝同体施工（即安装与检测单位由同一个人出资成立的公司）检测公信力不强，同时，应对检测内容重新进行审定。

【案例3-5-6】关于安全事故各方责任的案例

1．事件背景

××体育公园运动馆工程某年2月4日23时10分在屋面板混凝土浇筑过程中发生模板支撑局部坍塌事故，坍塌面积约1150m²。该工程为三层框架-排架结构（中部为单层），建筑面积10865.41m²，合同造价1958万元，屋面（单层）层高最大处15.7m，采用有粘结后张预应力梁（最大截面800mm×2200mm，跨度达36m），梁端处梁与柱顶及框架梁间设置橡胶隔震支座连接。现浇钢筋混凝土屋面板，板厚150mm。屋面板施工模板支撑采用φ48×3.5钢管满堂架支撑体系。该工程由安徽××集团有限公司施工，郑州××工程监理有限公司监理，深圳××建筑设计有限公司设计，建设单位为厦门××体育产业发展有限公司。

2. 事故调查

2月7日下午，专家调查组赴现场进行调查。经分析，事故发生的主要技术原因如下：

（1）设计方面：

本工程屋面模板工程属于超高、超重、大跨度模板工程。设计单位未履行规定职责。

1）设计单位未在施工图设计文件中提出保障施工作业人员安全和预防生产安全事故的措施建议。

2）设计交底及图纸会审纪要中，也未见设计单位对此涉及施工安全的重点部位，提出防范生产安全事故的指导意见。

上述行为违反《建设工程安全生产管理条例》第13条的规定。

（2）施工方面：

施工单位未按其委托的厦门市建设工程质量安全管理协会组织的专家论证意见完善施工技术方案，施工过程中严重违反工程建设标准强制性条文。

1）该模板工程未按工程建设强制性标准及施工技术方案施工，模板支撑承重架纵横扫地杆、双向水平拉杆漏设较多，造成步距、纵横距严重超长，步距最大达5.4m（方案1.8m）中部纵距最大达12m，违反现行国家标准《建筑施工扣件式钢管脚手架安全技术规范》JGJ 130 第6.3.2条规定。

截面为800mm×2200mm的预应力混凝土梁下U型顶托仅设两道（专家论证意见要求4道）顶托钢管立杆，直接承受上部荷载，每根立杆达14.2kN，而现场搭设的钢管支撑因3.4m高度范围内仅有一个方向设置水平拉杆，造成每根立杆仅能承受力3.5kN的荷载，导致该混凝土梁下钢管支撑体系承载能力严重不足。

2）模板支撑承重架水平、竖向剪刀撑普遍未设，立杆间距大于1m（施工方案为1m）；立杆在同一断面对接、搭接较多；U型顶托外露螺距过长（大于300mm），顶托下未设水平拉杆，钢管支撑体系整体稳定性差。违反《建筑施工扣件式钢管脚手架安全技术规范》JGJ 130 第6.3.5条、第6.2.2条规定。

3）模板支撑ϕ48×3.5钢管壁厚普遍为3.0~3.2mm，扣件质量差、经现场抽测扣件扭力仅为10~30N·m（规范要求40~65 N·m），严重降低了钢管支撑体系的承载能力。违反《建筑施工扣件式钢管脚手架安全技术规范》JGJ 130 第5.1.7条规定。

4）混凝土浇筑顺序走向不当，由东（1~9轴）向西（1~3轴）方向推进浇筑，造成施工荷载不均衡，增加钢管体系侧向推力，降低了钢管支撑立杆的稳定性。

5）混凝土浇筑至1~7轴时违反经批准的施工方案，随意增加一台混凝土泵，该轴预应力混凝土梁（800mm×2200mm）混凝土一次浇筑到顶，局部施工荷载过大。

（3）监理方面：

监理单位未按现行国家标准《建设工程监理规范》GB 50319 履行规定职责。

1）经检查，监理单位未督促施工单位按照专家论证意见完善专项施工方案。

2）屋面混凝土浇筑专项施工方案，混凝土浇捣顺序存在严重错误，监理未能及时纠正。违反现行国家标准《建设工程监理规范》GB 50319 第5.4.1条规定。

3）支撑体系搭设后监理单位没有组织专项验收。违反现行国家标准《建设工程监理规范》GB 50319 第5.4.9条规定。

4）未编制针对超高、超重、大跨度模板工程的监理实施细则。违反现行国家标准《建设工程监理规范》GB 50319 第 4.2.1 条规定。

5）2007 年 2 月 4 日上午在没有签发混凝土浇捣令的情况下默许施工单位进行混凝土浇捣。违反现行国家标准《建设工程监理规范》GB 50319 第 5.4.1 条规定。

6）未对进场的钢管和扣件进行检查验收。违反现行国家标准《建设工程监理规范》GB 50319 第 5.4.6 条规定。

综上所述，由于该工程结构特殊，施工现场安全技术措施落实不到位，模板支撑承载力、整体刚度不足，稳定性差，施工时局部受力不均衡，从而引起模板支撑局部失稳坍塌。

【案例 3-5-7】关于施工单位安全责任的案例

1. 事件背景

某酒店公司决定对本酒店大楼进行拆改和重新装修。为了节省费用和赶在国庆节前重新开业，酒店公司在未办理施工备案手续的情况下，将酒店的门窗及内外装饰物拆除工程发包给包工头张某施工。某年 4 月 2 日酒店公司与张某签订了拆除合同，约定合同总价 80 万元，当年 4 月 2 日开工至同年 5 月 2 日完工。4 月 10 日下午 5 点左右，张某在现场指挥 4 名工人拆除 4 层户外铝合金玻璃窗扇时，玻璃窗扇不慎掉下，将 1 名正在进行地面清扫的工人砸成重伤。区建委接到事故报案后，立即组织对伤员进行医疗救治，同时展开事故调查。

2. 存在的主要问题

本案中建设单位有何违法行为，应承担哪些法律责任？

3. 案例分析

（1）酒店公司将拆除工程发包给不具有施工资质的自然人是违法行为。《建设工程安全生产管理条例》第 11 条第 1 款规定："建设单位应当将拆除工程发包给具有相应资质等级的施工单位"。包工头张某不具备施工资质，酒店公司将拆除工程发包给张某，构成违法发包。根据《建设工程安全生产管理条例》第 55 条规定，建设单位将拆除工程发包给不具有相应资质等级的施工单位的，"责令限期改正，处 20 万元以上 50 万元以下罚款，造成重大安全事故，构成犯罪的，对直接责任人员依照刑法有关规定追究刑事责任；造成损失的，依法承担赔偿责任"。

（2）酒店公司未办理拆除工程施工前的备案手续。《建设工程安全生产管理条例》第 11 条第 2 款规定，"建设单位应当在拆除工程施工 15 日前，将下列资料报送建设工程所在地的县级以上地方人民政府建设行政主管部门或者其他有关部门备案……"由于酒店公司未办理拆除工程施工前的备案手续，依据《建设工程安全生产管理条例》第 54 条第 2 款规定，"建设单位未将保证安全施工的措施或者拆除工程的有关资料报送有关部门备案的，责令限期改正，给予警告"。

【案例 3-5-8】关于安全事故等级划分和处理措施的案例

1. 事件背景

某年 10 月 25 日，某建筑公司承建的某市电视台演播中心裙楼工地发生一起施工安全事故。大演播厅舞台在浇筑顶部混凝土施工中，因模板支撑系统失稳导致屋盖坍塌，造成在现场施工的民工和电视台工作人员 6 人死亡，35 人受伤（其中重伤 11 人），直接经济损失 70 余万元。事故发生后，该建筑公司项目经理部向有关部门紧急报告事故情况。闻讯赶到的有关领导，指挥公安民警、武警战士和现场工人实施了紧急抢险工作，将伤者立即送往医院救治。

2. 存在的主要问题

（1）本案中的施工安全事故应定为哪种等级的事故？

（2）事故发生后，施工单位应采取哪些措施？

3. 案例分析

（1）应定为较大事故。《生产安全事故报告和调查处理条例》第 3 条规定，"较大事故，是指造成 3 人以上 10 人以下死亡，或者 10 人以上 50 人以下重伤，或者 1000 万元以上，5000 万元以下直接经济损失的事故。"

（2）事故发生后，依据《生产安全事故报告和调查处理条例》第 9 条、第 14 条、第 16 条的规定，施工单位应采取下列措施：1）报告事故。事故发生后，事故现场有关人员应当立即向本单位负责人报告；单位负责人接到报告后，应当于 1h 内向事故发生地县级以上人民政府安全生产监督管理部门和负有安全生产监督管理职责的有关部门报告。情况紧急时，事故现场有关人员可以直接向事故发生地县级以上人民政府安全生产监督管理部门和负有安全生产监督管理职责的有关部门报告。2）启动事故应急预案，组织抢救。事故发生单位负责人接到事故报告后，应当立即启动事故相应应急预案，或者采取有效措施，组织抢救，防止事故扩大，减少人员伤亡和财产损失。3）事故现场保护。有关单位和人员应当妥善保护事故现场以及相关证据，任何单位和个人不得破坏事故现场、毁灭相关证据。因抢救人员、防止事故扩大以及疏通交通等原因，需要移动事故现场物件的，应当做出标志，绘制现场简图并作出书面记录，妥善保存现场重要痕迹、物证。

【案例 3-5-9】关于施工单位安全施工行为及其法律责任的案例

1. 事件背景

某年 8 月，某建筑公司按合同约定对其施工并已完工的路面进行维修，路面经铲挖后形成凹凸和小沟，路边堆有砂石料，但在施工路面和路两头均未设置任何提示过往行人及车辆注意安全的警示标志。8 月 16 日，张某骑摩托车经过此路段时，因不明路况，摩托车碰到路面上的施工材料而翻倒，造成 10 级伤残。张某受伤后多次要求建筑公司赔偿，但建筑公司认为张某受伤与己方无关。张某将建筑公司起诉至人民法院。

2. 存在的主要问题

（1）本案中的建筑公司是否存在违法施工行为？

（2）该建筑公司是否应承担赔偿的民事法律责任？

3. 案例分析

（1）《建设工程安全生产管理条例》第 28 条规定："施工单位应当在施工现场入口处、施工起重机械、临时用电设施、脚手架、出入通道口、楼梯口、电梯井口、孔洞口、桥梁口、隧道口、基坑边沿、爆破物及有害危险气体和液体存放处等危险部位，设置明显的安全警示标志。安全警示标志必须符合国家标准。"本案中的某建筑公司在施工时未设任何提示过往行人及车辆注意安全的警示标志，明显违反了上述规定。

（2）法院经审理后认为，某建筑公司在进行路面维修时，致使路面凹凸不平，并未设置明显警示标志和采取安全措施，造成原告伤残，按照《民法通则》第 125 条规定：

"在公共场所、道旁或者通道上挖坑、修缮安装地下设施等，没有设置明显标志和采取安全措施造成他人损害的，施工人应当承担民事责任。"判决建筑公司作为施工方应当承担赔偿责任。

【案例 3-5-10】关于施工单位安全施工行为的案例

1. 事件背景

某商务中心高层建筑，总建筑面积约 15 万 m^2，地下 2 层，地上 22 层。业主与施工单位签订了施工总承包合同，并委托监理单位进行工程监理。开工前，施工单位进行了三级安全教育。在地下桩基施工中，由于是深基坑工程，项目经理部按照设计文件和施工技术标准编制了基坑支护及降水工程专项施工组织方案，经项目经理签字后组织施工。同时，项目经理安排负责质量检查的人员兼任安全工作。当土方开挖至坑底设计标高时，监理工程师发现基坑四周地表出现大量裂纹，坑边部分土石有滑落现象，即向现场作业人员发出口头通知，要求停止施工，撤离相关作业人员。但施工作业人员担心拖延施工进度，对监理通知不予理睬，继续施工。随后，基坑发生大面积坍塌，基坑下 6 名作业人员被埋，造成 3 人死亡、2 人重伤、1 人轻伤。事故发生后，经查施工单位未办理意外伤害保险。

2. 案例分析

本案中，施工单位存在如下违法问题：

（1）专项施工方案审批程序错误。《建设工程安全生产管理条例》第 26 条规定，施工单位对达到一定规模的危险性较大的分部分项工程编制专项施工方案后，须经施工单位技术负责人、总监理工程师签字后实施。而本案中的基坑支护和降水工程专项施工方案仅由项目经理签字后即组织施工，是违法的。

（2）安全生产管理环节严重缺失。《建设工程安全生产管理条例》第 23 条规定，"施工单位应当设立安全生产管理机构，配备专职安全生产管理人员"。第 26 条还规定，对分部分项工程专项施工方案的实施，"由专职安全生产管理人员进行现场监督。"本案中，项目经理部安排质量检查人员兼任安全管理人员，明显违反了上述规定。

（3）施工作业人员安全生产自我保护意识不强。《建设工程安全生产管理条例》第 32 条规定："作业人员有权对施工现场的作业条件、作业程序和作业方式中存在的安全问题提出批评、检举和控告，有权拒绝违章指挥和强令冒险作业。在施工中发生危及人身安全的紧急情况时，作业人员有权立即停止作业或者采取必要的应急措施后撤离危险区域"。本案中，施工作业人员迫于施工进度压力冒险作业，也是造成安全事故的重要原因。

（4）施工单位未办理意外伤害保险。《建设工程安全生产管理条例》第 38 条规定："施工单位应当为施工现场从事危险作业的人员办理意外伤害保险。意外伤害保险费由施工单位支付。"意外伤害保险属于强制性保险，必须依法办理。

第4章 建设工程质量法律制度

《建设工程质量管理条例》于2000年1月10日经国务院第25次常务会议通过，2000年1月30日实施。

《建设工程质量管理条例》第1条指出了其立法目的，即在于加强对建设工程质量的管理，保证建设工程质量，保护人民生命和财产安全。该条例共82条，分别对建设单位、施工单位、工程监理单位和勘察、设计单位等的质量责任和义务做出了规定。

《建设工程质量管理条例》第2条、第80条和第81条规定，凡在中华人民共和国境内从事建设工程的新建、扩建、改建等有关活动及实施对建设工程质量监督管理的，必须遵守该条例。本条例所称建设工程，是指土木工程、建筑工程、线路管道和设备安装工程及装修工程；抢险救灾及其他临时性房屋建筑和农民自建低层住宅的建设活动，不适用该条例；军事建设工程的管理，按照中央军事委员会的有关规定执行。

此外，《建设工程勘察设计管理条例》、《建设工程质量检测管理办法》、《建设工程质量保证金管理暂行办法》等法规也对相关问题做了规定。

4.1 施工单位的质量责任

4.1.1 施工单位的质量责任和义务

1. 依法承揽工程的责任

施工单位应当依法取得相应等级的资质证书，并在其资质等级许可的范围内承揽工程。

禁止施工单位超越本单位资质等级许可的业务范围或者以其他施工单位的名义承揽工程。禁止施工单位允许其他单位或者个人以本单位的名义承揽工程。施工单位不得转包或者违法分包工程。

2. 负责和建立质量保证体系的责任

施工单位对建设工程的施工质量负责。施工单位应当建立质量责任制，确定工程项目的项目经理、技术负责人和施工管理负责人。建设工程实行总承包的，总承包单位应当对全部建设工程质量负责；建设工程勘察、设计、施工、设备采购的一项或者多项实行总承包的，总承包单位应当对其承包的建设工程或者采购的设备的质量负责。

3. 总包和分包单位的质量责任

总承包单位依法将建设工程分包给其他单位的，分包单位应当按照分包合同的约定对其分包工程的质量向总承包单位负责，总承包单位与分包单位对分包工程的质量承担连带责任。

因此，根据总包和分包之间对质量承担连带责任的规定，当分包工程发生质量问题时，建设单位或其他受害人既可以向分包单位请求赔偿，也可以向总包单位请求赔偿；进行赔偿的一方，有权依据分包合同的约定，对不属于自己责任的那部分赔偿向承担连带责任的另外一方追偿。

4. 按照工程设计图纸和施工技术标准施工的责任

施工单位必须按照工程设计图纸和施工技术标准施工，不得擅自修改工程设计，不得偷工减料。按工程设计图纸施工、不要擅自修改设计，是施工单位保证工程质量的最基本要求；同时，施工单位只有按照施工技术标准，尤其是遵守强制性标准的要求施工，才能够保证工程质量。

此外，如果确实需要修改，《建设工程勘察设计管理条例》第28条也规定："建设单位、施工单位、监理单位不得修改建设工程勘察、设计文件；确需修改建设工程勘察、设计文件的，应当由原建设工程勘察、设计单位修改。经原建设工程勘察、设计单位书面同意，建设单位也可以委托其他具有相应资质的建设工程勘察、设计单位修改。修改单位对修改的勘察、设计文件承担相应责任"。"建设工程勘察、设计文件内容需要作重大修改的，建设单位应当报经原审批机关批准后，方可修改。"

《建筑工程质量管理条例》第28条同时规定："施工单位在施工过程中发现设计文件和图纸有差错的，应当及时提出意见和建议。"此外，《建设工程勘察设计管理条例》第28条也规定，施工单位、监理单位发现建设工程勘察、设计文件不符合工程建设强制性标准、合同约定的质量要求的，应当报告建设单位，建设单位有权要求建设工程勘察、设计单位对建设工程勘察、设计文件进行补充、修改。

5. 对建筑材料、构配件和设备进行检验的责任

施工单位必须按照工程设计要求、施工技术标准和合同约定，对建筑材料、建筑构配件、设备和商品混凝土进行检验，检验应当有书面记录和专人签字；未经检验或者检验不合格的，不得使用。

施工单位对建筑建筑材料、建筑构配件、设备和商品混凝土的检验是保证工程质量的重要措施，如果把不合格的劣质建筑材料、建筑构配件、设备和商品混凝土用于工程，会导致质量存在隐患。

6. 对施工质量进行检验的责任

施工单位必须建立、健全施工质量的检验制度，严格工序管理，作好隐蔽工程的质量检查和记录。隐蔽工程在隐蔽前，施工单位应当通知建设单位和建设工程质量监督机构。

此外，按照《建设工程施工合同（示范文本）》GF—2013—0201的规定，工程具备隐蔽条件或达到专用条款约定的中间验收部位，承包人进行自检，并在隐蔽或中间验收前48小时以书面形式通知工程师验收。验收不合格的，施工单位在监理工程师限定的时间内修改并重新验收。如果工程质量符合标准规范和设计图纸等要求，验收24小时后，监理工程师不在验收记录上签字的，视为已经批准，施工单位可以继续进行隐蔽或施工。

7. 见证取样的责任

《建筑工程质量管理条例》第31条规定："施工人员对涉及结构安全的试块、试件以及有关材料，应当在建设单位或者工程监理单位监督下现场取样，并送具有相应资质等级的质量检测单位进行检测"。

《建设工程质量检测管理办法》第14条同时规定，检测机构完成检测业务后，应当

及时出具检测报告；检测报告经检测人员签字、检测机构法定代表人或者其授权的签字人签署，并加盖检测机构公章或者检测专用章后方可生效。

8. 返修的责任

施工单位对施工中出现质量问题的建设工程或者竣工验收不合格的建设工程，应当负责返修。对于非施工单位原因造成的质量问题，施工单位也应该负责返修，但是因此造成的损失及返修费用由责任方承担。

9. 建立健全职工教育培训制度的责任

施工单位应当建立、健全教育培训制度，加强对职工的教育培训；未经教育培训或者考核不合格的人员，不得上岗作业。

4.1.2 施工单位的质量法律责任

1. 超越资质承揽工程的法律责任

《建筑工程质量管理条例》第 60 条规定，施工单位超越本单位资质等级承揽工程的，责令停止违法行为，对施工单位处工程合同价款百分之二以上百分之四以下的罚款，可以责令停业整顿，降低资质等级；情节严重的，吊销资质证书；有违法所得的，予以没收。

未取得资质证书承揽工程的，予以取缔，依照前款规定处以罚款；有违法所得的，予以没收。以欺骗手段取得资质证书承揽工程的，吊销资质证书，依照本条第一款规定处以罚款；有违法所得的，予以没收。

2. 出借资质的法律责任

《建筑工程质量管理条例》第 61 条规定，施工单位允许其他单位或者个人以本单位名义承揽工程的，责令改正，没收违法所得，对施工单位处工程合同价款百分之二以上百分之四以下的罚款；可以责令停业整顿，降低资质等级；情节严重的，吊销资质证书。

3. 转包或违法分包的法律责任

《建筑工程质量管理条例》第 62 条规定，承包单位将承包的工程转包或者违法分包的，责令改正，没收违法所得，对施工单位处工程合同价款百分之零点五以上百分之一以下的罚款；可以责令停业整顿，降低资质等级；情节严重的，吊销资质证书。

4. 偷工减料及不按图施工等行为的法律责任

《建筑工程质量管理条例》第 64 条规定，施工单位在施工中偷工减料的，使用不合格的建筑材料、建筑构配件和设备的，或者有不按照工程设计图纸或者施工技术标准施工的其他行为的，责令改正，处工程合同价款百分之二以上百分之四以下的罚款；造成建设工程质量不符合规定的质量标准的，负责返工、修理，并赔偿因此造成的损失；情节严重的，责令停业整顿，降低资质等级或者吊销资质证书。

5. 未取样检测的法律责任

《建筑工程质量管理条例》第 65 条规定，施工单位未对建筑材料、建筑构配件、设备和商品混凝土进行检验，或者未对涉及结构安全的试块、试件以及有关材料取样检测的，责令改正，处 10 万元以上 20 万元以下的罚款；情节严重的，责令停业整顿，降低资质等级或者吊销资质证书；造成损失的，依法承担赔偿责任。

4.2 建设单位和其他单位的质量责任

4.2.1 建设单位的质量责任
4.2.1.1 建设单位的质量责任和义务
1. 依法发包工程的责任

建设单位应当将工程发包给具有相应资质等级的单位；且建设单位不得将建设工程肢解发包。建设单位应当依法进行工程发包，《建筑法》中已对此有明确规定。此外，建设单位还应该依照《招标投标法》等的有关规定，对必须招标的工程项目进行招标，择优选择工程勘察、设计、施工和监理等单位。

2. 依法对重要设备、材料等采购进行招标的责任

《建筑工程质量管理条例》第8条规定，建设单位应当依法对工程建设项目的勘察、设计、施工、监理以及与工程建设有关的重要设备、材料等的采购进行招标。建设单位应该依照《招标投标法》等的有关规定，对必须招标的重要设备、材料等的采购进行招标。

3. 向有关单位提供原始资料的责任

建设单位必须向有关的勘察、设计、施工、工程监理等单位提供与建设工程有关的原始资料，原始资料必须真实、准确、齐全。原始资料是工程勘察、设计、施工、监理等单位进行工程建设的基础性资料。建设单位应该向有关的勘察、设计、施工、工程监理等单位提供与建设工程有关的原始资料，并且保证这些原始资料的真实、准确、齐全，是其基本的责任和义务。

4. 限制不合理干预行为的责任

建设工程发包单位不得迫使承包方以低于成本的价格竞标，不得任意压缩合理工期；建设单位不得明示或者暗示设计单位或者施工单位违反工程建设强制性标准，降低建设工程质量。

成本是构成价格的主要部分，是承包方投标的依据和生存的底线。如果建设单位一味追求低价格，迫使承包方以低于成本的价格中标的话，必然会带来承包单位的偷工减料、以次充好等各种行为，最终导致质量问题，影响投资效益的最终实现。因此，建设工程发包单位不得迫使承包方以低于成本的价格竞标。

建设单位也不得任意压缩合理工期。这里是指建设单位单方面压缩合理工期，单方面要求盲目赶工，这些行为会导致建设工程出现质量等诸多问题。

建设单位更不得以任何理由，明示或者暗示设计单位或者施工单位违反工程建设强制性标准，降低建设工程质量。因为强制性标准是保证建设工程结构安全可靠的基础性要求，违反强制性标准必然会给建设工程带来重大质量隐患。

5. 报审施工图设计文件的责任

建设单位应当将施工图设计文件报县级以上人民政府建设行政主管部门或者其他有关部门审查。施工图设计文件未经审查批准的，不得使用。由此可见，施工图设计文件审查是基本建设必须进行的一道程序，建设单位应该严格执行；施工图设计文件未经审查或审查不合格的，不得使用。

6. 依法委托监理的责任

实行监理的建设工程，建设单位应当委托具有相应资质等级的工程监理单位进行监理，也可以委托具有工程监理相应资质等级并与被监理工程的施工承包单位没有隶属关系或者其他利害关系的该工程的设计单位进行监理。

为了保证监理工作的质量，建设单位必须将需要监理的工程委托给具有相应资质等级的工程监理单位进行监理。

此外，因为我国的监理主要是对工程的施工过程进行监督，而该工程的设计人员对设计意图比较理解，因此，如果由具有监理资质的设计单位对自己设计的工程进行监理，对保证工程质量是非常有利的。但是，设计单位与承包该工程的施工单位不得有隶属关系或者其他利害关系。

下列工程必须实行监理：国家重点建设工程；大中型公用事业工程；成片开发建设的住宅小区工程；利用外国政府或者国际组织贷款、援助资金的工程；国家规定必须实行监理的其他工程。

7. 依法办理工程质量监督手续的责任

建设单位在领取施工许可证或者开工报告前，应当按照国家有关规定办理工程质量监督手续。办理工程质量监督手续是法定程序，不办理质量监督手续的，不发施工许可证，工程不得开工建设。

8. 依法确保提供的建筑材料等符合要求的责任

按照合同约定，由建设单位采购建筑材料、建筑构配件和设备的，建设单位应当保证建筑材料、建筑构配件和设备符合设计文件和合同要求。建设单位不得明示或者暗示施工单位使用不合格的建筑材料、建筑构配件和设备。

在实践中，应该在合同中明确约定哪些材料和设备由建设单位采购，哪些材料和设备由施工单位采购。哪一方采购就应该由哪一方负责。如果合同约定了是由建设单位采购建筑材料、建筑构配件和设备的，建设单位应当保证建筑材料、建筑构配件和设备符合设计文件和合同要求。

建设单位也不得因为赶进度、降低成本等各种原因，采用明示或暗示的方式，要求施工单位使用不合格的建筑材料、建筑构配件和设备。

9. 依法进行装修的责任

涉及建筑主体和承重结构变动的装修工程，建设单位应当在施工前委托原设计单位或者具有相应资质等级的设计单位提出设计方案；没有设计方案的，不得施工。

如果在没有设计方案的情况下就擅自施工的，将留下质量隐患甚至造成质量事故，后果非常严重。此外，房屋建筑使用者在装修过程中，也不得擅自变动房屋建筑主体和承重结构。

10. 依法组织竣工验收的责任

建设单位收到建设工程竣工报告后，应当组织设计、施工、工程监理等有关单位进行竣工验收。建设工程经验收合格的，方可交付使用。

如果建设单位忽视竣工验收的重要性，未经竣工验收或验收不合格，即提前交付工程使用，很容易导致产生质量问题，并会导致发包和承包方之间就质量责任的归属问题产生争议和纠纷。

11. 移交建设项目档案的责任

建设单位应当严格按照国家有关档案管理的规定，及时收集、整理建设项目各环节的文件资料，建立、健全建设项目档案，并在建设工程竣工验收后，及时向建设行政主管部门或者其他有关部门移交建设项目档案。

4.2.1.2 建设单位的质量法律责任

1. 违反资质管理发包的法律责任

《建筑工程质量管理条例》第 54 条规定，建设单位将建设工程发包给不具有相应资质等级的勘察、设计、施工单位或者委托给不具有相应资质等级的工程监理单位的，责令改正，处 50 万元以上 100 万元以下的罚款。

2. 肢解发包的法律责任

《建筑工程质量管理条例》第 55 条规定，"建设单位将建设工程肢解发包的，责令改正，处工程合同价款百分之零点五以上百分之一以下的罚款；对全部或者部分使用国有资金的项目，并可以暂停项目执行或者暂停资金拨付"。

3. 不合理干预行为的法律责任

《建筑工程质量管理条例》第 56 条规定，建设单位有下列行为之一的，责令改正，处 20 万元以上 50 万元以下的罚款：迫使承包方以低于成本的价格竞标的；任意压缩合理工期的；明示或者暗示设计单位或者施工单位违反工程建设强制性标准，降低工程质量的；施工图设计文件未经审查或者审查不合格，擅自施工的；建设项目必须实行工程监理而未实行工程监理的；未按照国家规定办理工程质量监督手续的；明示或者暗示施工单位使用不合格的建筑材料、建筑构配件和设备的；未按照国家规定将竣工验收报告、有关认可文件或者准许使用文件报送备案的。

4. 擅自开工的法律责任

《建筑工程质量管理条例》第 57 条规定，"建设单位未取得施工许可证或者开工报告未经批准，擅自施工的，责令停止施工，限期改正，处工程合同价款百分之一以上百分之二以下的罚款"。

5. 违反验收管理的法律责任

《建筑工程质量管理条例》第 58 条规定，建设单位有下列行为之一的，责令改正，处工程合同价款百分之二以上百分之四以下的罚款；造成损失的，依法承担赔偿责任：未组织竣工验收，擅自交付使用的；验收不合格，擅自交付使用的；对不合格的建设工程按照合格工程验收的。

6. 未移交档案的法律责任

《建筑工程质量管理条例》第 59 条规定，"建设工程竣工验收后，建设单位未向建设行政主管部门或者其他有关部门移交建设项目档案的，责令改正，处 1 万元以上 10 万元以下的罚款"。

7. 擅自改变主体或承重结构进行装修的法律责任

《建筑工程质量管理条例》第 69 条规定，"涉及建筑主体或者承重结构变动的装修工程，没有设计方案擅自施工的，责令改正，处 50 万元以上 100 万元以下的罚款；房屋建筑使用者在装修过程中擅自变动房屋建筑主体和承重结构的，责令改正，处 5 万元以上 10 万元以下的罚款"。

4.2.2　监理单位的质量责任

4.2.2.1　监理单位的质量责任和义务

1. 依法承揽工程监理业务的责任

工程监理单位应当依法取得相应等级的资质证书，并在其资质等级许可的范围内承担工程监理业务。禁止工程监理单位超越本单位资质等级许可的范围或者以其他工程监理单位的名义承担工程监理业务。禁止工程监理单位允许其他单位或者个人以本单位的名义承担工程监理业务。工程监理单位不得转让工程监理业务。

2. 独立监理的责任

工程监理单位与被监理工程的施工承包单位以及建筑材料、建筑构配件和设备供应单位有隶属关系或者其他利害关系的，不得承担该项建设工程的监理业务。独立监理是公正监理的重要前提之一，没有独立性，监理单位是无法保持公正监理的。

3. 依法监理的责任

工程监理单位应当依照法律、法规以及有关技术标准、设计文件和建设工程承包合同，代表建设单位对施工质量实施监理，并对施工质量承担监理责任。由此可见，工程监理的依据包括：法律、法规；有关技术标准；设计文件和建设工程承包合同。此外，监理工程师应当按照工程监理规范的要求，采取旁站、巡视和平行检验等形式，对建设工程实施监理。

4. 确认质量和应付工程款的责任

工程监理单位应当选派具备相应资格的总监理工程师和监理工程师进驻施工现场。未经监理工程师签字，建筑材料、建筑构配件和设备不得在工程上使用或者安装，施工单位不得进行下一道工序的施工。未经总监理工程师签字，建设单位不拨付工程款，不进行竣工验收。

4.2.2.2　监理单位的质量法律责任

1. 超越资质承揽工程的法律责任

《建筑工程质量管理条例》第 60 条规定，工程监理单位超越本单位资质等级承揽工程的，责令停止违法行为，对工程监理单位处合同约定的监理酬金 1 倍以上 2 倍以下的罚款，可以责令停业整顿，降低资质等级；情节严重的，吊销资质证书；有违法所得的，予以没收。

未取得资质证书承揽工程的，予以取缔，依照前款规定处以罚款；有违法所得的，予以没收。以欺骗手段取得资质证书承揽工程的，吊销资质证书，依照本条第一款规定处以罚款；有违法所得的，予以没收。

2. 出借资质的法律责任

《建筑工程质量管理条例》第 61 条规定，工程监理单位允许其他单位或者个人以本单位名义承揽工程的，责令改正，没收违法所得，对工程监理单位处合同约定的监理酬金 1 倍以上 2 倍以下的罚款；可以责令停业整顿，降低资质等级；情节严重的，吊销资质证书。

3. 转让工程监理业务的法律责任

《建筑工程质量管理条例》第 62 条规定，工程监理单位转让工程监理业务的，责令改正，没收违法所得，处合同约定的监理酬金百分之二十五以上百分之五十以下的罚款；可以责令停业整顿，降低资质等级；情节严重的，吊销资质证书。

4. 违反公正监理的法律责任

《建筑工程质量管理条例》第67条规定，工程监理单位有下列行为之一的，责令改正，处50万元以上100万元以下的罚款，降低资质等级或者吊销资质证书；有违法所得的，予以没收；造成损失的，承担连带赔偿责任：与建设单位或者施工单位串通，弄虚作假、降低工程质量的；将不合格的建设工程、建筑材料、建筑构配件和设备按照合格签字的。

5. 违反独立监理的法律责任

《建筑工程质量管理条例》第68条规定，工程监理单位与被监理工程的施工承包单位以及建筑材料、建筑构配件和设备供应单位有隶属关系或者其他利害关系承担该项建设工程的监理业务的，责令改正，处5万元以上10万元以下的罚款，降低资质等级或者吊销资质证书；有违法所得的，予以没收。

6. 注册执业人员应承担的法律责任

《建筑工程质量管理条例》第72条规定，注册监理工程师因过错造成质量事故的，责令停止执业1年；造成重大质量事故的，吊销执业资格证书，5年以内不予注册；情节特别恶劣的，终身不予注册。

4.2.3 勘察、设计单位的质量责任

4.2.3.1 勘察、设计单位的质量责任和义务

1. 依法承揽工程的责任

从事建设工程勘察、设计的单位应当依法取得相应等级的资质证书，并在其资质等级许可的范围内承揽工程。禁止勘察、设计单位超越其资质等级许可的范围或者以其他勘察、设计单位的名义承揽工程。禁止勘察、设计单位允许其他单位或者个人以本单位的名义承揽工程。勘察、设计单位不得转包或者违法分包所承揽的工程。

2. 执行强制性标准的责任

勘察、设计单位必须按照工程建设强制性标准进行勘察、设计，并对其勘察、设计的质量负责。注册建筑师、注册结构工程师等注册执业人员应当在设计文件上签字，对设计文件负责。

3. 勘察单位保证成果真实、准确的责任

勘察单位提供的地质、测量、水文等勘察成果必须真实、准确。

4. 设计单位依据勘察成果文件进行设计的责任

设计单位应当根据勘察成果文件进行建设工程设计。设计文件应当符合国家规定的设计深度要求，注明工程合理使用年限。

5. 设计单位规范选用建筑材料等的责任

设计单位在设计文件中选用的建筑材料、建筑构配件和设备，应当注明规格、型号、性能等技术指标，其质量要求必须符合国家规定的标准。除有特殊要求的建筑材料、专用设备、工艺生产线等外，设计单位不得指定生产厂、供应商。

6. 设计单位进行技术交底的责任

设计单位应当就审查合格的施工图设计文件向施工单位作出详细说明。

7. 设计单位参与质量事故分析的责任

设计单位应当参与建设工程质量事故分析，并对因设计造成的质量事故，提出相应的技术处理方案。

4.2.3.2 勘察、设计单位的法律责任

1. 超越资质承揽工程的法律责任

《建筑工程质量管理条例》第 60 条规定，勘察、设计单位超越本单位资质等级承揽工程的，责令停止违法行为，处合同约定的勘察费、设计费 1 倍以上 2 倍以下的罚款，可以责令停业整顿，降低资质等级；情节严重的，吊销资质证书；有违法所得的，予以没收。

未取得资质证书承揽工程的，予以取缔，依照前款规定处以罚款；有违法所得的，予以没收。以欺骗手段取得资质证书承揽工程的，吊销资质证书，依照本条第一款规定处以罚款；有违法所得的，予以没收。

2. 出借资质的法律责任

《建筑工程质量管理条例》第 61 条规定，勘察、设计单位允许其他单位或者个人以本单位名义承揽工程的，责令改正，没收违法所得，处合同约定的勘察费、设计费 1 倍以上 2 倍以下的罚款，可以责令停业整顿，降低资质等级；情节严重的，吊销资质证书。

3. 转包或违法分包的法律责任

《建筑工程质量管理条例》第 62 条规定，承包单位将承包的工程转包或者违法分包的，责令改正，没收违法所得，对勘察、设计单位处合同约定的勘察费、设计费百分之二十五以上百分之五十以下的罚款；可以责令停业整顿，降低资质等级；情节严重的，吊销资质证书。

4. 注册执业人员应承担的法律责任

《建筑工程质量管理条例》第 72 条规定，注册建筑师、注册结构工程师等注册执业人员因过错造成质量事故的，责令停止执业 1 年；造成重大质量事故的，吊销执业资格证书，5 年以内不予注册；情节特别恶劣的，终身不予注册。

5. 其他法律责任

《建筑工程质量管理条例》第 63 条规定，有下列行为之一的，责令改正，处 10 万元以上 30 万元以下的罚款；因以下行为造成工程质量事故的，责令停业整顿，降低资质等级；情节严重的，吊销资质证书；造成损失的，依法承担赔偿责任：勘察单位未按照工程建设强制性标准进行勘察的；设计单位未根据勘察成果文件进行工程设计的；设计单位指定建筑材料、建筑构配件的生产厂、供应商的；设计单位未按照工程建设强制性标准进行设计的。

4.2.4 建设工程质量的监督管理

4.2.4.1 建设工程质量监督的主体

国家实行建设工程质量监督管理制度。国务院建设行政主管部门对全国的建设工程质量实施统一监督管理；国务院铁路、交通、水利等有关部门按照国务院规定的职责分工，负责对全国的有关专业建设工程质量的监督管理。县级以上地方人民政府建设行政主管部

门对本行政区域内的建设工程质量实施监督管理。县级以上地方人民政府交通、水利等有关部门在各自的职责范围内，负责对本行政区域内的专业建设工程质量的监督管理。

建设工程质量监督管理，可以由建设行政主管部门或者其他有关部门委托的建设工程质量监督机构具体实施。从事房屋建筑工程和市政基础设施工程质量监督的机构，必须按照国家有关规定经国务院建设行政主管部门或者省、自治区、直辖市人民政府建设行政主管部门考核；从事专业建设工程质量监督的机构，必须按照国家有关规定经国务院有关部门或者省、自治区、直辖市人民政府有关部门考核。经考核合格后，方可实施质量监督。

国务院建设行政主管部门和国务院铁路、交通、水利等有关部门应当加强对有关建设工程质量的法律、法规和强制性标准执行情况的监督检查；县级以上地方人民政府建设行政主管部门和其他有关部门应当加强对有关建设工程质量的法律、法规和强制性标准执行情况的监督检查。

县级以上人民政府建设行政主管部门和其他有关部门履行监督检查职责时，有权采取下列措施：要求被检查的单位提供有关工程质量的文件和资料；进入被检查单位的施工现场进行检查；发现有影响工程质量的问题时，责令改正。

有关单位和个人对县级以上人民政府建设行政主管部门和其他有关部门进行的监督检查应当支持与配合，不得拒绝或者阻碍建设工程质量监督检查人员依法执行职务。

4.2.4.2 建设工程质量事故报告

建设工程发生质量事故，有关单位应当在 24 小时内向当地建设行政主管部门和其他有关部门报告。对重大质量事故，事故发生地的建设行政主管部门和其他有关部门应当按照事故类别和等级向当地人民政府和上级建设行政主管部门和其他有关部门报告。特别重大质量事故的调查程序按照国务院有关规定办理。

任何单位和个人对建设工程的质量事故、质量缺陷都有权检举、控告、投诉。

4.2.4.3 法律责任

1. 不及时如实报告质量事故的法律责任

《建筑工程质量管理条例》第 70 条规定，"发生重大工程质量事故隐瞒不报、谎报或者拖延报告期限的，对直接负责的主管人员和其他责任人员依法给予行政处分"。

2. 国家机关工作人员不履行职责的法律责任

《建筑工程质量管理条例》第 76 条规定，"国家机关工作人员在建设工程质量监督管理工作中玩忽职守、滥用职权、徇私舞弊，构成犯罪的，依法追究刑事责任；尚不构成犯罪的，依法给予行政处分"。

4.3　建设工程竣工验收与备案

4.3.1　竣工验收的主体

《建筑工程质量管理条例》第 16 条规定，建设单位收到建设工程竣工报告后，应当组织设计、施工、工程监理等有关单位进行竣工验收。由此可见，对工程进行竣工验收是建设定位法定的权利和义务。

4.3.2　竣工验收的法定条件

《建筑工程质量管理条例》第 16 条规定，建设工程竣工验收应当具备下列条件：

（1）完成建设工程设计和合同约定的各项内容；

（2）有完整的技术档案和施工管理资料；

（3）有工程使用的主要建筑材料、建筑构配件和设备的进场试验报告；

（4）有勘察、设计、施工、工程监理等单位分别签署的质量合格文件；

（5）有施工单位签署的工程保修书。

建设工程经验收合格的，方可交付使用；未经验收或者验收不合格的，不得将建设工程交付使用。

4.3.3　竣工验收备案制度

《建筑工程质量管理条例》第 49 条规定，建设单位应当自建设工程竣工验收合格之日起 15 日内，将建设工程竣工验收报告和规划、公安消防、环保等部门出具的认可文件或者准许使用文件报建设行政主管部门或者其他有关部门备案。

建设行政主管部门或者其他有关部门发现建设单位在竣工验收过程中有违反国家有关建设工程质量管理规定行为的，责令停止使用，重新组织竣工验收。

4.4　建设工程质量保修

4.4.1　工程质量保修书

建设工程实行质量保修制度；建设工程承包单位在向建设单位提交工程竣工验收报告时，应当向建设单位出具质量保修书。质量保修书中应当明确建设工程的保修范围、保修期限和保修责任等。

有施工单位签署的工程保修书，是建设工程竣工验收应当具备的条件之一。工程质量保修书是发包和承包双方就保修范围、保修期限和保修责任等设立权利和义务的协议，集中体现了承包单位对发包单位的工程质量保修承诺。

4.4.2　保修范围和最低保修期

《建筑工程质量管理条例》第 40 条规定，在正常使用条件下，建设工程的最低保修期限如下：

（1）基础设施工程、房屋建筑的地基基础工程和主体结构工程，为设计文件规定的该工程的合理使用年限；

（2）屋面防水工程、有防水要求的卫生间、房间和外墙面的防渗漏，为 5 年；

（3）供热与供冷系统，为 2 个采暖期、供冷期；

（4）电气管线、给排水管道、设备安装和装修工程，为 2 年。

上述保修范围是强制性规定，超出该范围的其他项目的保修不是强制的，由发包方与承包方双方约定。此外，保修期也可以由发包方与承包方双方约定；但是，约定的保修期不得低于上述最低保修期。

《建筑工程质量管理条例》第40条同时规定，建设工程的保修期，自竣工验收合格之日起计算。《建筑工程质量管理条例》第42条规定，建设工程在超过合理使用年限后需要继续使用的，产权所有人应当委托具有相应资质等级的勘察、设计单位鉴定，并根据鉴定结果采取加固、维修等措施，重新界定使用期。

4.4.3 保修责任

《建筑工程质量管理条例》第41条规定：建设工程在保修范围和保修期限内发生质量问题的，施工单位应当履行保修义务，并对造成的损失承担赔偿责任。

《建筑工程质量管理条例》第66条规定：违反本条例规定，施工单位不履行保修义务或者拖延履行保修义务的，责令改正，处10万元以上20万元以下的罚款，并对在保修期内因质量缺陷造成的损失承担赔偿责任。

此外，根据《最高人民法院关于审理建设工程施工合同纠纷案件适用法律问题的解释》的规定，因保修人未及时履行保修义务，导致建筑物损毁或者造成人身、财产损失的，保修人应当承担赔偿责任。保修人与建筑物所有人或发包人对建筑物损毁均有过错的，各自承担相应的责任。

4.4.4 建设工程质量保证金

1. 建设工程质量保证金及缺陷责任期的含义

《建设工程质量保证金管理暂行办法》（以下简称《保证金管理办法》）第2条规定，建设工程质量保证金（保修金）（以下简称保证金）是指发包人与承包人在建设工程承包合同中约定，从应付的工程款中预留，用以保证承包人在缺陷责任期内对建设工程出现的缺陷进行维修的资金。

缺陷是指建设工程质量不符合工程建设强制性标准、设计文件，以及承包合同的约定。

2. 发包人在招标文件中应当明确的相关合同条款

《保证金管理办法》第3条规定，发包人应当在招标文件中明确保证金预留、返还等内容，并与承包人在合同条款中对涉及保证金的下列事项进行约定：保证金预留、返还方式；保证金预留比例、期限；保证金是否计付利息，如计付利息，利息的计算方式；缺陷责任期的期限及计算方式；保证金预留、返还及工程维修质量、费用等争议的处理程序；缺陷责任期内出现缺陷的索赔方式。

3. 缺陷责任期的确定

《保证金管理办法》第2条规定，缺陷责任期一般为6个月、12个月或24个月，具体可由发、承包双方在合同中约定。

《保证金管理办法》第5条规定，缺陷责任期从工程通过竣（交）工验收之日起计。由于承包人原因导致工程无法按规定期限进行竣（交）工验收的，缺陷责任期从实际通过竣（交）工验收之日起计。由于发包人原因导致工程无法按规定期限进行竣（交）工验收的，在承包人提交竣（交）工验收报告90天后，工程自动进入缺陷责任期。

《保证金管理办法》第8条规定，缺陷责任期内，由承包人原因造成的缺陷，承包人应负责维修，并承担鉴定及维修费用。如承包人不维修也不承担费用，发包人可按合同约定扣除保证金，并由承包人承担违约责任。承包人维修并承担相应费用后，不免除对工程的一般损失赔偿责任。由他人原因造成的缺陷，发包人负责组织维修，承包人不承担费用，且发包人不得从保证金中扣除费用。

4. 预留保证金的比例

《保证金管理办法》第 6 条规定，建设工程竣工结算后，发包人应按照合同约定及时向承包人支付工程结算价款并预留保证金。

《保证金管理办法》第 7 条规定，全部或者部分使用政府投资的建设项目，按工程价款结算总额 5% 左右的比例预留保证金。社会投资项目采用预留保证金方式的，预留保证金的比例可参照执行。

5. 质量保证金的返还

《保证金管理办法》第 9 条规定，缺陷责任期内，承包人认真履行合同约定的责任，到期后，承包人向发包人申请返还保证金。

《保证金管理办法》第 10 条规定，发包人在接到承包人返还保证金申请后，应于 14 日内会同承包人按照合同约定的内容进行核实；如无异议，发包人应当在核实后 14 日内将保证金返还给承包人，逾期支付的，从逾期之日起，按照同期银行贷款利率计付利息，并承担违约责任；发包人在接到承包人返还保证金申请后 14 日内不予答复，经催告后 14 日内仍不予答复，视同认可承包人的返还保证金申请。

4.5 案例分析

【案例 4-5-1】模板支架支护不牢导致钢筋混凝土塌陷的赔偿

1. 事件背景

某年 5 月，原告夏某将新房承包给杨某承建。6 月 15 日中午 12 时许，被告杨某正在浇第三层楼面时，由于装订模板支架支护不牢，造成第三层楼面模板沉陷，第三层楼面中堂近 22m² 的钢筋混凝土塌陷，被告杨某当即请人修好了模板。事故当晚，原告夏某便与被告杨某协商赔偿事宜，双方签订了书面协议，被告杨某同意赔偿原告夏某由此造成的经济损失 40000 元，并约定 10 日内支付。事后被告杨某认为赔偿过高，拒绝付款。故原告夏某将其诉至院，要求被告杨某赔偿经济损失 40000 元。

2. 案例分析

该案例中，由于被告杨某装订的模板支架支护不牢，导致模板沉陷，造成了原告夏某的经济损失，且原、被告签订的赔偿协议是原、被告的真实意思表示，赔偿协议不违反法律规定，可以作为被告杨某的赔偿金额的依据。一审法院判决：被告杨某赔偿原告夏某因楼面模板沉陷造成原告夏某的经济损失 40000 元，限判决生效后 10 日内付清。

【案例 4-5-2】违法分包的处罚

1. 事件背景

某年 6 月份，某施工单位甲在中间人张某的介绍下，超越本单位资质等级承接了某工程。在该工程建设过程中，又将 1～4 层主体部分的施工违法分包给没有施工资质的施工队乙。最终，导致工程质量问题，给建设单位造成 1000 万的损失。

2. 案例分析

此案例中，对于施工单位甲，根据《建筑工程质量管理条例》第 60 条规定，施工单位超越本单位资质等级承揽工程的，责令停止违法行为，对施工单位处工程合同价款 2% 以上 4% 以下的罚款，可以责令停业整顿，降低资质等级；情节严重的，吊销资质证书；有违法所得的，予以没收。对于施工队乙，未取得资质证书承揽工程的，予以取缔，依照前款规定处以罚款；有违法所得的，予以没收。

此外，根据《建筑工程质量管理条例》第 27 条规定，总承包单位依法将建设工程分包给其他单位的，分包单位应当按照分包合同的约定对其分包工程的质量向总承包单位负责，总承包单位与分包单位对分包工程的质量承担连带责任。同时，根据《建筑工程质量管理条例》第 62 条规定，承包单位乙将承包的工程转包或者违法分包的，责令改正，没收违法所得，对施工单位处工程合同价款 0.5% 以上 1% 以下的罚款；可以责令停业整顿，降低资质等级；情节严重的，吊销资质证书。

【案例 4-5-3】建设单位单方面要求加快进度

1. 事件背景

某施工单位根据领取的某 2000m² 两层厂房工程项目招标文件和全套施工图纸，采用低报价策略编制了投标文件，并获得中标。该施工单位（乙方）与建设单位（甲方）签订了该工程项目的固定总价合同。合同工期为 8 个月。甲方在乙方进入施工现场后，单方面要求乙方加快施工进度，将工期缩短为 6 个月。此外，建设单位暗示施工单位可以使用不合格的建筑材料，以补偿赶工费用。工程验收时，发现工程质量存在重大问题。

2. 案例分析

此案例中，《建筑工程质量管理条例》第 10 条规定，建设工程发包单位不得迫使承包方以低于成本的价格竞标，不得任意压缩合理工期；建设单位不得明示或者暗示设计单位或者施工单位违反工程建设强制性标准，降低建设工程质量。《建筑工程质量管理条例》第 56 条规定，建设单位有下列行为之一的，如迫使承包方以低于成本的价格竞标的；任意压缩合理工期的；明示或者暗示设计单位或者施工单位违反工程建设强制性标准，降低工程质量的，责令改正，处 20 万元以上 50 万元以下的罚款。

【案例 4-5-4】施工单位偷工减料的赔偿和处罚

1. 事件背景

广西百色某车间为单层砖房，建筑面积 221m²，屋盖采用预制空心板和 12m 跨现浇钢筋混凝土大梁（梁底标高 5m），屋面荷载经梁传给 MU10 砖、M5 砂浆砌筑的 490mm × 870mm 砖柱和 490mm × 620mm 砖壁柱上。此车间于某年 10 月开工，同年 12 月 7~9 日浇筑完大梁混凝土，12 月 26~29 日安装完屋盖预制板，接着进行屋面防水层施工；次年 1 月 3 日拆完大梁底模板和支撑，1 月 4 日下午房屋全部倒塌。钢筋混凝土大梁原设计为 C20 混凝土。施工时，使用的是进场已三个多月并存放在潮湿地方已有部分硬块的 325 号水泥。这种受潮水泥应通过试验，按实际强度用于不重要的构件或砌筑砂浆，但施工单位却仍用于浇筑大梁，且采用人工搅拌和振捣，无严格配合比。致使大梁在混凝土浇筑 28d 后（倒塌后）用回弹仪测定的平均抗压强度远达不到标准。在倒塌的大梁中，发现有断砖块和拳头大小的石块。经按施工时实际荷载复核，本倒塌事故是因施工中大量混凝土强度过低，在大梁拆除底模后，其压区混凝土被压碎所引发，继而导致整个房屋倒塌。使用过期受潮水泥是主因，混凝土配比不严、振捣不实，配筋不足也是重要原因。此外，调查还发现，施工单位在施工过程中存在严重的偷工减料行为。

2. 案例分析

此案例中，根据《建筑工程质量管理条例》第 29 条规定，施工单位必须按照工程设计要求、施工技术标准和合同约定，对建筑材料、建筑构配件、设备和商品混凝土进行检验，检验应当有书面记录和专人签字；未经检验或者检验不合格的，不得使用。《建筑工程质量管理条例》第 65 条规定，施工单位未对建筑材料、建筑构配件、设备和商品混凝土进行检验，或者未对涉及结构安全的试块、试件以及有关材料取样检测的，责令改正，处 10 万元以上 20 万元以下的罚款；情节严重的，责令停业整顿，降低资质等级或者吊销资质证书；造成损失的，依法承担赔偿责任。

《建筑工程质量管理条例》第 28 条同时规定，施工单位必须按照工程设计图纸和施工技术标准施工，不得擅自修改工程设计，不得偷工减料。《建筑工程质量管理条例》第 64 条规定，施工单位在施工中偷工减料的，使用不合格的建筑材料、建筑构配件和设备的，或者有不按照工程设计图纸或者施工技术标准施工的其他行为的，责令改正，处工程合同价款 2% 以上 4% 以下的罚款；造成建设工程质量不符合规定的质量标准的，负责返工、修理，并赔偿因此造成的损失；情节严重的，责令停业整顿，降低资质等级或者吊销资质证书。

【案例 4-5-5】工程保修金的认定

1. 事件背景

某年 10 月 9 日，杨某与张某签订《建房协议书》，约定杨某为张某包工不包料建盖房屋，张某负责提供建房所需图纸一份、建筑材料、施工用水用电，杨某负责施工，工程按实量面积计算每平方米 105 元，验收标准按国家民用建筑合格工程进行验收，任何一方违约则向对方支付违约金 3000 元。协议签订后，张某未向杨某提供施工所需图纸，杨某亦组织人员进行了施工。房屋建成后，双方并未按协议约定的验收标准进行验收，仅在双方看房后张某即于 2006 年 7 月 13 日进住该房屋。次年 7 月 20 日，双方进行结账，杨某向张某出具《张某家建盖楼房结账清单》，内容为：合计建筑面积 355m²，每平方米 105 元，总合计人民币 37275 元，其中已支付 27000 元，应付尾款 10275 元，到下半年 7 月 20 日止，按《建房协议书》结账，实付 6575 元，扣除 3700 元作为保修金。因张某认为房屋存在质量问题，故到期后未向杨某支付所扣的保修金 3700 元，双方因此发生争议。杨某起诉要求张某支付所欠工程尾款 3700 元。诉讼中，张某委托鉴定部门对房屋进行鉴定，经某鉴定中心鉴定，结论为：被鉴定房屋楼梯间墙面开裂、屋面开裂、漏雨等，系由于施工质量不符合验收规范所致。

2. 案例分析

该案例中，依法成立的合同受法律保护。该案杨某与张某于某年 10 月 9 日签订的《建房协议书》符合我国法律规定，应受法律保护，双方当事人均应按约定履行各自的义务，否则依法应承担相应的法律责任。针对谁违约的问题，按双方所签协议，张某未向杨某提供施工图纸，违反了按图施工的约定，凭杨某的经验建房为质量埋下了隐患，张某存在违约行为。杨某也违反双方对工程质量要求的约定，属违约。因此，双方均构成违约，违约金互不支付，违约责任由各自自行承担。

对于杨某要求张某支付工程尾款 3700 元的主张，因双方在未验收的情况下，张某即搬进房屋居住，根据《最高人民法院关于审理建设工程施工合同纠纷案件使用法律若干问题的解释》中关于"建设工程未经竣工验收，发包人擅自使用后，又以使用部分质量不符合约定为由主张权利的，不予支持"的规定，张某提出质量问题依据《司法解释》不应支持。

【案例 4-5-6】擅自修改工程设计文件的处理

1. 事件背景

某年 4 月 6 日，原告某食品公司与被告某建筑公司就原告科技大楼、办公大楼工程签订了一份建设工程施工合同。双方约定，上述工程的土建、装饰部分（包工包料）由被告承建。建设工期从某年 4 月 12 日至次年 4 月 11 日。合同签订后，被告依约组织工程队伍进场施工。次年元月，被告完成科技大楼的主体工程，同时也对整个工程停止了施工。该工程在施工过程中，原、被告双方均未严格依照建筑工程的有关规范和操作方式进行。比如没有完全实行监理施工、施工签证签收等制度，且整个施工过程中，对有关建筑工程中需要检测部分的工作，均未依照规定进行。原、被告双方就该工程未完成的工程量情况进行了确定，并签订了《科技大楼未完土建工程情况表》。后某建设工程质量司法鉴定所出具了对原告食品公司科技大楼工程质量鉴定结论，科技大楼质量不合格。主要原因是施工过程中，基础底面压力不能满足原设计及规范要求和工程在施工过程中，将原设计的四、五层框架结构改变为砖混结构。

2. 案例分析

原、被告双方应根据各自原因力的大小，承担工程质量不合格的法律责任。《建筑工程质量管理条例》第 28 条规定："施工单位必须按照工程设计图纸和施工技术标准施工，不得擅自修改工程设计，不得偷工减料。"此外，如果确实需要修改，《建设工程勘察设计管理条例》第 28 条也规定："建设单位、施工单位、监理单位不得修改建设工程勘察、设计文件；确需修改建设工程勘察、设计文件的，应当由原建设工程勘察、设计单位修改。经原建设工程勘察、设计单位书面同意，建设单位也可以委托其他具有相应资质的建设工程勘察、设计单位修改。修改单位对修改的勘察、设计文件承担相应责任"。"建设工程勘察、设计文件内容需要作重大修改的，建设单位应当报经原审批机关批准后，方可修改。"

房屋的主体结构包括房屋的地基基础工程、屋面防水工程和其他土建工程。建筑物的基础工程，是指结构所承受的各种作用传递到地基上的结构组成部分。其在建筑物整体构造中起到的重要作用，是影响商品房质量的重要组成部分。被告某建筑公司在打地基时，地基虽未达到原设计要求，但经过原告方监理的同意，故对因地基底面压力不能满足原设计及规范要求而致使工程质量不合格的，原告方应承担相应的法律责任。

但对于造成科技大楼工程质量不合格的另一原因"施工过程中改变四、五楼原有的结构"。根据我国相关法律规定，即使原告在施工过程中要求被告改变原有设计结构，但当这种改变会降低工程质量时，被告作为施工单位对建设单位的要求也应予以拒绝。但被告方并未拒绝且四、五楼的原有设计结构确已改变，致使基础底面压力更加不能满足整个大楼的设计要求。故被告方也应承担相应的法律责任。

第5章　建设工程环境保护、节约能源及文物保护法律制度

5.1　建设工程环境保护

建设工程的环境保护涉及《中华人民共和国环境保护法》、《中华人民共和国环境影响评价法》、《中华人民共和国水污染防治法》、《中华人民共和国大气污染防治法》、《中华人民共和国环境噪声污染防治法》、《中华人民共和国固体废物污染环境防治法》等相关法律法规。

5.1.1　建设项目的环境影响评价及审批制度

1. 建设项目的环境影响评价

建设污染环境的项目，必须遵守国家有关建设项目环境保护管理的规定；建设项目的环境影响报告书，必须对建设项目产生的污染和对环境的影响作出评价，规定防治措施，经项目主管部门预审并依照规定的程序报环境保护行政主管部门批准。环境影响报告书经批准后，计划部门方可批准建设项目设计任务书。

（1）建设项目环境影响评价的分类管理

国家根据建设项目对环境的影响程度，对建设项目的环境影响评价实行分类管理。建设单位应当按照规定组织编制环境影响报告书、环境影响报告表或者填报环境影响登记表：可能造成重大环境影响的，应当编制环境影响报告书，对产生的环境影响进行全面评价；可能造成轻度环境影响的，应当编制环境影响报告表，对产生的环境影响进行分析或者专项评价；对环境影响很小、不需要进行环境影响评价的，应当填报环境影响登记表。

建设项目的环境影响报告书应当包括下列内容：建设项目概况；建设项目周围环境现状；建设项目对环境可能造成影响的分析、预测和评估；建设项目环境保护措施及其技术、经济论证；建设项目对环境影响的经济损益分析；对建设项目实施环境监测的建议；环境影响评价的结论。

（2）建设项目环境影响评价的编制机构

环境影响评价文件中的环境影响报告书或者环境影响报告表，应当由具有相应环境影响评价资质的机构编制。任何单位和个人不得为建设单位指定对其建设项目进行环境影响评价的机构。

除国家规定需要保密的情形外，对环境可能造成重大影响、应当编制环境影响报告书的建设项目，建设单位应当在报批建设项目环境影响报告书前，举行论证会、听证会，或者采取其他形式，征求有关单位、专家和公众的意见。建设单位报批的环境影响报告书应当附具对有关单位、专家和公众的意见采纳或者不采纳的说明。

（3）法律责任

《环境影响评价法》第31条规定，建设单位未依法报批建设项目环境影响评价文件，或者未依照本法第24条的规定重新报批或者报请重新审核环境影响评价文件，擅自开工建设的，由有权审批该项目环境影响评价文件的环境保护行政主管部门责令停止建设，限期补办手续；逾期不补办手续的，可以处5万元以上20万元以下的罚款，对建设单位直接负责的主管人员和其他直接责任人员，依法给予行政处分。

2. 建设项目环境影响评价文件的审批

建设项目的环境影响评价文件，由建设单位按照国务院的规定报有审批权的环境保护行政主管部门审批；建设项目有行业主管部门的，其环境影响报告书或者环境影响报告表应当经行业主管部门预审后，报有审批权的环境保护行政主管部门审批。审批部门应当自收到环境影响报告书之日起60日内，收到环境影响报告表之日起30日内，收到环境影响登记表之日起15日内，分别作出审批决定并书面通知建设单位。预审、审核、审批建设项目环境影响评价文件，不得收取任何费用。

建设项目的环境影响评价文件经批准后，建设项目的性质、规模、地点、采用的生产工艺或者防治污染、防止生态破坏的措施发生重大变动的，建设单位应当重新报批建设项目的环境影响评价文件。建设项目的环境影响评价文件自批准之日起超过5年，方决定该项目开工建设的，其环境影响评价文件应当报原审批部门重新审核；原审批部门应当自收到建设项目环境影响评价文件之日起10日内，将审核意见书面通知建设单位。

建设项目的环境影响评价文件未经法律规定的审批部门审查或者审查后未予批准的，该项目审批部门不得批准其建设，建设单位不得开工建设。建设项目建设过程中，建设单位应当同时实施环境影响报告书、环境影响报告表以及环境影响评价文件审批部门审批意见中提出的环境保护对策措施。

《环境影响评价法》第31条规定，建设项目环境影响评价文件未经批准或者未经原审批部门重新审核同意，建设单位擅自开工建设的，由有权审批该项目环境影响评价文件的环境保护行政主管部门责令停止建设，可以处5万元以上20万元以下的罚款，对建设单位直接负责的主管人员和其他直接责任人员，依法给予行政处分。

《环境影响评价法》第32条规定，建设项目依法应当进行环境影响评价而未评价，或者环境影响评价文件未经依法批准，审批部门擅自批准该项目建设的，对直接负责的主管人员和其他直接责任人员，由上级机关或者监察机关依法给予行政处分；构成犯罪的，依法追究刑事责任。

《环境影响评价法》第33条规定，接受委托为建设项目环境影响评价提供技术服务的机构在环境影响评价工作中不负责任或者弄虚作假，致使环境影响评价文件失实的，由授予环境影响评价资质的环境保护行政主管部门降低其资质等级或者吊销其资质证书，并处所收费用1倍以上3倍以下的罚款；构成犯罪的，依法追究刑事责任。

5.1.2 环境保护"三同时"制度

1. "三同时"制度

产生环境污染和其他公害的单位，必须把环境保护工作纳入计划，建立环境保护责任制度；采取有效措施，防治在生产建设或者其他活动中产生的废气、废水、废渣、粉尘、恶臭气体、放射性物质以及噪声、振动、电磁波辐射等对环境的污染和危害。

建设项目中防治污染的设施,必须与主体工程同时设计、同时施工、同时投产使用。防治污染的设施必须经原审批环境影响报告书的环境保护行政主管部门验收合格后,该建设项目方可投入生产或者使用。防治污染的设施不得擅自拆除或者闲置,确有必要拆除或者闲置的,必须征得所在地的环境保护行政主管部门同意。

2. 超标排污费

排放污染物超过国家或者地方规定的污染物排放标准的企业事业单位,依照国家规定缴纳超标准排污费,并负责治理。征收的超标准排污费必须用于污染的防治,不得挪作他用。

3. 法律责任

建设项目的防治污染设施没有建成或者没有达到国家规定的要求,投入生产或者使用的,由批准该建设项目的环境影响报告书的环境保护行政主管部门责令停止生产或者使用,可以并处罚款。未经环境保护行政主管部门同意,擅自拆除或者闲置防治污染的设施,污染物排放超过规定的排放标准的,由环境保护行政主管部门责令重新安装使用,并处罚款。

5.1.3 环境噪声污染防治

1. 环境噪声的界定

《中华人民共和国环境噪声污染防治法》(以下简称《环境噪声污染防治法》)第2条规定,环境噪声是指在工业生产、建筑施工、交通运输和社会生活中所产生的干扰周围生活环境的声音。环境噪声污染,是指所产生的环境噪声超过国家规定的环境噪声排放标准,并干扰他人正常生活、工作和学习的现象。

2. 建设项目的环境噪声污染防治

建设项目的环境噪声污染的防治,主要是解决建设项目建成后使用过程中可能产生的环境噪声污染问题。

新建、改建、扩建的建设项目,必须遵守国家有关建设项目环境保护管理的规定。建设项目可能产生环境噪声污染的,建设单位必须提出环境影响报告书,规定环境噪声污染的防治措施,并按照国家规定的程序报环境保护行政主管部门批准。环境影响报告书中,应当有该建设项目所在地单位和居民的意见。

建设项目的环境噪声污染防治设施必须与主体工程同时设计、同时施工、同时投产使用。建设项目在投入生产或者使用之前,其环境噪声污染防治设施必须经原审批环境影响报告书的环境保护行政主管部门验收;达不到国家规定要求的,该建设项目不得投入生产或者使用。

《环境噪声污染防治法》第16条规定,产生环境噪声污染的单位,应当采取措施进行治理,并按照国家规定缴纳超标准排污费。征收的超标准排污费必须用于污染的防治,不得挪作他用。第18条规定,国家对环境噪声污染严重的落后设备实行淘汰制度。国务院经济综合主管部门应当会同国务院有关部门公布限期禁止生产、禁止销售、禁止进口的环境噪声污染严重的设备名录。生产者、销售者或者进口者必须在国务院经济综合主管部门会同国务院有关部门规定的期限内分别停止生产、销售或者进口列入前款规定的名录中的设备。

《环境噪声污染防治法》第19条规定，在城市范围内从事生产活动确需排放偶发性强烈噪声的，必须事先向当地公安机关提出申请，经批准后方可进行。当地公安机关应当向社会公告。

3. 施工现场的环境噪声污染防治

施工现场的环境噪声污染防治主要是解决建设工程施工过程中产生的施工噪声污染问题。《环境噪声污染防治法》第27条规定，建筑施工噪声是指在建筑施工过程中产生的干扰周围生活环境的声音。

在城市市区范围内向周围生活环境排放建筑施工噪声的，应当符合国家规定的建筑施工场界环境噪声排放标准。"噪声排放"是指噪声源向周围生活环境辐射噪声。标准参照现行国家标准《建筑施工场界环境噪声排放标准》GB 12523 的规定。

在城市市区范围内，建筑施工过程中使用机械设备，可能产生环境噪声污染的，施工单位必须在工程开工十五日以前向工程所在地县级以上地方人民政府环境保护行政主管部门申报该工程的项目名称、施工场所和期限、可能产生的环境噪声值以及所采取的环境噪声污染防治措施的情况。

在城市市区噪声敏感建筑物集中区域内，禁止夜间进行产生环境噪声污染的建筑施工作业，但抢修、抢险作业和因生产工艺上要求或者特殊需要必须连续作业的除外。因特殊需要必须连续作业的，必须有县级以上人民政府或者其有关主管部门的证明。前款规定的夜间作业，必须公告附近居民。

此处，"噪声敏感建筑物"是指医院、学校、机关、科研单位、住宅等需要保持安静的建筑物。"噪声敏感建筑物集中区域"是指医疗区、文教科研区和以机关或者居民住宅为主的区域。"夜间"是指晚二十二点至晨六点之间的期间。

4. 法律责任

《环境噪声污染防治法》第48条规定，建设项目中需要配套建设的环境噪声污染防治设施没有建成或者没有达到国家规定的要求，擅自投入生产或者使用的，由批准该建设项目的环境影响报告书的环境保护行政主管部门责令停止生产或者使用，可以并处罚款。

《环境噪声污染防治法》第49条规定，拒报或者谎报规定的环境噪声排放申报事项的，县级以上地方人民政府环境保护行政主管部门可以根据不同情节，给予警告或者处以罚款。

《环境噪声污染防治法》第50条规定，未经环境保护行政主管部门批准，擅自拆除或者闲置环境噪声污染防治设施，致使环境噪声排放超过规定标准的，由县级以上地方人民政府环境保护行政主管部门责令改正，并处罚款。

《环境噪声污染防治法》第51条规定，不按照国家规定缴纳超标准排污费的，县级以上地方人民政府环境保护行政主管部门可以根据不同情节，给予警告或者处以罚款。

《环境噪声污染防治法》第56条规定，建筑施工单位违反本法规定，在城市市区噪声敏感建筑的集中区域内，夜间进行禁止进行的产生环境噪声污染的建筑施工作业的，由工程所在地县级以上地方人民政府环境保护行政主管部门责令改正，可以并处罚款。

5.1.4 水污染防治

1. 建设项目的水污染防治设施的"三同时"制度

《中华人民共和国环境水污染防治法》（以下简称《水污染防治法》）第17条规定，新建、改建、扩建直接或者间接向水体排放污染物的建设项目和其他水上设施，应当依法进行环境影响评价。

建设单位在江河、湖泊新建、改建、扩建排污口的，应当取得水行政主管部门或者流域管理机构同意；涉及通航、渔业水域的，环境保护主管部门在审批环境影响评价文件时，应当征求交通、渔业主管部门的意见。

建设项目的水污染防治设施，应当与主体工程同时设计、同时施工、同时投入使用。水污染防治设施应当经过环境保护主管部门验收，验收不合格的，该建设项目不得投入生产或者使用。

2. 防止地表水污染的具体规定

《水污染防治法》第29条规定，禁止向水体排放油类、酸液、碱液或者剧毒废液。禁止在水体清洗装贮过油类或者有毒污染物的车辆和容器。第30条规定，禁止向水体排放、倾倒放射性固体废物或者含有高放射性和中放射性物质的废水。向水体排放含低放射性物质的废水，应当符合国家有关放射性污染防治的规定和标准。

《水污染防治法》第31条规定，向水体排放含热废水，应当采取措施，保证水体的水温符合水环境质量标准。第32条规定，含病原体的污水应当经过消毒处理；符合国家有关标准后，方可排放。

《水污染防治法》第33条规定，禁止向水体排放、倾倒工业废渣、城镇垃圾和其他废弃物。禁止将含有汞、镉、砷、铬、铅、氰化物、黄磷等的可溶性剧毒废渣向水体排放、倾倒或者直接埋入地下。存放可溶性剧毒废渣的场所，应当采取防水、防渗漏、防流失的措施。

《水污染防治法》第34条规定，禁止在江河、湖泊、运河、渠道、水库最高水位线以下的滩地和岸坡堆放、存贮固体废弃物和其他污染物。

3. 防止地下水污染的具体规定

《水污染防治法》第35条规定，禁止利用渗井、渗坑、裂隙和溶洞排放、倾倒含有毒污染物的废水、含病原体的污水和其他废弃物。第36条规定，禁止利用无防渗漏措施的沟渠、坑塘等输送或者存贮含有毒污染物的废水、含病原体的污水和其他废弃物。

《水污染防治法》第37条规定，多层地下水的含水层水质差异大的，应当分层开采；对已受污染的潜水和承压水，不得混合开采。第38条规定，兴建地下工程设施或者进行地下勘探、采矿等活动，应当采取防护性措施，防止地下水污染。第39条规定，人工回灌补给地下水，不得恶化地下水质。

4. 建设项目水污染的防治

《水污染防治法》第57条规定，在饮用水水源保护区内，禁止设置排污口。第58条规定，禁止在饮用水水源一级保护区内新建、改建、扩建与供水设施和保护水源无关的建设项目；已建成的与供水设施和保护水源无关的建设项目，由县级以上人民政府责令拆除或者关闭。

《水污染防治法》第59条规定，禁止在饮用水水源二级保护区内新建、改建、扩建排放污染物的建设项目；已建成的排放污染物的建设项目，由县级以上人民政府责令拆除或者关闭。第60条规定，禁止在饮用水水源准保护区内新建、扩建对水体污染严重的建设项目；改建建设项目，不得增加排污量。

5. 法律责任

《水污染防治法》第71条规定，建设项目的水污染防治设施未建成、未经验收或者验收不合格，主体工程即投入生产或者使用的，由县级以上人民政府环境保护主管部门责令停止生产或者使用，直至验收合格，处5万元以上50万元以下的罚款。

《水污染防治法》第76条规定，有下列行为之一的，由县级以上地方人民政府环境保护主管部门责令停止违法行为，限期采取治理措施，消除污染，处以罚款；逾期不采取治理措施的，环境保护主管部门可以指定有治理能力的单位代为治理，所需费用由违法者承担：向水体排放油类、酸液、碱液的；向水体排放剧毒废液，或者将含有汞、镉、砷、铬、铅、氰化物、黄磷等的可溶性剧毒废渣向水体排放、倾倒或者直接埋入地下的；在水体清洗装贮过油类、有毒污染物的车辆或者容器的；向水体排放、倾倒工业废渣、城镇垃圾或者其他废弃物，或者在江河、湖泊、运河、渠道、水库最高水位线以下的滩地、岸坡堆放、存贮固体废弃物或者其他污染物的；向水体排放、倾倒放射性固体废物或者含有高放射性、中放射性物质的废水的；违反国家有关规定或者标准，向水体排放含低放射性物质的废水、热废水或者含病原体的污水的；利用渗井、渗坑、裂隙或者溶洞排放、倾倒含有毒污染物的废水、含病原体的污水或者其他废弃物的；利用无防渗漏措施的沟渠、坑塘等输送或者存贮含有毒污染物的废水、含病原体的污水或者其他废弃物的。有前款第3项、第6项行为之一的，处1万元以上10万元以下的罚款；有前款第1项、第4项、第8项行为之一的，处2万元以上20万元以下的罚款；有前款第2项、第5项、第7项行为之一的，处5万元以上50万元以下的罚款。

《水污染防治法》第81条规定，有下列行为之一的，由县级以上地方人民政府环境保护主管部门责令停止违法行为，处10万元以上50万元以下的罚款；并报经有批准权的人民政府批准，责令拆除或者关闭：在饮用水水源一级保护区内新建、改建、扩建与供水设施和保护水源无关的建设项目的；在饮用水水源二级保护区内新建、改建、扩建排放污染物的建设项目的；在饮用水水源准保护区内新建、扩建对水体污染严重的建设项目，或者改建建设项目增加排污量的。

5.1.5　大气污染防治

1. 建设项目大气污染的防治

《中华人民共和国大气污染防治法》（以下简称《大气污染防治法》）第11条规定，新建、扩建、改建向大气排放污染物的项目，必须遵守国家有关建设项目环境保护管理的规定。建设项目的环境影响报告书，必须对建设项目可能产生的大气污染和对生态环境的影响作出评价，规定防治措施，并按照规定的程序报环境保护行政主管部门审查批准。

建设项目投入生产或者使用之前，其大气污染防治设施必须经过环境保护行政主管部门验收，达不到国家有关建设项目环境保护管理规定的要求的建设项目，不得投入生产或者使用。

《大气污染防治法》第12条规定，向大气排放污染物的单位，必须按照国务院环境保护行政主管部门的规定向所在地的环境保护行政主管部门申报拥有的污染物排放设施、处理设施和在正常作业条件下排放污染物的种类、数量、浓度，并提供防治大气污染方面的有关技术资料。第 13 条规定，向大气排放污染物的，其污染物排放浓度不得超过国家和地方规定的排放标准。

2. 施工现场大气污染的防治

《大气污染防治法》第 36 条规定，向大气排放粉尘的排污单位，必须采取除尘措施。严格限制向大气排放含有毒物质的废气和粉尘；确需排放的，必须经过净化处理，不超过规定的排放标准。第 41 条规定，在人口集中地区和其他依法需要特殊保护的区域内，禁止焚烧沥青、油毡、橡胶、塑料、皮革、垃圾以及其他产生有毒有害烟尘和恶臭气体的物质。

《大气污染防治法》第 42 条规定，运输、装卸、贮存能够散发有毒有害气体或者粉尘物质的，必须采取密闭措施或者其他防护措施。第 43 条规定，在城市市区进行建设施工或者从事其他产生扬尘污染活动的单位，必须按照当地环境保护的规定，采取防治扬尘污染的措施。

3. 法律责任

《大气污染防治法》第 47 条规定，建设项目的大气污染防治设施没有建成或者没有达到国家有关建设项目环境保护管理的规定的要求，投入生产或者使用的，由审批该建设项目的环境影响报告书的环境保护行政主管部门责令停止生产或者使用，可以并处一万元以上十万元以下罚款。

《大气污染防治法》第 48 条规定，向大气排放污染物超过国家和地方规定排放标准的，应当限期治理，并由所在地县级以上地方人民政府环境保护行政主管部门处一万元以上十万元以下罚款。限期治理的决定权限和违反限期治理要求的行政处罚由国务院规定。

《大气污染防治法》第 49 条规定，违反本法规定，有下列行为之一的，由县级以上地方人民政府环境保护行政主管部门或者其他依法行使监督管理权的部门责令停止违法行为，限期改正，可以处五万元以下罚款：未采取有效污染防治措施，向大气排放粉尘、恶臭气体或者其他含有有毒物质气体的；未经当地环境保护行政主管部门批准，向大气排放转炉气、电石气、电炉法黄磷尾气、有机烃类尾气的；未采取密闭措施或者其他防护措施，运输、装卸或者贮存能够散发有毒有害气体或者粉尘物质的；城市饮食服务业的经营者未采取有效污染防治措施，致使排放的油烟对附近居民的居住环境造成污染的。

《大气污染防治法》第 57 条规定，在人口集中地区和其他依法需要特殊保护的区域内，焚烧沥青、油毡、橡胶、塑料、皮革、垃圾以及其他产生有毒有害烟尘和恶臭气体的物质的，由所在地县级以上地方人民政府环境保护行政主管部门责令停止违法行为，处 2 万元以下罚款。

《大气污染防治法》第 58 条规定，在城市市区进行建设施工或者从事其他产生扬尘污染的活动，未采取有效扬尘防治措施，致使大气环境受到污染的，限期改正，处 2 万元以下罚款；对逾期仍未达到当地环境保护规定要求的，可以责令其停工整顿。前款规定的对因建设施工造成扬尘污染的处罚，由县级以上地方人民政府建设行政主管部门决定；对其他造成扬尘污染的处罚，由县级以上地方人民政府指定的有关主管部门决定。

5.1.6　固体废物污染防治

1. 固体废物污染防治

《中华人民共和国固体废物污染环境防治法》（以下简称《固体废物污染防治法》）第 11 条规定，建设项目的环境影响评价文件确定需要配套建设的固体废物污染环境防治设施，必须与主体工程同时设计、同时施工、同时投入使用。固体废物污染环境防治设施必须经原审批环境影响评价文件的环境保护行政主管部门验收合格后，该建设项目方可投入生产或者使用。对固体废物污染环境防治设施的验收应当与对主体工程的验收同时进行。

（1）固体废物

固体废物是指在生产、生活和其他活动中产生的丧失原有利用价值或者虽未丧失利用价值但被抛弃或者放弃的固态、半固态和置于容器中的气态的物品、物质以及法律、行政法规规定纳入固体废物管理的物品、物质。

《固体废物污染防治法》第 16 条规定，产生固体废物的单位和个人，应当采取措施，防止或者减少固体废物对环境的污染。第 17 条规定，收集、贮存、运输、利用、处置固体废物的单位和个人，必须采取防扬散、防流失、防渗漏或者其他防止污染环境的措施；不得擅自倾倒、堆放、丢弃、遗撒固体废物。禁止任何单位或者个人向江河、湖泊、运河、渠道、水库及其最高水位线以下的滩地和岸坡等法律、法规规定禁止倾倒、堆放废弃物的地点倾倒、堆放固体废物。

（2）固体废物贮存

贮存是指将固体废物临时置于特定设施或者场所中的活动。处置，是指将固体废物焚烧和用其他改变固体废物的物理、化学、生物特性的方法，达到减少已产生的固体废物数量、缩小固体废物体积、减少或者消除其危险成分的活动，或者将固体废物最终置于符合环境保护规定要求的填埋场的活动。利用，是指从固体废物中提取物质作为原材料或者燃料的活动。

《固体废物污染防治法》第 22 条规定，在国务院和国务院有关主管部门及省、自治区、直辖市人民政府划定的自然保护区、风景名胜区、饮用水水源保护区、基本农田保护区和其他需要特别保护的区域内，禁止建设工业固体废物集中贮存、处置的设施、场所和生活垃圾填埋场。

（3）固体废物处置

《固体废物污染防治法》第 24 条规定，禁止中华人民共和国境外的固体废物进境倾倒、堆放、处置。第 25 条规定，禁止进口不能用作原料或者不能以无害化方式利用的固体废物；对可以用做原料的固体废物实行限制进口和自动许可进口分类管理。

《固体废物污染防治法》第 46 条规定，工程施工单位应当及时清运工程施工过程中产生的固体废物，并按照环境卫生行政主管部门的规定进行利用或者处置。

2. 危险废物污染防治

（1）危险废物

《固体废物污染防治法》第 52 条规定，对危险废物的容器和包装物以及收集、贮存、运输、处置危险废物的设施、场所，必须设置危险废物识别标志。

危险废物是指列入国家危险废物名录或者根据国家规定的危险废物鉴别标准和鉴别方法认定的具有危险特性的固体废物。

（2）危险废物排污费

以填埋方式处置危险废物不符合国务院环境保护行政主管部门规定的，应当缴纳危险废物排污费。危险废物排污费征收的具体办法由国务院规定。危险废物排污费用于污染环境的防治，不得挪作他用。

（3）危险废物收集、贮存、运输、处置

收集、贮存危险废物，必须按照危险废物特性分类进行。禁止混合收集、贮存、运输、处置性质不相容而未经安全性处置的危险废物。

转移危险废物的，必须按照国家有关规定填写危险废物转移联单，并向危险废物移出地设区的市级以上地方人民政府环境保护行政主管部门提出申请。移出地设区的市级以上地方人民政府环境保护行政主管部门应当经接受地设区的市级以上地方人民政府环境保护行政主管部门同意后，方可批准转移该危险废物。未经批准的，不得转移。

运输危险废物，必须采取防止污染环境的措施，并遵守国家有关危险货物运输管理的规定。禁止将危险废物与旅客在同一运输工具上载运。

收集、贮存、运输、处置危险废物的场所、设施、设备和容器、包装物及其他物品转作他用时，必须经过消除污染的处理，方可使用。产生、收集、贮存、运输、利用、处置危险废物的单位，应当制定意外事故的防范措施和应急预案，并向所在地县级以上地方人民政府环境保护行政主管部门备案；环境保护行政主管部门应当进行检查。

《固体废物污染防治法》第66条规定，禁止经中华人民共和国过境转移危险废物。

（4）法律责任

《固体废物污染防治法》第69条规定，建设项目需要配套建设的固体废物污染环境防治设施未建成、未经验收或者验收不合格，主体工程即投入生产或者使用的，由审批该建设项目环境影响评价文件的环境保护行政主管部门责令停止生产或者使用，可以并处10万元以下的罚款。

《固体废物污染防治法》第70条规定，拒绝县级以上人民政府环境保护行政主管部门或者其他固体废物污染环境防治工作的监督管理部门现场检查的，由执行现场检查的部门责令限期改正；拒不改正或者在检查时弄虚作假的，处2000元以上2万元以下的罚款。

《固体废物污染防治法》第74条规定，工程施工单位不及时清运施工过程中产生的固体废物，造成环境污染的，由县级以上地方人民政府环境卫生行政主管部门责令停止违法行为，限期改正，处5千元以上5万元以下的罚款；工程施工单位不按照环境卫生行政主管部门的规定对施工过程中产生的固体废物进行利用或者处置的；限期改正，处1万元以上10万元以下的罚款。

《固体废物污染防治法》第75条规定，违反本法有关危险废物污染环境防治的规定，有下列行为之一的，由县级以上人民政府环境保护行政主管部门责令停止违法行为，限期改正，处以罚款：不设置危险废物识别标志的；不按照国家规定申报登记危险废物，或者在申报登记时弄虚作假的；擅自关闭、闲置或者拆除危险废物集中处置设施、场所的；不按照国家规定缴纳危险废物排污费的；将危险废物提供或者委托给无经营许可证的单位从事经营活动的；不按照国家规定填写危险废物转移联单或者未经批准擅自转移危险废物的；将危险废物混入非危险废物中贮存的；未经安全性处置，混合收集、贮存、运输、处置具有不相容性质的危险废物的；将危险废物与旅客在同一运输工具上载运的；未经消除污染的处理将收集、贮存、运输、处置危险废物的场所、设施、设备和容器、包装物及其他物品转作他用的；未采取相应防范措施，造成危险废物扬散、流失、渗漏或者造成其他环境污染的；在运输过程中沿途丢弃、遗撒危险废物的；未制定危险废物意外事故防范措施和应急预案的。有前款第 1 项、第 2 项、第 7 项、第 8 项、第 9 项、第 10 项、第 11 项、第 12 项、第 13 项行为之一的，处 1 万元以上 10 万元以下的罚款；有前款第 3 项、第 5 项、第 6 项行为之一的，处 2 万元以上 20 万元以下的罚款；有前款第 4 项行为的，限期缴纳，逾期不缴纳的，处应缴纳危险废物排污费金额 1 倍以上 3 倍以下的罚款。

5.2　建筑工程节约能源

为了推进全社会节约能源，提高能源利用效率和经济效益，《中华人民共和国节约能源法》（以下简称《节约能源法》）、《民用建筑节能条例》、《民用建筑节能管理规定》等构成了关于建筑工程节约能源的法律体系。

5.2.1　《节约能源法》的相关规定

1. 节能标准

《节约能源法》所称节约能源（以下简称节能），是指加强用能管理，采取技术上可行、经济上合理以及环境和社会可以承受的措施，从能源生产到消费的各个环节，降低消耗、减少损失和污染物排放、制止浪费，有效、合理地利用能源。

《节约能源法》第 13 条规定，国务院标准化主管部门和国务院有关部门依法组织制定并适时修订有关节能的国家标准、行业标准，建立健全节能标准体系。国务院标准化主管部门会同国务院管理节能工作的部门和国务院有关部门制定强制性的用能产品、设备能源效率标准和生产过程中耗能高的产品的单位产品能耗限额标准。国家鼓励企业制定严于国家标准、行业标准的企业节能标准。

《节约能源法》第 14 条规定，建筑节能的国家标准、行业标准由国务院建设主管部门组织制定，并依照法定程序发布。省、自治区、直辖市人民政府建设主管部门可以根据本地实际情况，制定严于国家标准或者行业标准的地方建筑节能标准，并报国务院标准化主管部门和国务院建设主管部门备案。

2. 建筑节能

《节约能源法》第 34 条规定，国务院建设主管部门负责全国建筑节能的监督管理工作。县级以上地方各级人民政府建设主管部门负责本行政区域内建筑节能的监督管理工作。县级以上地方各级人民政府建设主管部门会同同级管理节能工作的部门编制本行政区域内的建筑节能规划。建筑节能规划应当包括既有建筑节能改造计划。

建筑工程的建设、设计、施工和监理单位应当遵守建筑节能标准。不符合建筑节能标准的建筑工程，建设主管部门不得批准开工建设；已经开工建设的，应当责令停止施工、限期改正；已经建成的，不得销售或者使用。建设主管部门应当加强对在建建筑工程执行建筑节能标准情况的监督检查。

房地产开发企业在销售房屋时，应当向购买人明示所售房屋的节能措施、保温工程保修期等信息，在房屋买卖合同、质量保证书和使用说明书中载明，并对其真实性、准确性负责。

国家采取措施，对实行集中供热的建筑分步骤实行供热分户计量、按照用热量收费的制度。新建建筑或者对既有建筑进行节能改造，应当按照规定安装用热计量装置、室内温度调控装置和供热系统调控装置。具体办法由国务院建设主管部门会同国务院有关部门制定。

国家鼓励在新建建筑和既有建筑节能改造中使用新型墙体材料等节能建筑材料和节能设备，安装和使用太阳能等可再生能源利用系统。

3. 法律责任

《节约能源法》第 68 条规定，固定资产投资项目建设单位开工建设不符合强制性节能标准的项目或者将该项目投入生产、使用的，由管理节能工作的部门责令停止建设或者停止生产、使用，限期改造；不能改造或者逾期不改造的生产性项目，由管理节能工作的部门报请本级人民政府按照国务院规定的权限责令关闭。

《节约能源法》第 69 条规定，建设单位违反建筑节能标准的，由建设主管部门责令改正，处 20 万元以上 50 万元以下罚款。设计单位、施工单位、监理单位违反建筑节能标准的，由建设主管部门责令改正，处 10 万元以上 50 万元以下罚款；情节严重的，由颁发资质证书的部门降低资质等级或者吊销资质证书；造成损失的，依法承担赔偿责任。

《节约能源法》第 80 条规定，房地产开发企业违反本法规定，在销售房屋时未向购买人明示所售房屋的节能措施、保温工程保修期等信息的，由建设主管部门责令限期改正，逾期不改正的，处 3 万元以上 5 万元以下罚款；对以上信息作虚假宣传的，由建设主管部门责令改正，处 5 万元以上 20 万元以下罚款。

5.2.2 《民用建筑节能条例》的相关规定

1. 民用建筑节能的含义及一般规定

（1）民用建筑节能的含义

民用建筑节能是指在保证民用建筑使用功能和室内热环境质量的前提下，降低其使用过程中能源消耗的活动。该条例所称民用建筑，是指居住建筑、国家机关办公建筑和商业、服务业、教育、卫生等其他公共建筑。

国家鼓励和扶持在新建建筑和既有建筑节能改造中采用太阳能、地热能等可再生能源。在具备太阳能利用条件的地区，有关地方人民政府及其部门应当采取有效措施，鼓励和扶持单位、个人安装使用太阳能热水系统、照明系统、供热系统、采暖制冷系统等太阳能利用系统。

（2）民用建筑节能的监督管理

国务院建设主管部门负责全国民用建筑节能的监督管理工作。县级以上地方人民政府建设主管部门负责本行政区域民用建筑节能的监督管理工作。县级以上人民政府有关部门应当依照本条例的规定以及本级人民政府规定的职责分工，负责民用建筑节能的有关工作。国务院建设主管部门应当在国家节能中长期专项规划指导下，编制全国民用建筑节能规划，并与相关规划相衔接。县级以上地方人民政府建设主管部门应当组织编制本行政区域的民用建筑节能规划，报本级人民政府批准后实施。

国家建立健全民用建筑节能标准体系。国家民用建筑节能标准由国务院建设主管部门负责组织制定，并依照法定程序发布。国家鼓励制定、采用优于国家民用建筑节能标准的地方民用建筑节能标准。县级以上人民政府应当安排民用建筑节能资金，用于支持民用建筑节能的科学技术研究和标准制定、既有建筑围护结构和供热系统的节能改造、可再生能源的应用，以及民用建筑节能示范工程、节能项目的推广。政府引导金融机构对既有建筑节能改造、可再生能源的应用，以及民用建筑节能示范工程等项目提供支持。民用建筑节能项目依法享受税收优惠。

国家积极推进供热体制改革，完善供热价格形成机制，鼓励发展集中供热，逐步实行按照用热量收费制度。

2. 新建建筑节能

国家推广使用民用建筑节能的新技术、新工艺、新材料和新设备，限制使用或者禁止使用能源消耗高的技术、工艺、材料和设备。国务院节能工作主管部门、建设主管部门应当制定、公布并及时更新推广使用、限制使用、禁止使用目录。国家限制进口或者禁止进口能源消耗高的技术、材料和设备。建设单位、设计单位、施工单位不得在建筑活动中使用列入禁止使用目录的技术、工艺、材料和设备。

（1）民用建筑节能规划

编制城市详细规划、镇详细规划，应当按照民用建筑节能的要求，确定建筑的布局、形状和朝向。城乡规划主管部门依法对民用建筑进行规划审查，应当就设计方案是否符合民用建筑节能强制性标准征求同级建设主管部门的意见；建设主管部门应当自收到征求意见材料之日起 10 日内提出意见。征求意见时间不计算在规划许可的期限内。对不符合民用建筑节能强制性标准的，不得颁发建设工程规划许可证。

（2）施工图设计文件的建筑节能审查

施工图设计文件审查机构应当按照民用建筑节能强制性标准对施工图设计文件进行审查；经审查不符合民用建筑节能强制性标准的，县级以上地方人民政府建设主管部门不得颁发施工许可证。

（3）对建设项目参与方的建筑节能规定

建设单位不得明示或者暗示设计单位、施工单位违反民用建筑节能强制性标准进行设计、施工，不得明示或者暗示施工单位使用不符合施工图设计文件要求的墙体材料、保温材料、门窗、采暖制冷系统和照明设备。按照合同约定由建设单位采购墙体材料、保温材料、门窗、采暖制冷系统和照明设备的，建设单位应当保证其符合施工图设计文件要求。

设计单位、施工单位、工程监理单位及其注册执业人员，应当按照民用建筑节能强制性标准进行设计、施工、监理。施工单位应当对进入施工现场的墙体材料、保温材料、门窗、采暖制冷系统和照明设备进行查验；不符合施工图设计文件要求的，不得使用。工程监理单位发现施工单位不按照民用建筑节能强制性标准施工的，应当要求施工单位改正；施工单位拒不改正的，工程监理单位应当及时报告建设单位，并向有关主管部门报告。墙体、屋面的保温工程施工时，监理工程师应当按照工程监理规范的要求，采取旁站、巡视和平行检验等形式实施监理。未经监理工程师签字，墙体材料、保温材料、门窗、采暖制冷系统和照明设备不得在建筑上使用或者安装，施工单位不得进行下一道工序的施工。

（4）建筑节能验收

建设单位组织竣工验收，应当对民用建筑是否符合民用建筑节能强制性标准进行查验；对不符合民用建筑节能强制性标准的，不得出具竣工验收合格报告。

实行集中供热的建筑应当安装供热系统调控装置、用热计量装置和室内温度调控装置；公共建筑还应当安装用电分项计量装置。居住建筑安装的用热计量装置应当满足分户计量的要求。计量装置应当依法检定合格。建筑的公共走廊、楼梯等部位，应当安装、使用节能灯具和电气控制装置。

对具备可再生能源利用条件的建筑，建设单位应当选择合适的可再生能源，用于采暖、制冷、照明和热水供应等；设计单位应当按照有关可再生能源利用的标准进行设计。建设可再生能源利用设施，应当与建筑主体工程同步设计、同步施工、同步验收。

在正常使用条件下，保温工程的最低保修期限为 5 年。保温工程的保修期，自竣工验收合格之日起计算。保温工程在保修范围和保修期内发生质量问题的，施工单位应当履行保修义务，并对造成的损失依法承担赔偿责任。

（5）建筑能源利用效率的测评和标识

国家机关办公建筑和大型公共建筑的所有权人应当对建筑的能源利用效率进行测评和标识，并按照国家有关规定将测评结果予以公示，接受社会监督。国家机关办公建筑应当安装、使用节能设备。该条例所称大型公共建筑，是指单体建筑面积 2 万 m^2 以上的公共建筑。

房地产开发企业销售商品房，应当向购买人明示所售商品房的能源消耗指标、节能措施和保护要求、保温工程保修期等信息，并在商品房买卖合同和住宅质量保证书、住宅使用说明书中载明。

3. 既有建筑节能

（1）既有建筑节能改造的基本含义

既有建筑节能改造应当根据当地经济、社会发展水平和地理气候条件等实际情况，有计划、分步骤地实施分类改造。既有建筑节能改造是指对不符合民用建筑节能强制性标准的既有建筑的围护结构、供热系统、采暖制冷系统、照明设备和热水供应设施等实施节能改造的活动。

县级以上地方人民政府建设主管部门应当对本行政区域内既有建筑的建设年代、结构形式、用能系统、能源消耗指标、寿命周期等组织调查统计和分析，制定既有建筑节能改造计划，明确节能改造的目标、范围和要求，报本级人民政府批准后组织实施。中央国家机关既有建筑的节能改造，由有关管理机关事务工作的机构制定节能改造计划，并组织实施。

（2）公共建筑的节能改造

国家机关办公建筑、政府投资和以政府投资为主的公共建筑的节能改造，应当制定节能改造方案，经充分论证，并按照国家有关规定办理相关审批手续方可进行。各级人民政府及其有关部门、单位不得违反国家有关规定和标准，以节能改造的名义对前款规定的既有建筑进行扩建、改建。

（3）居住建筑的节能改造

《民用建筑节能》第 27 条规定，居住建筑和本条例第 26 条规定以外的其他公共建筑不符合民用建筑节能强制性标准的，在尊重建筑所有权人意愿的基础上，可以结合扩建、改建，逐步实施节能改造。

（4）既有建筑节能改造基本要求

实施既有建筑节能改造，应当符合民用建筑节能强制性标准，优先采用遮阳、改善通风等低成本改造措施。既有建筑围护结构的改造和供热系统的改造，应当同步进行。

对实行集中供热的建筑进行节能改造，应当安装供热系统调控装置和用热计量装置；对公共建筑进行节能改造，还应当安装室内温度调控装置和用电分项计量装置。

国家机关办公建筑的节能改造费用，由县级以上人民政府纳入本级财政预算。居住建筑和教育、科学、文化、卫生、体育等公益事业使用的公共建筑节能改造费用，由政府、建筑所有权人共同负担。国家鼓励社会资金投资既有建筑节能改造。

4. 法律责任

《民用建筑节能》第35条规定，县级以上人民政府有关部门有下列行为之一的，对负有责任的主管人员和其他直接责任人员依法给予处分；构成犯罪的，依法追究刑事责任：对设计方案不符合民用建筑节能强制性标准的民用建筑项目颁发建设工程规划许可证的；对不符合民用建筑节能强制性标准的设计方案出具合格意见的；对施工图设计文件不符合民用建筑节能强制性标准的民用建筑项目颁发施工许可证的；不依法履行监督管理职责的其他行为。

《民用建筑节能》第37条规定，建设单位有下列行为之一的，由县级以上地方人民政府建设主管部门责令改正，处20万元以上50万元以下的罚款：明示或者暗示设计单位、施工单位违反民用建筑节能强制性标准进行设计、施工的；明示或者暗示施工单位使用不符合施工图设计文件要求的墙体材料、保温材料、门窗、采暖制冷系统和照明设备的；采购不符合施工图设计文件要求的墙体材料、保温材料、门窗、采暖制冷系统和照明设备的；使用列入禁止使用目录的技术、工艺、材料和设备的。

《民用建筑节能》第38条规定，建设单位对不符合民用建筑节能强制性标准的民用建筑项目出具竣工验收合格报告的，由县级以上地方人民政府建设主管部门责令改正，处民用建筑项目合同价款2%以上4%以下的罚款；造成损失的，依法承担赔偿责任。

《民用建筑节能》第39条规定，设计单位未按照民用建筑节能强制性标准进行设计，或者使用列入禁止使用目录的技术、工艺、材料和设备的，由县级以上地方人民政府建设主管部门责令改正，处10万元以上30万元以下的罚款；情节严重的，由颁发资质证书的部门责令停业整顿，降低资质等级或者吊销资质证书；造成损失的，依法承担赔偿责任。

《民用建筑节能》第40条规定，施工单位未按照民用建筑节能强制性标准进行施工的，由县级以上地方人民政府建设主管部门责令改正，处民用建筑项目合同价款2%以上4%以下的罚款；情节严重的，由颁发资质证书的部门责令停业整顿，降低资质等级或者吊销资质证书；造成损失的，依法承担赔偿责任。

《民用建筑节能》第41条规定，施工单位有下列行为之一的，由县级以上地方人民政府建设主管部门责令改正，处10万元以上20万元以下的罚款；情节严重的，由颁发资质证书的部门责令停业整顿，降低资质等级或者吊销资质证书；造成损失的，依法承担赔偿责任：未对进入施工现场的墙体材料、保温材料、门窗、采暖制冷系统和照明设备进行查验的；使用不符合施工图设计文件要求的墙体材料、保温材料、门窗、采暖制冷系统和照明设备的；使用列入禁止使用目录的技术、工艺、材料和设备的。

《民用建筑节能》第42条规定，工程监理单位有下列行为之一的，由县级以上地方人民政府建设主管部门责令限期改正；逾期未改正的，处10万元以上30万元以下的罚款；情节严重的，由颁发资质证书的部门责令停业整顿，降低资质等级或者吊销资质证书；造成损失的，依法承担赔偿责任：未按照民用建筑节能强制性标准实施监理的；墙体、屋面的保温工程施工时，未采取旁站、巡视和平行检验等形式实施监理的。

《民用建筑节能》第43条规定，房地产开发企业销售商品房，未向购买人明示所售商品房的能源消耗指标、节能措施和保护要求、保温工程保修期等信息，或者向购买人明示的所售商品房能源消耗指标与实际能源消耗不符的，依法承担民事责任；由县级以上地方人民政府建设主管部门责令限期改正；逾期未改正的，处交付使用的房屋销售总额2%以下的罚款；情节严重的，由颁发资质证书的部门降低资质等级或者吊销资质证书。

《民用建筑节能》第44条规定，注册执业人员未执行民用建筑节能强制性标准的，由县级以上人民政府建设主管部门责令停止执业3个月以上1年以下；情节严重的，由颁发资格证书的部门吊销执业资格证书，5年内不予注册。

5.2.3 《民用建筑节能管理规定》中鼓励发展的建筑节能技术和产品

《民用建筑节能管理规定》第8条规定，鼓励发展下列建筑节能技术和产品：

（1）新型节能墙体和屋面的保温、隔热技术与材料；
（2）节能门窗的保温隔热和密闭技术；
（3）集中供热和热、电、冷联产联供技术；
（4）供热采暖系统温度调控和分户热量计量技术与装置；
（5）太阳能、地热等可再生能源应用技术及设备；
（6）建筑照明节能技术与产品；
（7）空调制冷节能技术与产品；
（8）其他技术成熟、效果显著的节能技术和节能管理技术。

鼓励推广应用和淘汰的建筑节能部品及技术的目录，由国务院建设行政主管部门制定；省、自治区、直辖市建设行政主管部门可以结合该目录，制定适合本区域的鼓励推广应用和淘汰的建筑节能部品及技术的目录。

5.3 文 物 保 护

为了保护中国优秀的文物、古迹，《中华人民共和国文物保护法》、《中华人民共和国文物保护法实施条例》、《中华人民共和国文物保护法实施细则》等法律法规构成了文物保护的法律体系。

5.3.1 受国家保护的文物范围

1. 国家保护文物的范围

《中华人民共和国文物保护法》（以下简称《文物保护法》）第2条规定，在中华人民共和国境内，下列文物受国家保护：具有历史、艺术、科学价值的古文化遗址、古墓葬、古建筑、石窟寺和石刻、壁画；与重大历史事件、革命运动或者著名人物有关的以及具有重要纪念意义、教育意义或者史料价值的近代现代重要史迹、实物、代表性建筑；历史上各时代珍贵的艺术品、工艺美术品；历史上各时代重要的文献资料以及具有历史、艺术、科学价值的手稿和图书资料等；反映历史上各时代、各民族社会制度、社会生产、社会生活的代表性实物。

文物认定的标准和办法由国务院文物行政部门制定，并报国务院批准。具有科学价值的古脊椎动物化石和古人类化石同文物一样受国家保护。

2. 文物保护单位和文物的分级

《文物保护法》第 3 条规定，古文化遗址、古墓葬、古建筑、石窟寺、石刻、壁画、近代现代重要史迹和代表性建筑等不可移动文物，根据它们的历史、艺术、科学价值，可以分别确定为全国重点文物保护单位，省级文物保护单位，市、县级文物保护单位。

历史上各时代重要实物、艺术品、文献、手稿、图书资料、代表性实物等可移动文物，分为珍贵文物和一般文物；珍贵文物分为一级文物、二级文物、三级文物。

3. 属于国家所有的文物范围

《文物保护法》第 5 条规定，中华人民共和国境内地下、内水和领海中遗存的一切文物，属于国家所有。古文化遗址、古墓葬、石窟寺属于国家所有。国家指定保护的纪念建筑物、古建筑、石刻、壁画、近代现代代表性建筑等不可移动文物，除国家另有规定的以外，属于国家所有。

下列可移动文物，属于国家所有：中国境内出土的文物，国家另有规定的除外；国有文物收藏单位以及其他国家机关、部队和国有企业、事业组织等收藏、保管的文物；国家征集、购买的文物；公民、法人和其他组织捐赠给国家的文物；法律规定属于国家所有的其他文物。

属于国家所有的可移动文物的所有权不因其保管、收藏单位的终止或者变更而改变。国有文物所有权受法律保护，不容侵犯。国有不可移动文物的所有权不因其所依附的土地所有权或者使用权的改变而改变。

4. 属于集体所有和私人所有的文物保护范围

《文物保护法》第 6 条规定，属于集体所有和私人所有的纪念建筑物、古建筑和祖传文物以及依法取得的其他文物，其所有权受法律保护。文物的所有者必须遵守国家有关文物保护的法律、法规的规定。

5.3.2　在文物保护单位保护范围和建设控制地带施工的规定

《文物保护法》第 4 条规定，文物工作贯彻保护为主、抢救第一、合理利用、加强管理的方针。《文物保护法》第 7 条规定，一切机关、组织和个人都有依法保护文物的义务。

1. 文物保护单位的保护范围

《中华人民共和国文物保护法实施条例》（以下简称《文物保护法实施条例》）第 9 条规定，文物保护单位的保护范围，是指对文物保护单位本体及周围一定范围实施重点保护的区域。

文物保护单位的保护范围，应当根据文物保护单位的类别、规模、内容以及周围环境的历史和现实情况合理划定，并在文物保护单位本体之外保持一定的安全距离，确保文物保护单位的真实性和完整性。

2. 文物保护单位的建设控制地带

《文物保护法实施条例》第 13 条规定，文物保护单位的建设控制地带，是指在文物保护单位的保护范围外，为保护文物保护单位的安全、环境、历史风貌对建设项目加以限制的区域。文物保护单位的建设控制地带，应当根据文物保护单位的类别、规模、内容以及周围环境的历史和现实情况合理划定。

《文物保护法实施条例》第 14 条规定，全国重点文物保护单位的建设控制地带，经省、自治区、直辖市人民政府批准，由省、自治区、直辖市人民政府的文物行政主管部门会同城乡规划行政主管部门划定并公布。省级、设区的市、自治州级和县级文物保护单位的建设控制地带，经省、自治区、直辖市人民政府批准，由核定公布该文物保护单位的人民政府的文物行政主管部门会同城乡规划行政主管部门划定并公布。

3. 承担文物保护单位的修缮、迁移、重建工程的单位应当具有资质证书

《文物保护法实施条例》第 15 条规定，承担文物保护单位的修缮、迁移、重建工程的单位，应当同时取得文物行政主管部门发给的相应等级的文物保护工程资质证书和建设行政主管部门发给的相应等级的资质证书。其中，不涉及建筑活动的文物保护单位的修缮、迁移、重建，应当由取得文物行政主管部门发给的相应等级的文物保护工程资质证书的单位承担。

申领文物保护工程资质证书，应当具备下列条件：有取得文物博物专业技术职务的人员；有从事文物保护工程所需的技术设备；法律、行政法规规定的其他条件。

申领文物保护工程资质证书，应当向省、自治区、直辖市人民政府文物行政主管部门或者国务院文物行政主管部门提出申请。省、自治区、直辖市人民政府文物行政主管部门或者国务院文物行政主管部门应当自收到申请之日起 30 个工作日内作出批准或者不批准的决定。决定批准的，发给相应等级的文物保护工程资质证书；决定不批准的，应当书面通知当事人并说明理由。文物保护工程资质等级的分级标准和审批办法，由国务院文物行政主管部门制定。

文物行政主管部门在审批文物保护单位的修缮计划和工程设计方案前，应当征求上一级人民政府文物行政主管部门的意见。

4. 在文物保护单位保护范围和文物保护单位建设控制地带施工的规定

《文物保护法》第 17 条规定，文物保护单位的保护范围内不得进行其他建设工程或者爆破、钻探、挖掘等作业。但是，因特殊情况需要在文物保护单位的保护范围内进行其他建设工程或者爆破、钻探、挖掘等作业的，必须保证文物保护单位的安全，并经核定公布该文物保护单位的人民政府批准，在批准前应当征得上一级人民政府文物行政部门同意；在全国重点文物保护单位的保护范围内进行其他建设工程或者爆破、钻探、挖掘等作业的，必须经省、自治区、直辖市人民政府批准，在批准前应当征得国务院文物行政部门同意。

根据保护文物的实际需要，经省、自治区、直辖市人民政府批准，可以在文物保护单位的周围划出一定的建设控制地带，并予以公布。在文物保护单位的建设控制地带内进行建设工程，不得破坏文物保护单位的历史风貌；工程设计方案应当根据文物保护单位的级别，经相应的文物行政部门同意后，报城乡建设规划部门批准。

在文物保护单位的保护范围和建设控制地带内，不得建设污染文物保护单位及其环境的设施，不得进行可能影响文物保护单位安全及其环境的活动。对已有的污染文物保护单位及其环境的设施，应当限期治理。

建设工程选址，应当尽可能避开不可移动文物；因特殊情况不能避开的，对文物保护单位应当尽可能实施原址保护。实施原址保护的，建设单位应当事先确定保护措施，根据文物保护单位的级别报相应的文物行政部门批准，并将保护措施列入可行性研究报告或者设计任务书。无法实施原址保护，必须迁移异地保护或者拆除的，应当报省、自治区、直辖市人民政府批准；迁移或者拆除省级文物保护单位的，批准前须征得国务院文物行政部门同意。全国重点文物保护单位不得拆除；需要迁移的，须由省、自治区、直辖市人民政府报国务院批准。依照前款规定拆除的国有不可移动文物中具有收藏价值的壁画、雕塑、建筑构件等，由文物行政部门指定的文物收藏单位收藏。本条规定的原址保护、迁移、拆除所需费用，由建设单位列入建设工程预算。

《中华人民共和国文物保护法实施细则》（以下简称《文物保护法实施细则》）第 13 条同时规定，在建设控制地带内，不得建设危及文物安全的设施，不得修建其形式、高度、体量、色调等与文物保护单位的环境风貌不相协调的建筑物或者构筑物。在建设控制地带内新建建筑物、构筑物，其设计方案应当根据文物保护单位的级别，经同级文物行政管理部门同意后，报同级城乡规划部门批准。

5.3.3 施工过程中发现文物报告和保护的规定

《文物保护法》第 29 条规定，进行大型基本建设工程，建设单位应当事先报请省、自治区、直辖市人民政府文物行政部门组织从事考古发掘的单位在工程范围内有可能埋藏文物的地方进行考古调查、勘探。

《文物保护法实施条例》第 23 条规定，建设单位对配合建设工程进行的考古调查、勘探、发掘，应当予以协助，不得妨碍考古调查、勘探、发掘。《文物保护法实施细则》第 23 条也规定，在配合建设工程进行的考古发掘工作中，建设单位、施工单位应当配合考古发掘单位，保护出土文物或者遗迹的安全。

《文物保护法》第 32 条规定，在进行建设工程或者在农业生产中，任何单位或者个人发现文物，应保护现场，立即报告当地文物行政部门，文物行政部门接到报告后，如无特殊情况，应当在 24 小时内赶赴现场，并在 7 日内提出处理意见。文物行政部门可以报请当地人民政府通知公安机关协助保护现场；发现重要文物的，应当立即上报国务院文物行政部门，国务院文物行政部门应当在接到报告后 15 日内提出处理意见。依照前款规定发现的文物属于国家所有，任何单位或者个人不得哄抢、私分、藏匿。

5.3.4 法律责任

《文物保护法》第 64 条规定，故意或者过失损毁国家保护的珍贵文物的、盗窃、哄抢、私分或者非法侵占国有文物的，构成犯罪的，依法追究刑事责任。

《文物保护法》第 66 条规定，有下列行为之一，尚不构成犯罪的，由县级以上人民政府文物主管部门责令改正，造成严重后果的，处 5 万元以上 50 万元以下的罚款；情节严重的，由原发证机关吊销资质证书：擅自在文物保护单位的保护范围内进行建设工程或者爆破、钻探、挖掘等作业的；在文物保护单位的建设控制地带内进行建设工程，其工程设计方案未经文物行政部门同意、报城乡建设规划部门批准，对文物保护单位的历史风貌造成破坏的；擅自迁移、拆除不可移动文物的；擅自修缮不可移动文物，明显改变文物原状的；擅自在原址重建已全部毁坏的不可移动文物，造成文物破坏的；施工单位未取得文物保护工程资质证书，擅自从事文物修缮、迁移、重建的。

《文物保护法》第 67 条规定，在文物保护单位的保护范围内或者建设控制地带内建设污染文物保护单位及其环境的设施的，或者对已有的污染文物保护单位及其环境的设施未在规定的期限内完成治理的，由环境保护行政部门依照有关法律、法规的规定给予处罚。

《文物保护法实施条例》第 55 条规定，未取得相应等级的文物保护工程资质证书，擅自承担文物保护单位的修缮、迁移、重建工程的，由文物行政主管部门责令限期改正；逾期不改正，或者造成严重后果的，处 5 万元以上 50 万元以下的罚款；构成犯罪的，依法追究刑事责任。违反本条例规定，未取得建设行政主管部门发给的相应等级的资质证书，擅自承担含有建筑活动的文物保护单位的修缮、迁移、重建工程的，由建设行政主管部门依照有关法律、行政法规的规定予以处罚。

5.4 案例分析

【案例 5-4-1】违规进行夜间产生噪声作业的处罚

1. 事件背景

某市江东区城市管理行政执法局指挥中心接到居民投诉，称江东区某路地块某项目工地有夜间施工噪声扰民情况，执法人员立刻赶赴位于该交叉口的房地产开发施工现场。执法人员从工地现场项目简介告示牌上初步确认，进行夜间施工的单位为某建设集团有限公司，主要施工内容为混凝土楼层浇筑。执法人员表明了身份，随即用照相机和摄像机取证，并在施工场界进行了噪声测量。经执法人员现场勘查：施工噪声源主要是商品混凝土运输车、混凝土输送泵和施工电梯等设备的作业，施工场界噪声经测试为 72.4dB，超过了建筑施工场界噪声限值规定的夜间允许排放限值 55dB 的标准，其夜间作业行为对周围群众生活环境产生了严重的影响。

2. 事件处理和分析

执法人员遂向当事人下达了《接受调查通知书》，并立即呈报立案。此案例中，根据《环境噪声污染防治法》第 30 条规定，在城市市区噪声敏感建筑物集中区域内，禁止夜间进行产生环境噪声污染的建筑施工作业，但抢修、抢险作业和因生产工艺上要求或者特殊需要必须连续作业的除外。因特殊需要必须连续作业的，必须有县级以上人民政府或者其有关主管部门的证明。前款规定的夜间作业，必须公告附近居民。此外，根据《环境噪声污染防治法》第 28 条规定，在城市市区范围内向周围生活环境排放建筑施工噪声的，应当符合国家规定的建筑施工场界环境噪声排放标准。"噪声排放"是指噪声源向周围生活环境辐射噪声。标准参照现行国家标准《建筑施工场界环境噪声排放标准》GB 12523 的规定。通过对当事人夜间作业行为的全面调查，执法人员核实了此次夜间作业，既不属于抢修、抢险，也没有相关主管部门出具的因生产工艺需要必须连续作业的证明。4 月 21 日，受施工噪声影响的投诉人接受了执法人员的调查。4 月 26 日，该施工地块 II 标段项目负责人也接受了执法人员的调查询问，并对违法事实予以确认。

《环境噪声污染防治法》第 56 条规定，建筑施工单位违反本法规定，在城市市区噪声敏感建筑的集中区域内，夜间进行禁止进行的产生环境噪声污染的建筑施工作业的，由工程所在地县级以上地方人民政府环境保护行政主管部门责令改正，可以并处罚款。案件调查终结后，执法人员根据当事人的认识态度和违法情节等因素，作出了罚款人民币壹万元的行政处罚建议，经局负责人审核批准后，该市江东区城市管理行政执法局对违法当事人罚款人民币壹万元整。

【案例 5-4-2】作业过程中噪声超标的处理

1. 事件背景

居民举报某建筑工地噪声扰民。经查明，该工程是由某建筑公司承建的。该建筑公司在开工前，未向该市环境保护行政主管部门进行申报。环保部门到工地查处时，发现工地正在夜间施工，对此该建筑公司负责人申辩：他们并未在夜间大规模施工，只是因特殊需要，必须连续施工，即便是夜间也不能停工。但是该建筑公司并没有办理相关的夜间开工手续。

2. 事件处理和分析

此案例中，根据《环境噪声污染防治法》第 29 条规定，在城市市区范围内，建筑施工过程中使用机械设备，可能产生环境噪声污染的，施工单位必须在工程开工 15 日以前向工程所在地县级以上地方人民政府环境保护行政主管部门申报该工程的项目名称、施工场所和期限、可能产生的环境噪声值以及所采取的环境噪声污染防治措施的情况。此外，根据《环境噪声污染防治法》第 30 条规定，在城市市区噪声敏感建筑物集中区域内，禁止夜间进行产生环境噪声污染的建筑施工作业，但抢修、抢险作业和因生产工艺上要求或者特殊需要必须连续作业的除外。因特殊需要必须连续作业的，必须有县级以上人民政府或者其有关主管部门的证明。所以案例中虽然是属于特殊需要必须连续作业，也必须有相关部门的证明。前款规定的夜间作业，必须公告附近居民。

此外，根据《环境噪声污染防治法》第 28 条规定，在城市市区范围内向周围生活环境排放建筑施工噪声的，应当符合国家规定的建筑施工场界环境噪声排放标准。"噪声排放"是指噪声源向周围生活环境辐射噪声。标准参照《建筑施工场界环境噪声排放标准》GB 12523 的规定。经环保部门监测，该工地夜间噪声为 60dB，超过国家规定的建筑施工噪声源的噪声排放标准。根据《环境噪声污染防治法》第 56 条规定，建筑施工单位违反本法规定，在城市市区噪声敏感建筑的集中区域内，夜间进行禁止进行的产生环境噪声污染的建筑施工作业的，由工程所在地县级以上地方人民政府环境保护行政主管部门责令改正，并处罚款。

【案例 5-4-3】未履行"三同时"制度的赔偿和处罚

1. 事件背景

某养鸡场经营者甲发现自从某公司在其鸡场附近修建预制板厂以来，小鸡纷纷死亡，产蛋鸡也不再下蛋，经济损失达数万元。同时，其住宅出现裂缝，家人住院。主要原因是各种设备产生的振动和噪声。据环保局监测，其住宅及养鸡场噪声已达 80dB 和 95dB。

2. 事件处理和分析

该案例中，经调查，发现该预制板厂自规划以来，未履行"三同时"手续，也未安装任何消声防震措施。根据《环境噪声污染防治法》第 14 条规定，建设项目的环境噪声污染防治设施必须与主体工程同时设计、同时施工、同时投产使用。建设项目在投入生产或者使用之前，其环境噪声污染防治设施必须经原审批环境影响报告书的环境保护行政主管部门验收；达不到国家规定要求的，该建设项目不得投入生产或者使用。因此违反了《环境保护法》和《建设项目环境保护管理条例》的要求。其次，该厂排放噪声及振动等已严重超标，违反了法律规定。

此外，根据《环境噪声污染防治法》第48条规定，建设项目中需要配套建设的环境噪声污染防治设施没有建成或者没有达到国家规定的要求，擅自投入生产或者使用的，由批准该建设项目的环境影响报告书的环境保护行政主管部门责令停止生产或者使用，可以并处罚款。环保局在调解同时，对该厂罚款3万元，并要求补办"三同时"审批手续，审批通过前不得生产。

【案例5-4-4】未提出环境影响报告书的处罚

1. 事件背景

某建材集团有限公司下属某水泥厂为了扩大生产，计划将其场内原2.2m的窑径改为2.5m。在改建过程中，该水泥厂认为该项目仅仅是扩大机立窑的窑径，送风的风机并未改大，而且改造的目的是使气流通过面积增大，让窑内原料反应更充分，减少排放污染，不属于技术改造项目，因此没有向有管环境主管机关递交环境影响报告书。同年7月，在没有经过环境保护部门对其环境保护设施进行验收的情况下，该厂便将改造过的生产设施正式投入使用，结果在当地造成了一定的环境影响。

2. 事件处理和分析

此案例中，经过该市环保局调查，认为该公司的改造项目既是扩大生产规模，又是改造生产设备和工艺的项目。因此，根据《环境噪声污染防治法》第13条规定，新建、改建、扩建的建设项目，必须遵守国家有关建设项目环境保护管理的规定。建设项目可能产生环境噪声污染的，建设单位必须提出环境影响报告书，规定环境噪声污染的防治措施，并按照国家规定的程序报环境保护行政主管部门批准。环境影响报告书中，应当有该建设项目所在地单位和居民的意见。此外，根据《建设项目环境保护管理条例》第5条，"改建、扩建项目和技术改造必须采取措施，治理与该项目有关的原有环境污染和生态破坏"，而该水泥厂投入生产后的烟尘浓度超过国家规定标准的14.26倍。同时，该条例第六条规定，建设项目必须实行环境影响评价，城南水泥厂也未执行该规定。于是该市环保局依据有关规定对该公司做出罚款7万元的处罚决定。

【案例5-4-5】噪声超标污染费的处罚

1. 事件背景

某年10月至次年9月间，某市建筑工程公司在该市多个工地上使用各种机械设备产生噪声，影响了周围环境。期间该市环境监测站对该公司某住宅楼工地和该公司的第二人民医院工地建筑施工场所进行检测，结果分别超过国家规定标准16.4dB和8dB。对该公司的另外一个省中医院工地建筑施工场所进行检测，结果也超标12.3dB。

2. 事件处理和分析

此案例中，根据《环境噪声污染防治法》第16条规定，产生环境噪声污染的单位，应当采取措施进行治理，并按照国家规定缴纳超标准排污费。征收的超标准排污费必须用于污染的防治，不得挪作他用。该市环境监理所依据检测报告和调查数据计算后，分别向该建筑工程公司发出4份缴纳排污费通知书，需缴纳噪声超标污染费共计2.04万元。

【案例5-4-6】违反节能规定的处罚

1. 事件背景

某市建设委员会将该市建筑工程质量安全监督站与该市建筑工程质量检测中心合并为一个单位，内设检测机构，进行经营性活动。北海市质监站的每一个质监员都要把个人所负责的片区的建筑工地的检测业务指定到质监站去进行检测，把这个作为每个质监员的日常考核任务来处理。而事实上现在的北海市的在建楼房根本就不用通过节能检测，就能通过竣工验收，而且现在每天都有楼盘被验收。

2. 事件处理和分析

此案例中，该市建委及其下属质检站，严重违反了《中华人民共和国节约能源法》第35条：建筑工程的建设、设计、施工和监理单位应当遵守建筑节能标准。对不符合建筑节能标准的建筑工程，建设主管部门不得批准开工建设；已经开工建设的，应当责令停止施工、限期改正；已经建成的，不得销售或者使用。

【案例5-4-7】工程材料不符合节能标准的处理

1. 事件背景

某住宅项目工程，在施工过程中，建设单位按设计图纸的要求采购了保温材料和墙体材料，并通知施工单位是优质产品。施工单位在以上材料投入施工现场后，没有经过查验，就直接用于该项目的施工，导致工程验收不合格。经有关部门检验，建设单位购买的该批材料存在严重的质量问题，不符合设计图纸的要求。

2. 事件处理和分析

该案例中，根据《民用建筑节能》第15、16条规定，设计单位、施工单位、工程监理单位及其注册执业人员，应当按照民用建筑节能强制性标准进行设计、施工、监理。施工单位应当对进入施工现场的墙体材料、保温材料、门窗、采暖制冷系统和照明设备进行查验；不符合施工图设计文件要求的，不得使用。工程监理单位发现施工单位不按照民用建筑节能强制性标准施工的，应当要求施工单位改正；施工单位拒不改正的，工程监理单位应当及时报告建设单位，并向有关主管部门报告。墙体、屋面的保温工程施工时，监理工程师应当按照工程监理规范的要求，采取旁站、巡视和平行检验等形式实施监理。未经监理工程师签字，墙体材料、保温材料、门窗、采暖制冷系统和照明设备不得在建筑上使用或者安装，施工单位不得进行下一道工序的施工。

《民用建筑节能》第41条规定，施工单位有下列行为之一的，由县级以上地方人民政府建设主管部门责令改正，处10万元以上20万元以下的罚款；情节严重的，由颁发资质证书的部门责令停业整顿，降低资质等级或者吊销资质证书；造成损失的，依法承担赔偿责任：未对进入施工现场的墙体材料、保温材料、门窗、采暖制冷系统和照明设备进行查验的；使用不符合施工图设计文件要求的墙体材料、保温材料、门窗、采暖制冷系统和照明设备的；使用列入禁止使用目录的技术、工艺、材料和设备的。

【案例5-4-8】在文物保护区内违法施工的处罚

1. 事件背景

"小河口古窑址群"坐落于安徽省宣州区狸桥镇东云村境内，由原陶瓷厂附近和小河口村的若干窑址组成，某年11月，被区政府公布为第四批区级文物保护单位。经专家进行认证，该窑址群应该是古宣州窑的重要组成部分，窑中器型十分丰富，釉水精美，近年来受到了越来越多的专家和学者的关注，对研究唐宋时期瓷器发展历史有着十分重要的意义。某建设单位在原陶瓷厂附近选址建自来水厂，对古窑址进行了开挖，破坏了文物保护单位"小河口古窑址群"。

2. 事件处理和分析

此案例中，根据《文物保护法》第29条规定，进行大型基本建设工程，建设单位应当事先报请省、自治区、直辖市人民政府文物行政部门组织从事考古发掘的单位在工程范围内有可能埋藏文物的地方进行考古调查、勘探。《文物保护法》第17条规定，文物保护单位的保护范围内不得进行其他建设工程或者爆破、钻探、挖掘等作业。但是，因特殊情况需要在文物保护单位的保护范围内进行其他建设工程或者爆破、钻探、挖掘等作业的，必须保证文物保护单位的安全，并经核定公布该文物保护单位的人民政府批准，在批准前应当征得上一级人民政府文物行政部门同意；在全国重点文物保护单位的保护范围内进行其他建设工程或者爆破、钻探、挖掘等作业的，必须经省、自治区、直辖市人民政府批准，在批准前应当征得国务院文物行政部门同意。《文物保护法》第32条规定，在进行建设工程或者在农业生产中，任何单位或者个人发现文物，应当保护现场，立即报告当地文物行政部门，文物行政部门接到报告后，如无特殊情况，应当在24h内赶赴现场，并在7日内提出处理意见。文物行政部门可以报请当地人民政府通知公安机关协助保护现场；发现重要文物的，应当立即上报国务院文物行政部门，国务院文物行政部门应当在接到报告后15日内提出处理意见。依照前款规定发现的文物属于国家所有，任何单位或者个人不得哄抢、私分、藏匿。

市、区两级文物行政部门在经过现场调查后认为：建设方在没有经过文物部门进行先期考古调查、勘探的情况下擅自在原陶瓷厂附近建自来水厂，违反了《文物保护法》第29条第1款的规定；在古窑址的核心保护区进行非法建设，将整个窑包开挖了近一半，违反了《文物保护法》第17条的规定，开挖发现文物后，既未保护好现场，也未立即向文物行政部门上报，违反了《文物保护法》第32条的规定。针对上述违法行为，给建设方下达了《违反建设停工通知书》和《停止侵害通知书》，责令施工方立刻停工，并对已挖掘的古窑址进行回填，等候进一步处理。

【案例5-4-9】在文物保护单位建设控制地带违法施工的处理

1. 事件背景

某年11月1日傍晚，浙江省文物监察总队获悉洞头县省级文保单位东沙妈祖宫建设控制地带内有违法建筑后，启动总队文物行政执法应急处置预案，2日到达洞头县督查有关违反《文物保护法》的违法建筑事件。东沙妈祖宫位于洞头县北沙乡，由省人民政府公布为省级重点保护单位，并划定、公布了保护范围和建设控制地带。同年10月25日，某村委会在未经法定程序报批的情况下，擅自在东沙妈祖宫西南100m左右的山脚边建设控制地带内，建造垃圾堆放点，此事发生不久，被执法人员发现并责令停止施工。省文物监察总队人员听取情况介绍后，与县文广新局执法人员一起到东沙妈祖宫现场调查，并对已建设一半的垃圾堆放点进行了拍照取证。

2. 事件处理和分析

根据《文物保护法》第18条规定，根据保护文物的实际需要，经省、自治区、直辖市人民政府批准，可以在文物保护单位的周围划出一定的建设控制地带，并予以公布。在文物保护单位的建设控制地带内进行建设工程，不得破坏文物保护单位的历史风貌；工程设计方案应当根据文物保护单位的级别，经相应的文物行政部门同意后，报城乡建设规划部门批准。此事已违反了《中华人民共和国文物保护法》第18条第2款的有关规定，鉴于该村委会违法建设垃圾堆放点被及时制止，尚未对省文保单位东沙妈祖宫的历史风貌造成严重破坏，根据《文物保护法》法律责任相关条款规定，建设单位必须将违法建筑限期拆除。

【案例5-4-10】施工中发现文物的处理

1. 事件背景

某年5月28日，某市文物局接到群众举报，某高速铁路某段施工人员在取土区挖出沉船遗骸和部分文物，随之出现了民工滥挖和哄抢状况。该县文保所接到市文物局电话后，即刻赶到现场，经查情况属实。市文物局责成县文保所速报省文物局，省文物研究所3位专业人员于同年5月30日到现场进行勘察。

2. 事件处理和分析

根据《文物保护法》第32条规定，"在进行建设工程或者在农业生产中，任何单位或者个人发现文物，应当保护现场，立即报告当地文物行政部门。""任何单位或者个人不得哄抢、私分、藏匿。"本案中，高速铁路施工人员在取土区挖出沉船遗骸和部分文物时，不仅没有依法及时报告，而且滥挖和哄抢文物，造成了文物破坏。施工人员的哄抢、滥挖行为以及不及时上报文物行政部门的行为，违反了《文物保护法》的规定。

根据《文物保护法》第32条规定和《文物保护法实施细则》第22条、第23条规定，在施工过程中发现文物时，首先应当保护现场，停止施工，立即报告当地文物行政部门；其次，配合考古发掘单位，保护出土文物或者遗迹的安全，在发掘未结束前不得继续施工。依据《文物保护法》第64条、第65条规定，对于盗窃、哄抢、私分或者非法侵占国有文物的，构成犯罪的，依法追究刑事责任；造成文物灭失、损毁的，依法承担民事责任；构成违反治安管理行为的，由公安机关依法给予治安管理处罚。

第6章 建设工程纠纷解决与法律责任

6.1 建设工程的常见合同争议

建设工程纠纷是指合同当事人对合同条款的理解产生异议或因当事人违反合同约定，不履行合同中应承担的义务等原因而产生的纠纷。产生建设工程纠纷的原因十分复杂，主要是目前建筑市场不规范、建设法律法规不完善等外部环境，市场主体行为不规范、合同意识和诚信履约意识薄弱等主体问题，建设项目的特殊性、复杂性、长期性和不确定性等项目环境以及建设工程合同本身的复杂性和易出错性等众多原因导致的。常见的争议有以下几个方面。

6.1.1 工程价款支付主体争议

承包人被拖欠巨额工程款已成为整个建设领域中屡见不鲜的"正常事"。往往出现工程的发包人并非工程真正的建设单位，并非工程的权利人。在该种情况下，发包人通常不具备工程价款的支付能力，承包人该向谁主张权利，以维护其合法权益会成为争议的焦点。在此情况下，承包人应理顺关系，寻找突破口，向真正的发包人主张权利，以保证合法权利不受侵害。

【案例6-1-1】某年12月26日，上海某建设发展公司（下称A公司）与中国建筑工程局某建筑工程公司（下称建筑公司）签订了《工程施工合同》一份。合同约定：A公司受上海某商厦筹建处（下称筹建处）委托，并征得市建委施工处、市施工招标办的同意，采用委托施工的形式，择定建筑公司为某商厦工程的施工总承包单位。施工范围按某市建筑设计院所设计的施工图施工，内容包括土建、装饰及室外总体等。同时，合同就工程开竣工时间、工程造价及调整、预付款、工程量的核定确认和工程验收、决算等均作了具体约定。

合同签订后，建筑公司即按约组织施工，于某年12月28日竣工，并在某年4月3日通过上海市建设工程质量监督总站的工程质量验收。某年11月，建筑公司与筹建处就工程总造价进行决算，确认该工程总决算价为人民币50702440元；同月30日，又对已付工程款作了结算，确认截止某年11月30日，A公司尚欠建筑公司工程款人民币13913923.17元。后经建筑公司不懈地催讨，至某年2月9日止，A公司尚欠建筑公司工程款人民币950万元。

在施工合同的履行过程中，A公司曾于某年12月致函建筑公司：《工程施工合同》的甲方名称更改为筹建处。但经查，筹建处未经上海市工商行政管理局注册登记备案。又查：该商厦的实际业主为某上市公司（下称B公司），且已于某年12月14日取得上海市外销商品房预售许可证。某年7月，建筑公司即以A公司为施工合同的发包人，B公司为该商厦的所有人为由，将两公司作为共同被告向人民法院提起诉讼，要求二公司承担连带清偿责任。

庭审中，A、B公司对于950万元的工程欠款均无任何异议。但A公司辩称：A公司为代理筹建处发包，并于某年12月致函建筑公司，施工合同甲方的名称已改为筹建处；之后，建筑公司一直与筹建处发生联系，事实上已承认了施工合同发包人的主体变更。同时A公司证实，筹建处为某局发文建立，并非独立经济实体，且筹建处资金来源于B公司。所以，A公司不应承担支付950万元工程款项的义务。

B公司辩称：B公司与建筑公司无法律关系。施工合同的发包人为A公司；工程结算为建筑公司与筹建处间进行，与B公司不存在任何法律上的联系；筹建处有"筹建许可证"，系独立经济实体，应当独立承担民事责任。虽然B公司取得了预售许可，但B公司的股东已发生变化，故现在的公司对以前公司股东的工程欠款不应承担民事责任。庭审上，B公司向法庭出示了一份"筹建许可证"，以证明筹建处依法登记至今未撤销。

建筑公司认为：A公司虽接受委托，与建筑公司签订了施工合同，但征得了市建委施工处、市施工招标办的同意，该施工合同应当有效。而它作为施工合同的发包人，理应承担民事责任。而经查实，筹建处未经上海市工商行政管理局注册登记，它不具备主体资格，所以无法取代A公司在施工合同中的甲方地位。对于B公司，虽非施工合同的发包人，但他实际上已取得了该物业，是该商厦的所有权人，为真正的发包人，依法有承担支付工程款项的责任。

一审法院对原、被告出具的施工合同、筹建许可证、预售许可证及相关函件等证据进行了质证，认为：A公司实质上为建设方的代理人，合同约定的权利义务应由被代理人承担，并判由B公司承担支付所有工程欠款的责任。

6.1.2 工程价款结算及审价争议

尽管施工合同中已列出了工程量，约定了合同价款，但实际施工中会有很多变化，包括设计变更、工程师签发的变更指令、现场条件变化，以及计量方法等引起的工程量增减。这种工程量的变化几乎每天或每月都会发生，而且承包人通常在其每月申请工程进度款报表中列出，希望得到（额外）付款，但常因与工程师有不同意见而遭拒绝或者拖延不决。这些实际已完的工作而未获得付款的金额，由于日积月累，在施工后期可能增到一个很大的数字，发包人更加不愿支付，因而造成更大的分歧和争议。

在整个施工过程中，发包人在按进度支付工程款时往往会根据工程师的意见，扣除那些他们未予确认的工程量或存在质量问题的已完工程的应付款项，这种未付款项累积起来也可能形成一笔很大的金额，使承包人感到无法承受而引起争议，而且这类争议在施工的中后期可能会越来越严重。承包人会认为由于未得到足够的应付工程款而不得不将工程进度放慢下来，而发包人则会认为在工程进度拖延的情况下更不能多支付给承包人任何款项，这就会形成恶性循环而使争端愈演愈烈。更主要的是，大量的发包人在资金尚未落实的情况下就开始工程建设，致使发包人千方百计要求承包人垫资施工、不支付预付款、尽量拖延支付进度款、拖延工程结算及工程审价进程，致使承包人的权益得不到保障，最终引起争议。

【案例6-1-2】某施工单位与某办事处某年5月18日签订了一份施工合同，工程项目为办事处建造 8 层楼的招待所，总造价 207 万元，后由于设计变更，建筑面积扩大，装修标准提高，双方于次年 2 月 21 日又签订了补充合同，将造价条款约定为"预计 257 万元……"。施工单位按合同约定的时间完工，办事处前后共支付了工程进度款 205 万元，随后正式进行了竣工验收。双方将施工单位的结算书报送建行审定，办事处在送审的结算书上写明："坚持按 5 月 18 日合同，变更项目按规定结算，其他文件待后协商。"经建行审定，该工程最终造价为 289 万元，施工单位要求办事处按审定数目支付剩余的工程款，并承担从竣工日到支付日的未付款项的利息作为违约金。办事处对审价结果有异议，并拒绝支付余下的工程款，施工单位遂向人民法院起诉。

该案经法院一、二审，均以拖欠工程款为案由，判决办事处败诉，要办事处支付剩余款项的本金与利息。办事处不服，继续申诉，省高级人民法院认为该案确有不当之处，予以提审，高院判决书中认为：该案按工程款拖欠纠纷为案由审理不当，因按第一份合同，办事处已支付完了工程款，不存在拖欠，至于工程设计修改后，造价增加，对增加部分双方有分歧，在最终数量未定之前，不能算办事处违约，只能算工程款结算纠纷，该案案由应定为工程款结算纠纷，是确认之诉，不是给付之诉，所以违约金不能从竣工之日起算，只能从法院确认之日起算。最后高院将违约金计算时间定为从法院确认造价之日到办事处支付之日，判决办事处在此基础上支付施工余款本息。

6.1.3 工程工期拖延争议

一项工程的工期延误，往往是由于错综复杂的原因造成的，要分清各方的责任往往十分困难。在许多合同条件中都约定了竣工逾期违约金。经常可以发现，发包人要求承包人承担工程竣工逾期的违约责任，而承包人则提出因诸多发包人的原因及不可抗力等工期应相应顺延，有时承包人还就工期的延长要求发包人承担停工窝工的费用。

【案例 6-1-3】某公共道路桥梁工程，跨越平原区河流。桥梁所在河段水深经常在 5m 以上，河床淤泥层较深。工程采用 FIDIC 标准合同条件，中标合同价为 7825 万美元，工期 24 个月。工程建设开始后，在桥墩基础开挖过程中，发现地质情况复杂，淤泥深度比文件资料中所述数据大得很多，岩基高程较设计图纸高程降低 3.5m。咨询工程师多次修改施工图纸，而且推迟交付图纸。因此，在工程将近完工时，承包商提出索赔，要求延长工期 6.5 个月，补偿附加开支约 3645 万美元。

业主与咨询工程师对该工程进行了分析，原来据业主自行计算，工程造价为 8350 万美元，工期 24 个月，承包商为了中标，将造价报为 7825 万美元，报价偏低 8350 - 7825 = 525 万美元，工期仍为 24 个月。根据实际情况来看，该工程实际所需工期为 28 个月，造价约为 9874 万美元。本来 9874 - 8350 = 1524 万美元为承包商可以索赔的上限，但在投标中承包商少报了 525 万美元，可视为承包商自愿放弃。因此，1524 - 525 = 999 万美元为目前承包商可以索赔的上限，工期补偿为 28 - 24 = 4 个月。承包商工期超过合同工期 6.5 个月，其中 2.5 个月应当由业主反索赔，根据原合同，承包商每逾期一天的"误期损害赔偿金"为 9.5 万美元。经业主与承包商反复洽商，最后达成索赔与反索赔协议：

（1）业主批准给承包商支付索赔款 999 万美元，批准延长工期 4 个月。

（2）承包商向业主支付误期损害赔偿款 9.5 万美元 × 76 天 = 722 万美元。

（3）索赔款与反索赔款两相抵偿后，业主一次向承包商支付索赔款 277 万美元。

6.1.4 安全损害赔偿争议

安全损害赔偿争议包括相邻关系纠纷引发的损害赔偿、设备安全、施工人员安全、施工导致第三人安全、工程本身发生安全事故等方面的争议。其中，工程相邻关系纠纷发生的频率越来越高，其牵涉主体和财产价值也越来越多，已成为人民群众十分关心的问题。《建筑法》第39条规定："施工现场对毗邻的建筑物、构筑物和特殊作业环境可能造成损害的，建筑施工企业应当采取安全防护措施。"

【案例6-1-4】某房地产开发公司A在某一旧式花园洋房的东南方新建高层，将工程发包给施工企业B。与此同时，该洋房的正东面已有房地产开发公司C新建成一多层住宅。在C建设中，该洋房的墙壁出现开裂、地基不均匀下沉。B施工以后，墙壁开裂加剧，洋房明显倾斜。该洋房的业主以B、C为共同被告诉至法院，请求判令被告修复房屋并予赔偿；诉讼过程中又将A追加为被告。

审理过程中，法院主持进行了技术鉴定，查明该洋房裂缝产生的原因是地基不均匀沉降：C已建房屋地基不均匀沉降带动相邻的地基，已产生不利影响；而在其地基尚未稳定的情形下，A新建房屋由B承包后开始开挖地基，此行为又雪上加霜，使该花园洋房损坏加剧出现险象。故最后判决由三企业分别承担部分赔偿责任。

6.1.5 工程质量及保修争议

质量方面的争议包括工程中所用材料不符合合同约定的技术标准要求，提供的设备性能和规格不符，或者不能生产出合同规定的合格产品，或者是通过性能试验不能达到规定的产量要求，施工和安装有严重缺陷等。这类质量争议在施工过程中主要表现为：工程师或发包人要求拆除和移走不合格材料，或者返工重做，或者修理后予以降价处置。对于设备质量问题，则常见于在调试和性能试验后，发包人不同意验收移交，要求更换设备或部件，甚至退货并赔偿经济损失。而承包人则认为缺陷是可以改正的，或者业已改正；对生产设备质量则认为是性能测试方法错误，或者制造产品所投入的原料不合格或者是操作方面的问题等，质量争议往往变成为责任问题争议。

此外，在保修期的缺陷修复问题往往是发包人和承包人争议的焦点，特别是发包人要求承包人修复工程缺陷而承包人拖延修复，或发包人未经通知承包人就自行委托第三人对工程缺陷进行修复。在此情况下，发包人要在预留的保修金扣除相应的修复费用，承包人则主张产生缺陷的原因不在承包人或发包人未履行通知义务且其修复费用未经其确认而不予同意。

【案例6-1-5】某单位（发包人）为建职工宿舍楼，与市建筑公司（承包人）签订一份施工合同，合同约定：建筑面积6000m²，高7层，总价格150万元，由发包人提供建材指标，承包人包工包料，主体工程和内外承重墙一律使用国家标准红机砖，每层有水泥圈梁加固，并约定了竣工日期等其他事项。承包人按合同约定的时间竣工，在验收时，发包人发现工程2~5层所有内承重墙体裂缝较多，要求承包人修复后再验收；承包人拒绝修复，认为不影响使用。两个月后，发包人发现这些裂缝越来越大，最大的裂缝能透过其看到对面的墙壁，方提出工程不合格，系危险房屋，不能使用，要求承包人拆除重新建筑，并拒付剩余款项；承包人提出，裂缝属于砖的质量问题，与施工技术无关。双方协商不成，发包人诉至法院。

经法院审理查明：本案建筑工程实行大包干的形式，发包人提供建材指标，承包人为节省费用，在采购机砖时，只采购了外墙和主体结构的红机砖，而对内承重墙则使用了价格较低的烟灰砖，而烟灰砖因为干燥、吸水、伸缩性大，当内装修完毕待干后，导致裂缝出现。经法院委托市建筑工程研究所现场勘察、鉴定，认为：烟灰砖不能适用于高层建筑和内承重墙，强度不够红机砖标准，建议所有内承重墙用钢筋网加水泥砂浆修复加固后方可使用。经法院调解，双方达成协议，承包人将 2～5 层所有内承重墙均用钢筋网加固后再进行内装修，所需费用由承包人承担，竣工验收合格后，发包人在 10 日内将工程款一次结清给承包人。

6.1.6 合同中止及终止争议

合同中止造成的争议有：承包人因这种中止造成的损失严重而得不到足够的补偿，发包人对承包人提出的就中止合同的补偿费用计算有异议；承包人因设计错误或发包人拖欠应支付的工程款而造成困难提出中止合同，发包人不承认承包人提出的中止合同的理由，也不同意承包人的责难及其补偿要求等。合同终止一般都会给某一方或者双方造成严重的损害。除不可抗力外，任何终止合同的争议往往是难以调和的矛盾造成的。如何合理处置合同终止后双方的权利和义务，往往是这类争议的焦点。合同终止可能有以下几种情况：

（1）属于承包人责任引起的终止合同。例如，发包人认为并证明承包人不履约，承包人严重拖延工程并证明已无能力改变局面，承包人破产或严重负债而无力偿还致使工程停滞等。在这些情况下，发包人可能宣布终止与该承包人的合同；将承包人驱逐出工地，并要求承包人赔偿工程终止造成的损失，甚至发包人可能立即通知开具履约保函和预付款保函的银行全额支付保函金额；承包人则否定自己的责任，并要求取得其已完工程付款，要求发包人补偿其已运到现场的材料、设备和各种设施的费用，还要求发包人赔偿其各项经济损失，并退还被扣留的银行保函等。

（2）属于发包人责任引起的终止合同。例如，发包人不履约、严重拖延应付工程款并被证明已无力支付欠款，发包人破产或无力清偿债务，发包人严重干扰或阻碍承包人的工作等等。在这种情况下，承包人可能宣布终止与该发包人的合同，并要求发包人赔偿其因合同终止而遭受的严重损失。

（3）不属于任何一方责任引起的终止合同。例如，由于不可抗力使任何一方不得不终止合同，大部分政治因素引起的履行合同障碍都属于此类。尽管一方可以引用不可抗力宣布终止合同，但如果另一方对此有不同看法，或者合同中没有明确规定这类终止合同的后果处理办法，双方应通过协商处理，若达不成一致则按争议处理方式申请仲裁或诉讼。

（4）任何一方由于自身需要而终止合同。例如发包人因改变整个设计方案、改变工程建设地点或者其他任何原因而通知承包人终止合同，承包人因其总部的某种安排而主动要求终止合同等。这类由于一方的需要而非对方的过失而要求终止合同，大都发生在工程开始的初期，而且要求终止合同的一方通常会认识到并且会同意给予对方适当补偿，但是仍然可能在补偿范围和金额方面发生争议。例如，在发包人因自身原因要求终止合同时，可能会承诺给承包人补偿的范围只限于其实际损失，而承包人可能要求还应补偿其失去承包其他工程机会而遭受的损失和预期利润。

【案例6-1-6】 某建筑公司与某厂签订施工合同，承包人为发包人承担6台400立方米煤气罐检查返修的任务，工期六个月，某年10月开工，合同价42万元。临近开工时，因煤气罐仍在运行，施工条件不具备，承包人同意发包人的提议将开工日期变更至次年7月动工。经发包人许可，承包人着手从本公司基地调集机械和人员如期进入施工现场，搭设脚手架，装配排残液管线。工程进展约两个月，发包人以工期无法保证和工程质量差为由，同承包人先是协商提前竣工期，继而洽谈解除合同问题，承包人未同意。接着，发包人正式发文："本公司决定解除合同，望予谅解和支持。"同时，限期让承包人拆除脚手架，迫使承包人无法施工，导致原合同无法履行。为此承包人向法院起诉，要求发包人赔偿其实际损失24万元。

在法院审理中，被告方认为：承包人投入施工现场的人员少、素质差，不可能保证工程任务如期完成和工程质量。承包人认为：他们是根据工程进展有计划地调集和加强施工力量，足以保证工期按期完成；对方在工程完工前断言工程质量不可靠，缺乏根据。法院认为：这份施工合同是双方协商一致同意签订的有效合同，现在合同终止是单方毁约行为，应负违约责任。考虑到本案实际情况，继续履行合同有困难。最后在法院主持下双方达成调解协议，施工合同尚未履行部分由发包人承担终止执行责任，由发包人赔偿承包人工程款、工程器材费和赔偿金等共16万元。

6.2　建设工程纠纷解决方式

《合同法》第128条规定：当事人可以通过和解或者调解解决合同争议。当事人不愿和解、调解或者和解、调解不成的，可以根据仲裁协议向仲裁机构申请仲裁。涉外合同的当事人可以根据仲裁协议向中国仲裁机构或者其他仲裁机构申请仲裁。当事人没有订立仲裁协议或者仲裁协议无效的，可以向人民法院起诉。当事人应当履行发生法律效力的判决、仲裁裁决、调解书；拒不履行的，对方可以请求人民法院执行。合同争议解决的方式主要有和解、调解、仲裁和诉讼四种。

6.2.1　和解

1. 和解概念和原则

（1）和解概念

和解是指在合同发生争议后，合同当事人在自愿互谅基础上，依照法律、法规的规定和合同的约定，自行协商解决合同争议。和解是解决合同争议最常见的一种最简便、最有效、最经济的方法。发生合同争议后，应当提倡双方当事人进行广泛的、深入的协商，争取通过和解解决争议。

（2）和解原则

和解应遵循以下原则：

1）合法原则。合法原则要求工程合同当事人在和解解决合同纠纷时，必须遵守国家法律、法规的要求，所达成的协议内容不得违反法律、法规的规定，也不得损害国家利益、社会公共利益和他人的利益。这是和解解决工程合同纠纷的当事人应当遵守的首要原则。如果违背了合法原则，双方当事人即使达成了和解协议也是无效的。

2）自愿原则。自愿原则是指工程合同当事人对于采取自行和解解决合同纠纷的方式，是自己选择或愿意接受的，并非受到对方当事人的强迫、威胁或其他的外界压力。同时，双方当事人协议的内容也必须是出于自愿，决不允许任何一方给对方施加压力，以终止协议等手段相威胁，迫使对方达成只有对方尽义务，没有自己负责任的"霸王协议"。

3）平等原则。平等原则表现为在合同发生争议时，双方当事人在自行和解解决合同争议过程中的法律地位是平等的，不论当事人经济实力雄厚还是薄弱，也不论当事人是法人还是非法人的其他经济组织、个人，双方要互相尊重，平等对待，都有权提出自己的理由和建议，都有权对对方的观点进行辩论。不允许以强欺弱，以大欺小，达成不公平的所谓和解协议。对于履行了合同义务的部分，应当坚持有得到偿付的权利；对于自己履行义务中的缺陷，应当同意予以改善，切忌采取"蛮不讲理"的态度；对于合同或事实中双方理解不一致者，则应通过耐心解释，特别是借用工程惯例予以处理。

4）互谅互让原则。互谅互让原则就是工程合同双方当事人在如实陈述客观事实和理由的基础上，也要多从自身找找原因，认识在引起合同纠纷问题上自己应当承担的责任，而不能片面强调对自己有利的事实和理由而不顾及全部的事实，或片面指责对方当事人，要求对方承担责任。即使自身没有过错，也不能得理不让人。这也正是合同的协作履行原则在处理工程合同争议中的具体运用。

2. 争议和解注意要点

（1）坚持原则

在工程合同争议的协商过程中，双方当事人既要互相谅解，以诚相待，勇于承担各自的责任，又不能进行无原则的和解，要杜绝在解决纠纷中的损害国家利益和社会公共利益的行为，尤其是对解决合同争议中的行贿受贿行为，要进行揭发、检举；对于违约责任的处理，只要工程合同中约定的违约责任是合法的，就应当追究违约方的违约责任，违约方应当主动承担违约责任，受害方也应当积极向违约方追究违约责任，决不能以协作为名，假公济私、慷国家之慨，中饱私囊。

（2）分清责任

和解解决工程合同争议的基础是分清责任。尤其是在市场竞争中，当事人都应保持良好的形象和信誉，明确各方的权利和责任。当事人双方要实事求是地分析争议产生的原因，不能一味地推卸责任，否则，不利于争议的解决。应当以详细和可靠的证据材料证明事实依据，应当以相应的合同条款作为处理争议的法定依据，始终坚持采取摆事实讲道理的态度对待争议。

（3）及时解决

双方当事人自愿采取和解方式解决工程合同争议时应当注意合同争议要及时解决。由于和解不具有强制执行的效力，容易出现当事人反悔。如果双方当事人在协商过程中出现僵局，争议迟迟得不到解决时，就不应该继续坚持和解解决的办法，否则会使合同争议进一步扩大，特别是一方当事人有故意不法侵害行为时，更应当及时采取其他方法解决。

（4）注意把握和解的技巧

首先要求当事人双方坚持和解的原则，诚实信用，以礼相待，处处表现出宽容和善意。其次，要求当事人在意思表达准确的同时，要恰当使用协商语言，不使用过激的或模棱两可的语言。再次，在协商过程中，要摆事实、讲道理。讲道理时，一定要围绕中心，抓住主要问题，以使合同争议的主要问题及时得到解决。在某些场合下还要注意"得理让人"，对非原则问题，可以作一些必要的让步，以使对方当事人感到诚意，从而使问题及早得到彻底的解决。

6.2.2 调解

调解是指在合同发生争议后，在第三人的参加与主持下，通过查明事实，分清是非，说服劝导，向争议的双方当事人提出解决方案，促使双方在互谅互让的基础上自愿达成协议从而解决争议的活动。调解应遵循自愿原则、合法原则和公平原则。调解方式主要有以下方面。

1. 行政调解

行政调解是指工程合同发生争议后，根据双方当事人的申请，在有关行政主管部门主持下，双方自愿达成协议的解决合同争议的方式。工程合同争议的行政调解人一般是一方或双方当事人的业务主管部门，因为业务主管部门对下属企业单位的生产经营和技术业务等情况比较熟悉和了解，他们能在符合国家法律政策的要求下，教育说服当事人自愿达成调解协议。这样既能满足各方的合理要求，维护其合法权益，又能使合同争议得到及时而彻底的解决。

2. 法院调解或仲裁调解

法院调解或仲裁调解是指在合同争议的诉讼或仲裁过程中，在法院或仲裁机构的主持和协调下，双方当事人进行平等协商，自愿达成协议，并经法院或仲裁机构认可从而终结诉讼或仲裁程序的活动。调解书经双方当事人签收后，即发生法律效力，当事人不得反悔，必须自觉履行。调解未达成协议或者调解书签收前当事人一方或双方反悔的，调解即告终结，法院或仲裁庭应当及时裁决而不得久调不决。调解书发生法律效力后，如果一方不履行时，另一方当事人可以向人民法院申请强制执行。

3. 人民（民间）调解

人民（民间）调解是指合同发生争议后，当事人共同协商，请有威望、受信赖的第三人，包括人民调解委员会、企事业单位或其他经济组织、一般公民以及律师、专业人士等作为中间调解人，双方合理合法地达成解决争议的协议。民间调解可以制作书面的调解协议，也可以双方当事人口头达成调解协议，无论是书面的还是口头的调解协议，均没有法律约束力，靠当事人自觉履行，以双方当事人的信誉、道德良心，以及主持人的人格力量、威望等来保证履行。

律师或专业人士主持调解争议可以在一定程度上弥补我国现有调解队伍力量不足的现象。由于律师和专业人士本身良好的素质，具有一定的专业知识和法律水平，熟悉政策与规范，更有利于说服当事人，从而使当事人双方的争议在更加合乎法律和情理的情况下解决，这样有助于加强法律的宣传和教育作用，提高当事人的法制观念。另一方面，律师和专业人士主持调解有利于缓解当事人之间的矛盾，减轻人民法院的负担。

6.2.3 仲裁

仲裁是指由合同双方当事人自愿达成仲裁协议、选定仲裁机构对合同争议依法作出有法律效力的裁决的解决合同争议的方法。

6.2.3.1 仲裁原则

1. 独立原则

仲裁委员会是由政府组织有关部门和商会统一组建，但仲裁机关不是行政机关，也不是司法机关，属于民间团体。仲裁委员会具有独立行使仲裁权，它与行政机关没有任何隶属关系，各个仲裁委员会之间也没有任何隶属关系，不存在级别管辖和地域管辖。仲裁机构在仲裁合同争议时，依法独立进行，不受行政机关、社会团体和个人的干涉。各个仲裁机构应该严格地依照法律和事实独立地对合同争议进行仲裁，作出公正的裁决，保护当事人的合法利益。

2. 自愿原则

仲裁必须是完全自愿的，这种自愿原则体现在许多方面，例如，是否选择仲裁的方式解决争议，选择哪一个仲裁机构进行仲裁，仲裁是否公开进行，在仲裁的过程中是否要求调解、是否进行和解、是否撤回仲裁申请，等等，都是由当事人自愿决定的，并且应该得到仲裁机构的尊重。任何仲裁机构或临时仲裁庭对案件的管辖权完全来自双方当事人的授权。如果双方当事人同意选择仲裁的方式解决争议，必须用书面的形式将这一意愿表达出来，即应在争议发生前或后达成仲裁协议。没有书面的仲裁协议，仲裁机构就无权受理对该争议的解决。

3. 或裁或审原则

《仲裁法》第5条规定："当事人达成仲裁协议，一方向人民法院起诉的，人民法院不予受理，但仲裁协议无效的除外。"《民事诉讼法》第111条第（2）款规定："依照法律规定，双方当事人对合同纠纷自愿达成书面仲裁协议向仲裁机构申请仲裁、不得向人民法院起诉的，告知原告向仲裁机构申请仲裁。"这两部法律均明确了合同争议实行或裁或审制度。因为仲裁和诉讼都是解决合同争议的方法，既然合同争议当事人双方自愿选择了仲裁方法解决合同争议，仲裁委员会和法院都要尊重合同争议当事人的意愿。一方面仲裁委员会在审查当事人申请仲裁符合仲裁条件时，就应予受理。另一方面法院则依法告知因双方有效的仲裁协议，应当向仲裁机构申请仲裁，法院不受理起诉。

4. 一裁终局原则

《仲裁法》第9条规定："仲裁实行一裁终局制的制度。"一裁终局是指裁决作出之后，当事人就同一争议再申请仲裁或者向法院起诉的，仲裁委员会或者法院不应受理。但是当事人对仲裁委员会作出的裁决不服时，并提出足够的证明、证据，可以向法院申请撤销裁决，裁决被法院依法裁定撤销或者不予执行的，当事人可以就已裁决的争议重新达成仲裁协议申请仲裁或向法院起诉。如果撤销裁决的申请被法院裁定驳回，仲裁委员会作出的裁决仍然要执行。

5. 先行调解原则

先行调解就是仲裁机构先于裁决之前，根据争议的情况或双方当事人自愿而进行说服教育和劝导工作，以便双方当事人自愿达成调解协议，解决合同争议。

6.2.3.2 仲裁程序

1. 仲裁申请和受理

（1）仲裁协议

仲裁协议是指当事人自愿选择仲裁的方式解决他们之间可能发生的或者已经发生的合

同争议的书面约定。只有当事人在合同内订立仲裁条款或以其他书面形式在争议发生前或者争议发生后达成了请求仲裁的协议，仲裁委员会才会受理仲裁申请。仲裁协议应当具有以下主要内容：1）请求仲裁的意思表示。即双方当事人应当明确表示将合同争议提交仲裁机构解决。2）仲裁事项。即双方当事人共同协商确定的提交仲裁的合同争议范围。如果是在合同内订立了仲裁条款或在纠纷前以其他书面形式达成的仲裁协议但还没有具体争议事件发生时，仲裁事项规定应原则一些。3）选定的仲裁委员会。双方当事人应明确约定仲裁事项由哪一个仲裁机构进行仲裁。导致仲裁协议无效的原因有：1）约定的仲裁事项超出法律规定的范围。2）无民事行为能力的人或者限制行为能力的人订立的仲裁协议。3）一方采取胁迫手段，迫使对方订立仲裁协议。此外，仲裁协议对仲裁事项约定不明确的，当事人可以补充协议；达不成补充协议的，仲裁协议无效。

（2）仲裁申请

申请是指当事人向仲裁委员会依照法律的规定和仲裁协议的约定，将争议提请约定的仲裁委员会予以仲裁。当事人申请仲裁必须符合下列条件：有仲裁协议；有具体的仲裁请求和事实、理由；属于仲裁委员会的受理范围。在申请仲裁时，应当向仲裁委员会提交仲裁协议、仲裁申请书及副本。

仲裁申请书应当载明下列事项：1）当事人的姓名、性别、年龄、职业、工作单位和住所、法人或其他组织的名称、住所和法定代表人或者主要负责人的姓名、职务；2）仲裁请求和所根据的事实、理由；3）证据和证据来源、证人姓名和住所。

（3）仲裁受理

受理是指仲裁委员会依法接受对争议的审理。仲裁委员会在收到仲裁申请书之日起5日内，认为符合受理条件的，应当受理，并通知当事人；认为不符合受理条件的，应当书面通知当事人不予受理，并说明理由。仲裁委员会在受理仲裁申请后，应当在仲裁规则规定的期限内将仲裁规则和仲裁员名册送达申请人，并将仲裁申请书的副本和仲裁规则、仲裁员名册送达被申请人。

2. 组成仲裁庭

仲裁委员会受理仲裁申请后，应当组成仲裁庭进行仲裁活动。仲裁庭不是一种常设的机构，其组成的原则是一案一组庭。仲裁庭有两种组成方式。

（1）合议制的仲裁庭

仲裁庭由三名仲裁员组成，即合议制的仲裁庭。采用这种方式，应当由当事人双方各自选择或者各自委托仲裁委员会主任指定一位仲裁员。第三名仲裁员即首席仲裁员由当事人共同选定或者共同委托仲裁委员会主任选定。

（2）独任制的仲裁庭

仲裁庭由一名仲裁员组成，即独任制的仲裁庭。这名仲裁员由当事人共同选定或者共同委托仲裁委员会主任指定。

在具体的仲裁活动中，采取上述两种方法中的哪一种，由当事人在仲裁协议中协商决定。当事人没有在仲裁规则规定的期限内约定仲裁庭的组成方式或者选定仲裁员的，由仲裁委员会主任指定。仲裁庭组成后，仲裁委员会应当将仲裁庭的组成情况书面通知当事人。组成仲裁庭的仲裁员，符合《仲裁法》规定需要回避的应当回避，当事人也有权提出回避申请。

3. 开庭和裁决

开庭是指仲裁庭按照法定的程序，对案件进行有步骤有计划的审理。《仲裁法》第39条规定："仲裁应当开庭进行"，也就是当事人共同到庭，经调查和辩论后进行裁决。同时，该条还规定："当事人协议不开庭的，仲裁庭可以根据仲裁申请书、答辩书以及其他材料作出裁决"。

在仲裁过程中，原则上应由当事人承担对其主张的举证责任。证据应当在开庭时出示，当事人可以质证。当事人在仲裁过程中有权进行辩论。辩论终结时，首席仲裁员或者独任仲裁员应当征询当事人的最后意见。仲裁庭在作出裁决前，可以先行调解，当事人自愿调解的，仲裁庭应当调解；当事人不愿调解或调解不成的，仲裁庭应当进行裁决。当事人申请仲裁后，可以自行和解。调解达成协议的，仲裁庭应当制作调解书，调解书应当写明仲裁请求和当事人协议的结果。调解书由仲裁员签名，加盖仲裁委员会印章，送达双方当事人。

仲裁裁决是指仲裁机构经过当事人之间争议的审理，依据争议的事实和法律，对当事人双方的争议作出的具有法律约束力的判定。仲裁裁决应当按照多数仲裁员的意见作出，少数仲裁员的不同意见可以记入笔录；仲裁庭不能形成多数意见时裁决按照首席仲裁员的意见作出。裁决应当制作裁决书，裁决书应当写明仲裁请求、争议事实、裁决结果、仲裁费用的负担和裁决日期。裁决书由仲裁员签名加盖仲裁委员会印章，仲裁书自作出之日起发生法律效力。

4. 法院对仲裁的协助和监督

（1）法院对仲裁活动的协助

1）财产保全。财产保全是指为了保证仲裁裁决能够得到实际执行，以免利害关系人的合法利益受到难以弥补的损失，在法定条件下所采取的限制另一方当事人、利害关系人处分财物的保障措施。财产保全措施包括查封、扣押、冻结以及法律规定的其他方法。

2）证据保全。证据保全是指在证据可能毁损、灭失或者以后难以取得的情况下，为保存其证明作用而采取一定的措施加以确定和保护的制度。证据保全是保证当事人承担举证责任的补救方法，在一定意义上也是当事人取得证据的一种手段。证据保全的目的就是保障仲裁的顺利进行，确保仲裁庭作出正确裁决。

3）强制执行仲裁裁决。仲裁裁决具有强制执行力，对双方当事人都有约束力，当事人应该自觉履行。但由于仲裁机构没有强制执行仲裁裁决的权力，因此，为了保障仲裁裁决的实施，防止负有履行裁决义务的当事人逃避或者拒绝仲裁裁决确定的义务，我国《仲裁法》规定，一方当事人不履行仲裁裁决的，另一方当事人可以依照民事诉讼法的有关规定向人民法院申请执行，受申请的人民法院应当执行。这时，法院将只审查仲裁协议的有效性、仲裁协议是否承认仲裁裁决是终局的以及仲裁程序的合法性等，而不审查实体问题。许多国家的法律制度最大限度地减少对仲裁的司法干预，以保证仲裁程序的独立公正、实际和迅速地进行，并确认仲裁裁决的终局性和提供执行的便利。

（2）法院对仲裁的监督

为了提高仲裁员的责任心，保证仲裁裁决的合法性、公正性，保护各方当事人的合法权益，我国《仲裁法》规定了法院对仲裁活动予以司法监督的制度。规定表明，对仲裁进行司法监督的范围是有限的而且是事后的。如果当事人对仲裁裁决没有异议，不主动申请司法监督，法院对仲裁裁决采取不干预的做法；司法监督的实现方式主要是允许当事人向法院申请撤销仲裁裁决和不予执行仲裁裁决。

1）撤销仲裁裁决。当事人提出证据证明裁决有下列情形之一的，可以在自收到仲裁裁决书之日起6个月内向仲裁委员会所在地的中级人民法院申请撤销仲裁裁决：没有仲裁协议的；裁决的事项不属于仲裁协议的范围或者仲裁委员会无权仲裁的；仲裁庭的组成或者仲裁的程序违反法定程序的；裁决所根据的证据是伪造的；对方当事人隐瞒了足以影响公正裁决证据的；仲裁员在仲裁该案时有索贿受贿、徇私舞弊、枉法裁决行为的。以上规定表明，当事人申请撤销裁决应当在法律规定的期限内向法院提出，并应提供证明有以上情形的证据。同时，并非任何法院都有权受理撤销仲裁裁决的申请，只有仲裁委员会所在地的中级人民法院对此享有专属管辖权。此外，法院认定仲裁裁决违背社会公共利益的应当裁定撤销。法院应当在受理撤销裁决申请之日起两个月内作出撤销裁决或者驳回申请的裁定，法院裁定撤销裁决的，应当裁定终止执行；撤销裁决的申请被裁定驳回的，法院应当裁定恢复执行。

2）不予执行仲裁裁决。在仲裁裁决执行过程中，如果被申请人提出证据证明裁决有下列情形之一的，经法院组成合议庭审查核实，裁定不予执行该仲裁裁决：当事人在合同中没有订有仲裁条款或者事后没有达成书面仲裁协议的；裁决的事项不属于仲裁协议的范围或者仲裁机构无权仲裁的；仲裁庭的组成或者仲裁的程序违反法定程序的；认定事实和主要证据不足的；适用法律有错误的；仲裁员在仲裁该案时有贪污受贿、徇私舞弊、枉法裁决行为的。仲裁裁决被法院裁定不予执行的，当事人之间的争议并没有得到解决，因此，当事人就该争议可以根据双方重新达成的仲裁协议申请仲裁；也可以向法院起诉。

6.2.4　诉讼

诉讼是指合同当事人按照民事诉讼程序向法院对一定的人提出权益主张并要求法院予以解决和保护的请求。任何一方当事人都有权起诉，而无须征得对方当事人的同意。当事人向法院提起诉讼，适用民事诉讼程序解决；诉讼应当遵循地域管辖、级别管辖和专属管辖的原则。法院审理合同争议案件，实行二审终审制度。

6.2.4.1　第一审普通程序和简易程序

1. 起诉与受理

起诉是指合同争议当事人请求法院通过审判保护自己合法权益的行为。起诉必须符合下列条件：原告是与案件有直接利害关系的公民、法人和其他组织；有明确的被告；有具体的诉讼请求和事实、理由；请求的事由属于法院的收案范围和受诉法院管辖；原、被告之间没有约定合同仲裁条款或达成仲裁协议。起诉应在诉讼时效内进行。起诉原则上是用书面形式，即原告向人民法院提交起诉状。

起诉状是原告表示诉讼请求和事实根据的一种诉讼文书。起诉状中应记明以下事项：当事人的基本情况；诉讼请求和所根据的事实与理由；证据和证据来源、证人姓名和住处。此外，起诉状还应说明受诉法院的名称、起诉的时间，最后由起诉人签名或盖章。

受理是指法院对符合法律条件的起诉决定立案审理的诉讼行为。法院接到起诉状后，经审查，认为符合起诉条件的，应当在7日内立案，并通知当事人；认为不符合起诉条件的，应当在接到起诉状之日起6日内裁定不予受理；原告对裁定不服的，可以提起上诉。

2. 审理前准备

法院应当在立案之日起 5 日内将起诉状副本送达被告；被告在收到之日起 15 日内提出答辩状。法院在收到被告答辩状之日起 5 日内将答辩状副本送达原告，被告不提出答辩状的，不影响审判程序的进行。如被告对管辖权有异议的，也应当在提交答辩状期间提出，逾期未提出的，视为被告接受诉法院管辖。

法院受理案件后应当组成合议庭，合议庭至少由三名审判员或至少由一名审判员和两名陪审员组成，不包括书记员。合议庭组成后，应当在 3 日内将合议庭组成人员告知当事人。

其他准备工作有：发送受理案件通知书和应诉通知书，告知当事人的诉讼权利义务。告知合议庭组成人员，确定案件是否公开审理。审核诉讼材料，调查收集必要的证据。追加诉讼第三人。试行调解等。

3. 开庭审理

开庭审理是指在法院审判人员的主持下，在当事人和其他诉讼参与人的参加下，法院依照法定程序对案件进行口头审理的诉讼活动，开庭审理是案件审理的中心环节。审理合同争议案件，除涉及国家秘密或当事人的商业秘密外，均应公开开庭审理。

（1）宣布开庭

宣布开庭，法院应在 3 日前将通知送达当事人及有关人员。对公开审理的案件 3 日前应贴出公告。开庭前，由书记员查明当事人和其他诉讼参与人是否到达法庭及其合法身份，同时宣布法庭纪律。开庭审理时，由审判长或独任审判员宣布开始，同时核对当事人并告知当事人诉讼权利和义务。

（2）法庭调查

这是开庭审理的核心阶段，主要任务是审查、核对各种证据，以查清案情认定事实。其顺序是：当事人陈述，先由原告陈述，再由被告陈述；证人作证，法庭应告知证人的权利义务，对未到庭的证人应宣读其书面证言；出示书证、物证和视听资料；宣读鉴定结论；宣读勘验笔录。当事人在法庭上可以提供新证据，可以要求重新调查、鉴定或勘验，是否准许，由法院决定。

（3）法庭辩论

法庭辩论是由当事人陈述自己的意见，通过双方的言辞辩论，使法院进一步查明事实，分清是非。其顺序是：原告及其诉讼代理人发言；被告及其诉讼代理人答辩；第三人及其诉讼代理人发言或者答辩；互相辩论。法庭辩论终结，由审判长按照原告、被告、第三人的先后顺序征询各方最后意见。

（4）评议审判

法庭辩论结束后，由合议庭成员退庭评议，按照少数服从多数原则作出判决。评议中的不同意见，必须如实记入笔录。评议除对工程合同争议案件作出处理决定外，还应对物证的处理、诉讼费用的负担作出决定。判决当庭宣告的，在合议庭成员评议结束重新入庭就座后，由审判长宣判，并在 10 日内向当事人发送判决书。定期宣判的，审判长可当庭告知双方当事人定期宣判的时间和地点，也可以另行通知。定期宣判后，立即发给判决书。宣判时应当告知当事人上诉权利、上诉期限和上诉法院。

法院的生效判决在法律上具有多方面的效力，主要体现在：1）判决对人的支配力：判决具有确认某一主体应当为一定行为或不应当为一定行为的效力。2）判决对事的确定力：判决一经生效，当事人不得以同一事实和理由提起诉讼，对实体权利义务也不得争执，随意改变。3）判决的执行力：判决具有作为执行根据、从而进行强制执行的效力。

4. 法院调解

经过法庭调查和法庭辩论后，在查清案件事实的基础上，当事人愿意调解的，可以当庭进行调解，当事人不愿调解或调解不成的，法院应当及时裁决。当事人也可以在诉讼开始后至裁决作出之前，随时向法院申请调解，法院认为可以调解时也可以随时调解。当事人自愿达成调解协议后，法院应当要求双方当事人在调解协议上签字，并根据情况决定是否制作调解书。对不需要制作调解书的协议，应当记入笔录，由争议双方当事人、审判人员、书记员签名或盖章后，即具有法律效力。多数情况下，法院应当制作调解书，调解书应当写明诉讼请求、案件的事实和调解结果。调解书应由审判人员、书记员签名，加盖法院印章，送达双方当事人。

根据民事诉讼法的有关规定，第一审普通程序审理的案件应从立案之日起6个月内审结。有特殊情况需要延长的，由本院院长批准，可以延长6个月。还需要延长的，报请上级法院批准。

5. 简易程序

基层法院和它的派出法庭收到起诉状经审查立案后，认为事实清楚、权利义务关系明确，争议不大的简单合同争议案件，可以适用简易程序进行审理。在简易程序中可以口头起诉、口头答辩。原被告双方同时到庭的，可以当即进行审理，当即调解。可以用简便方式传唤另一当事人到庭；简易程序中由审判员一人独任审判，不用组成合议庭，在开庭通知、法庭调查、法庭辩论上不受普通程序有关规定的限制。适用简易程序审理的合同争议案件，应当在立案之日起3个月内审结。

6.2.4.2 第二审程序

第二审程序是指诉讼当事人不服第一审法院判决、裁定，依法向上一级法院提起上诉，由上一级法院根据事实和法律，对案件重新进行审理的程序。其审理范围为上诉请求的有关事实和适用的法律。上诉期限，不服判决的为15日，不服裁定的为10日。逾期不上诉的，原判决、裁定即发生法律效力。当事人提起上诉后至第二审法院审结前，原审法院的判决或裁定不发生法律效力。

第二审法院应当组成合议庭开庭审理，但合议庭认为不需要开庭审理的，也可以直接进行判决、裁定。第二审法院对上诉或者抗诉的案件，经审理后依不同情况分别处理：

（1）原判决认定事实清楚、适用法律正确的，判决驳回上诉，维持原判。

（2）原判决适用法律错误的，依法改判。

（3）原判决认定事实错误，或者原判决认定事实不清、证据不足，裁定撤销原判决，发回原审法院重审，或者查清事实后改判。

（4）原判决违反法定程序，可能影响案件正确判决的，裁定撤销原判决，发回原审法院重审。当事人对重审案件的判决、裁定，可以上诉。

第二审法院作出的判决、裁定是终审判决、裁定，当事人没有上诉权。二审法院对判决、裁定的上诉案件，应当分别在案件立案之日起3个月内和1个月内审结。第二审法院可以对上诉案件进行调解。调解达成协议的，应当制作调解书，调解书送达后，原审法院的判决即视为撤销。调解不成的，依法判决。

6.2.4.3 审判监督程序

审判监督程序是指法院对已经发生法律效力的判决、裁定，发现确有错误需要纠正而进行的再审程序。它是保证审判的正确性，维护当事人合法权益，维护法律尊严的一项重要补救程序。可以提起再审的，只能是享有审判监督权力的机关和公职人员。具体有以下三种情况：

（1）各级法院院长对本院已经发生法律效力的判决、裁定，发现确有错误，认为需要提起再审的，应当提交审判委员会讨论决定。决定再审，即作出裁定撤销原判，另组成合议庭再审。

（2）最高法院对地方各级法院已经发生法律效力的判决、裁定，发现确有错误，有权提审或指令下级法院再审。

（3）上级法院对下级法院已经发生法律效力的判决、裁定，发现确有错误，有权提审或指令下级法院再审。

按照审判监督程序决定再审的案件，应作出中止执行原判决、原裁定的裁定，通知执行人员中止执行。当事人对已经生效的判决、裁定认为有错误，可以向原审法院或上级法院申诉，要求再审，但不停止原判决、裁定的执行。当事人的申请符合下列情形之一的，法院应当再审：

1）有新的证据，足以推翻原判决、裁定的；

2）原判决、裁定认定事实的主要证据不足的；

3）原判决、裁定适用法律确有错误的；

4）法院违反法定程序、可能影响案件正确判决、裁定的；

5）审判人员在审理该案件时有贪污受贿、徇私舞弊、枉法裁判行为的。

此外，当事人对已经发生法律效力的调解书，提出证据证明调解违反自愿原则或者调解协议的内容违反法律的，可以申请再审，经法院查证属实，应当再审。

法院审理再审案件，应当另行组成合议庭，如果发生法律效力的判决、裁定是由第一审法院作出的，再审按第一审普通程序进行，所作出的判决、裁定当事人可以上诉；如果发生法律效力的判决、裁定是由第二审法院作出的，或者上级法院按照审判监督程序提审的，按第二审程序进行。所作出的判决、裁定，即为生效的判决、裁定，当事人没有上诉权。

6.2.4.4 执行程序

执行是法院依照法律规定的程序，运用国家强制力，强制当事人履行已生效的判决和其他法律文书所规定的义务的行为，又称强制执行。对于已经发生法律效力的判决、裁定、调解书、支付令、仲裁裁决书、公证债权文书等，当事人应当自动履行。一方当事人拒绝履行的，另一方当事人有权向法院申请执行，也可以由审判员移送执行员执行。申请执行的期限，双方或一方当事人是公民的为一年，双方是法人或其他组织的为六个月，从法律文书规定履行期限的最后一日起计算。

执行中，双方当事人自行和解达成协议的，执行员应当将协议内容记入笔录，由双方当事人签名或盖章。一方当事人不履行和解协议的，经对方当事人申请恢复对原生效法律文书的执行，执行中被执行人向法院提供担保并经申请执行人同意的，法院可以决定暂缓执行及暂缓执行的期限。被执行人逾期仍不履行的，法院有权执行被执行人的担保财产或者担保人的财产。

依照《民事诉讼法》规定，强制执行措施有：法院有权扣留、提取被执行人应当履行义务部分的收入；有权向银行等金融机构查询被执行人的存款情况，冻结、划拨被执行人的存款，但不得超出被执行人应履行义务的范围；查封、扣押、冻结、拍卖、变卖被执行人应当履行义务部分的财产；对被执行人隐匿的财产进行搜查；执行特定行为等。

6.3 建设工程争议的防范与管理

6.3.1 《司法解释》关于合同争议的规定

（1）《司法解释》第14条规定，"当事人对建设工程实际竣工日期有争议的，按照以下情形分别处理：建设工程经竣工验收合格的，以竣工验收合格之日为竣工日期；承包人已经提交竣工验收报告，发包人拖延验收的，以承包人提交验收报告之日为竣工日期；建设工程未经竣工验收，发包人擅自使用的，以转移占有建设工程之日为竣工日期"。

（2）《司法解释》第15条规定，"建设工程竣工前，当事人对工程质量发生争议，工程质量经鉴定合格的，鉴定期间为顺延工期期间"。

（3）《司法解释》第16条规定，"当事人对建设工程的计价标准或者计价方法有约定的，按照约定结算工程价款。因设计变更导致建设工程的工程量或者质量标准发生变化，当事人对该部分工程价款不能协商一致的，可以参照签订建设工程施工合同时当地建设行政主管部门发布的计价方法或者计价标准结算工程价款。建设工程施工合同有效，但建设工程经竣工验收不合格的，工程价款结算参照本解释第三条规定处理"。

（4）《司法解释》第17条规定，"当事人对欠付工程价款利息计付标准有约定的，按照约定处理；没有约定的，按照中国人民银行发布的同期同类贷款利率计息"。

（5）《司法解释》第18条规定，"利息从应付工程价款之日计付。当事人对付款时间没有约定或者约定不明的，下列时间视为应付款时间：建设工程已实际交付的，为交付之日；建设工程没有交付的，为提交竣工结算文件之日；建设工程未交付，工程价款也未结算的，为当事人起诉之日"。

（6）《司法解释》第19条规定，"当事人对工程量有争议的，按照施工过程中形成的签证等书面文件确认。承包人能够证明发包人同意其施工，但未能提供签证文件证明工程量发生的，可以按照当事人提供的其他证据确认实际发生的工程量"。

（7）《司法解释》第20条规定，"当事人约定，发包人收到竣工结算文件后，在约定期限内不予答复，视为认可竣工结算文件的，按照约定处理。承包人请求按照竣工结算文件结算工程价款的，应予支持"。

（8）《司法解释》第21条规定，"当事人就同一建设工程另行订立的建设工程施工合同与经过备案的中标合同实质性内容不一致的，应当以备案的中标合同作为结算工程价款的根据"。

（9）《司法解释》第22条规定，"当事人约定按照固定价结算工程价款，一方当事人请求对建设工程造价进行鉴定的，不予支持"。

（10）《司法解释》第23条规定，"当事人对部分案件事实有争议的，仅对有争议的事实进行鉴定，但争议事实范围不能确定，或者双方当事人请求对全部事实鉴定的除外。"

（11）《司法解释》第24条规定，"建设工程施工合同纠纷以施工行为地为合同履行地。"

（12）《司法解释》第25条规定，"因建设工程质量发生争议的，发包人可以以总承包人、分包人和实际施工人为共同被告提起诉讼。"

（13）《司法解释》第26条规定，"实际施工人以转包人、违法分包人为被告起诉的，人民法院应当依法受理。实际施工人以发包人为被告主张权利的，人民法院可以追加转包人或者违法分包人为本案当事人。发包人只在欠付工程价款范围内对实际施工人承担责任"。

6.3.2 建设工程争议的防范措施

建设工程纠纷的处理会花费双方当事人大量的时间、精力和金钱，影响双方的合作基础和未来的合作关系，并会影响施工项目最终目标的顺利实现。因此施工合同双方当事人必须采取有效的防范措施，避免和减少施工合同纠纷的产生，或以最小的代价合理处理施工合同纠纷。

1. 总体防范措施

（1）认真学习、理解和遵守合同及建设工程相关的法律、法规；

（2）提高和强化合同意识和诚信履约意识；

（3）建立和完善企业合同管理体系和合同管理制度；

（4）设立相应的合同管理机构，配备专门的合同管理人员；

（5）正确和合理使用《建设工程施工合同（示范文本）》或建立企业标准的合同文本系列；

（6）提高施工合同风险管理能力和水平等。

2. 具体防范措施

施工合同履行过程中常见的纠纷主要涉及主体资格纠纷、工程款纠纷、施工质量和保修纠纷、工期纠纷、合同分包与转包纠纷、合同变更和解除纠纷、竣工验收纠纷及合同审计与审价纠纷等方面。常见施工合同纠纷的成因及其具体防范措施参见表6-1。

常见施工合同纠纷的成因及具体防范措施　　　　表6-1

施工合同纠纷种类	施工合同纠纷的成因	施工合同纠纷的防范措施
施工合同主体纠纷	（1）发包方存在主体资格问题 （2）承包方无资质或资质不够 （3）因联合体承包导致的纠纷 （4）因"挂靠"问题产生的纠纷 （5）因无权（表见）代理导致的纠纷	（1）加强对发包方主体资格的审查 （2）加强对承包方资质和相关人员资格的审查 （3）联合体承包应合法、规范、自愿 （4）避免"挂靠" （5）加强对授权委托书和合同专用章的管理

施工合同纠纷种类	施工合同纠纷的成因	施工合同纠纷的防范措施
施工合同工程款纠纷	(1) 建筑市场竞争过分激烈 (2) 合同存在缺陷 (3) 工程量计算不正确及工程量增减 (4) 单价和总价不匹配 (5) 因工程变更导致的纠纷 (6) 因施工索赔导致的纠纷 (7) 应价格调整导致的纠纷 (8) 工程款恶意拖欠	(1) 加强风险预防和管理能力 (2) 签订权责利清晰的书面合同 (3) 加强工程量的计算和审核，避免合同缺项 (4) 避免总价和分项工程单价之和的不符 (5) 加强工程变更管理 (6) 科学规范地进行施工索赔 (7) 正确签订和处理调价条款 (8) 利用法律手段保护自身合法利益
施工合同质量及保修纠纷	(1)违反建设程序进行项目建设 (2)不合理压价和缩短工期 (3)设计施工中提出违反质量和安全标准的不合理要求 (4)将工程肢解发包或发包给无资质单位 (5)施工图设计文件未经审查 (6)使用不合格的建筑材料、构配件和设备 (7)未按设计图纸、技术规范施工以及施工中偷工减料 (8)不履行质量保修责任 (9)监理制度不严格,监理不规范、不到位	(1)严格按照建设程序进行项目建设 (2)对造价和工期的要求应符合客观规律 (3)遵守法律、法规和工程质量、安全标准要求 (4)合理划分标段,不能随意肢解发包工程 (5)施工图设计文件必须按规定进行审查 (6)加强对建筑材料、构配件和设备的管理 (7)应当按设计图纸和技术规范等要求进行施工 (8)完善质量保修责任制度 (9)严格监理制度,加强质量监督管理
施工合同工期纠纷	(1)合同工期约定不合理 (2)工程施工进度计划有缺陷 (3)施工现场不具备施工条件 (4)工程变更频繁和工程量增减 (5)不可抗力影响 (6)征地、拆迁遗留问题及周围相邻关系影响工期	(1)合同工期约定应符合客观规律 (2)加强施工进度计划管理 (3)施工现场应具备通水、电、气等施工条件 (4)加强工程变更管理 (5)避免、减少和控制不可抗力的不利影响 (6)加强外部关系的协调和处理
施工合同分包与转包纠纷	(1)因资质问题导致的纠纷 (2)因承包范围不清产生的纠纷 (3)因转包导致的纠纷 (4)因对分包管理不严产生的纠纷 (5)因配合和协调问题产生的纠纷 (6)因违约和罚款问题产生的纠纷	(1)加强对分包商资质的审查和管理 (2)明确分包范围和履约范围 (3)严格禁止转包 (4)加强对分包的管理 (5)加强有关各方的配合和协调 (6)避免违约和罚款
施工合同变更和解除纠纷	(1)合同存在缺陷 (2)工程本身存在不可预见性 (3)设计与施工存在脱节 (4)"三边工程"导致大量变更 (5)因口头变更导致纠纷 (6)单方解除施工合同	(1)避免合同缺陷 (2)做好工程的预见性和计划性 (3)避免设计和施工的脱节 (4)避免"三边工程" (5)规范口头变更 (6)规范单方解除合同

施工合同纠纷种类	施工合同纠纷的成因	施工合同纠纷的防范措施
施工合同竣工验收纠纷	(1) 因验收标准、范围和程序等问题导致的纠纷 (2) 隐蔽工程验收产生的纠纷 (3) 未经竣工验收而提前使用导致的纠纷	(1) 明确验收标准、范围和程序 (2) 严格按规范和合同约定对隐蔽工程进行验收 (3) 避免工程未经竣工验收而提前使用
施工合同审计和审价纠纷	(1) 有关各方对审计监督权的认识偏差 (2) 审计机关的独立性得不到保证 (3) 因工程造价的技术性问题导致的纠纷 (4) 因审计范围、时间、结果和责任承担而产生的纠纷	(1) 正确认识审计监督权 (2) 确保审计机关的独立性 (3) 确保审计的科学和合理 (4) 规范审计工作

6.3.3 建设工程的争议管理

1. 有理有礼有节，争取和解或调解

施工企业面临着众多争议而且又必须设法解决的困惑，不少企业都设置并逐步完善了自己的内部法律机构或部门，专职实施对争议的管理。要注意预防解决争议找法院打官司的单一思维，通过诉讼解决争议未必是最有效的方法。由于工程合同争议情况复杂，专业问题多，有许多争议法律无法明确规定，往往造成主审法官难以判断、无所适从。因此，要深入研究案情和对策，处理争议要有理有礼有节，能采取和解、调解、甚至争议评审方式解决争议的，尽量不要采取诉讼或仲裁方式。因为通常情况下，工程合同争议案件经法院几个月的审理，由于解决困难，法庭只能采取反复调解的方式，以求调解结案。既然如此，当事人应尽可能先行采取和解、调解方式解决争议。

2. 重视诉讼、仲裁时效，及时主张权利

通过仲裁、诉讼的方式解决工程合同争议的，应当特别注意有关仲裁时效与诉讼时效的法律规定，在法定时效内主张权利。所谓诉讼或仲裁时效，是指权利人请求法院或者仲裁机构保护其合法权益的有效期限。合同当事人在法定提起诉讼或仲裁申请的期限内依法提起诉讼或申请仲裁的，则法院或者仲裁机构对权利人的请求予以保护。在时效期限满后，权利人的请求权就得不到保护，债务人可依法免于履行债务。换言之，若权利人在时效期间届满后才主张权利的，即丧失了胜诉权，其权利不受保护。

《仲裁法》第 74 条规定，法律对仲裁时效有规定的，适用该规定，法律对仲裁时效没有规定的，适用诉讼时效的规定。《民法通则》第 5 条规定，向人民法院请求保护民事权利的诉讼时效期间为 2 年，法律另有规定的除外。《合同法》第 129 条规定：因国际货物买卖合同和技术进出口合同争议提起诉讼或者申请仲裁的期限为 4 年。关于工程合同争议的仲裁时效和诉讼时效的计算如下：

（1）追索工程款、勘察费、设计费，仲裁和诉讼时效期间均为 2 年，从工程竣工之日起计算，双方对付款时间有约定的，从约定的付款期限届满之日起计算。

（2）工程因发包人的原因中途停工的，仲裁和诉讼时效期间从工程停工之日起计算。

（3）工程竣工或工程中途停工，承包人应当积极主张权利。实践中，承包人提出工程竣工结算报告或对停工工程提出中间工程竣工结算报告，系承包人主张权利的基本方式，可引起诉讼时效的中断。

（4）追索材料款、劳务款，仲裁和诉讼时效期间亦为 2 年，从双方约定的付款期限届满之日起计算；没有约定期限的，从购方验收之日起计算，或从劳务工作完成之日起计算。

（5）出售质量不合格的商品未声明的，仲裁和诉讼时效期间均为 1 年，从商品售出之日起计算。

3. 全面收集证据，确保客观充分

证据是指能够证明案件真实情况的事实。在民事案件中，事实是指发生在当事人之间的引起当事人权利义务的产生、变更或者消灭的活动。证据具有两个基本特征，其一，证据是客观存在的事实，不以人的意志为转移；其二，证据是与案情有联系的事实，这也是证据之所以能起到证明案件真实情况的作用的原因。

根据能够作为证据的客观事实所借以表现的形式，《民事诉讼法》第 63 条将证据分为 7 种，即书证、物证、视听资料、证人证言、当事人的陈述、鉴定结论、勘验笔录。根据法律规定和司法实践，收集证据应当遵守如下要求：

（1）为了及时发现和收集到充分、确凿的证据，在收集证据以前应当认真研究已有材料，分析案情，并在此基础上制定收集证据的计划，确定收集证据的方向、调查的范围和对象、应当采取的步骤和方法，同时还应考虑到可能遇到的问题和困难，以及解决问题和克服困难的办法等。

（2）收集证据的程序和方式必须符合法律规定。凡是收集证据的程序和方式违反法律规定的，例如，以贿赂的方式使证人作证的，或不经过被调查人同意擅自进行录音的等等，所收集到的材料一律不能作为证据来使用。

（3）收集证据必须客观、全面。收集证据必须尊重客观事实，按照证据的本来面目进行收集，不能弄虚作假，断章取义，制造假证据。全面收集证据就是要收集能够收集到的、能够证明案件真实情况的全部证据，不能只收集对自己有利的证据。

（4）收集证据必须深入、细致。实践证明，只有深入、细致地收集证据，才能把握案件的真实情况，因此，收集证据必须杜绝粗枝大叶、马虎行事、不求甚解的做法。

（5）收集证据必须积极主动、迅速，证据虽然是客观存在的事实，但可能由于外部环境或条件的变化而变化，如果不及时予以收集，就有可能灭失。

4. 摸清财务状况，做好财产保全

对工程合同的当事人而言，提起诉讼的目的，大多数情况下是为了实现金钱债权，因此，必须在申请仲裁或者提起诉讼前调查债务人的财产状况，为申请财产保全做好充分准备。调查债务人的财产范围应包括：

（1）固定资产，如房地产、机器设备等尽可能查明其数量、质量、价值，是否抵押等具体情况。

（2）开户行、账号、流动资金的数额等情况。

（3）有价证券的种类、数额等情况。

（4）债权情况，包括债权的种类、数额、到期日等。

（5）对外投资情况（如与他人合股、合伙创办经济实体），应了解其股权种类、数额等。

（6）债务情况。债务人是否对他人尚有债务未予清偿，以及债务数额、清偿期限的长短等，都会影响到债权人实现债权的可能性。

（7）此外，如果债务人系企业的，还应调查其注册资金与实际投入资金的具体情况，两者之间是否存在差额，以便确定是否请求该企业的开办人对该企业的债务在一定范围内承担清偿责任。

执行难是一个令债权人十分头痛的问题。因此，为了有效防止债务人转移、隐匿财产，顺利实现债权，应当在起诉或申请仲裁成立之前向人民法院申请财产保全。《民事诉讼法》第92条第（1）款规定："人民法院对于可能因当事人一方的行为或者其他原因，使判决不能执行或者难以执行的案件，可以根据对方当事人的申请，作出财产保全的裁定；当事人没有提出申请的，人民法院在必要时也可以裁定采取财产保全措施"。"利害关系人因情况紧急，不立即申请财产保全将会使其合法权益受到难以弥补的损害的，可以在起诉前向人民法院申请采取财产保全措施"。应当注意，申请财产保全，一般要向法院提供担保，且起诉前申请财产保全的，必须提供担保。担保应当以金钱、实物或者人民法院同意的担保等形式实现，所提供的担保的数额应相当于请求保全的数额。

5. 聘请专业律师，尽早介入争议处理

近年来，各地都已出现了一些熟悉、擅长工程合同争议解决的专业律师和专业律师事务所。由于这些律师经常从事专业案件的处理，具有解决复杂案件的能力，有的已经成为专家。这是法律服务专业化分工的必然结果。

因此，合同当事人不论是否有自己的法律机构，当遇到案情复杂、难以准确判断的争议时，应当尽早聘请专业律师，避免走弯路。目前，不少承包人抱怨，官司打赢了，得到的却是一纸空文，判决无法执行，这往往和起诉时未确定真正的被告和未事先调查执行财产并及时采取诉讼保全有关。工程合同争议的解决不仅取决于对行业情况的熟悉，很大程度上取决于诉讼技巧和正确的策略，而这些都是专业律师的专长。

6.4 建设工程管理的法律责任

建设工程法律责任主要包括民事责任、行政责任和刑事责任。不适当的工程建设行为的后果可能涉及这三种责任中的一种或几种。建设行业从业人员应当能预见自己的建设行为所产生的后果，进而规范自己的工程建设行为。

6.4.1 建设工程民事责任的种类和承担方式

1. 民事责任的种类

民事责任是民事主体因违反民事义务所应承担的民事法律后果，它主要是一种民事救济手段，旨在使受害人被侵犯的权益得以恢复。

民事责任具有以下主要特征：1）民事责任以民事义务为基础，是违反民事义务的法律后果。2）民事责任以恢复被侵害人的权利为目的。3）民事责任具有法律上的强制性。4）民事责任是保护性民事法律关系的内容。

我国《民法通则》根据民事责任的承担原因将民事责任主要划分为违约责任和侵权

责任两类。违约责任是指合同当事人不履行合同或者履行合同不符合约定而应承担的民事责任。侵权责任是指由于侵权行为而应承担的民事责任。侵权行为是指民事主体违反民事义务，侵害他人合法的民事权益，依法应承担民事法律责任的行为。

侵权行为可分为一般侵权行为与特殊侵权行为。

（1）一般侵权行为，是指行为人基于主观过错实施的，应适用侵权责任一般构成要件和一般责任条款的致人损害的行为。例如故意侵占、毁损他人财物、诽谤他人名誉等诸如此类的行为。

（2）特殊侵权行为，是指由法律直接规定，在侵权责任的主体、主观构成要件、举证责任的分配等方面不同于一般侵权行为，应适用民法上特别责任条款的致人损害的行为。《民法通则》第121条至第127条规定了特殊侵权行为。其中与工程建设密切相关的有：

1）违反国家保护环境防止污染的规定，污染环境造成他人损害的，应当依法承担民事责任；

2）在公共场所、道旁或者通道上挖坑、修缮安装地下设施等，没有设置明显标志和采取安全措施造成他人损害的，施工人应当承担民事责任；

3）建筑物或者其他设施以及建筑物上的搁置物、悬挂物发生倒塌、脱落、坠落造成他人损害的，它的所有人或者管理人应当承担民事责任，但能够证明自己没有过错的除外。

2. 民事责任的承担方式

民事责任的承担方式，又称为民事责任的形式，是指民事主体承担民事责任的具体措施。根据《民法通则》第134条规定，承担民事责任的方式主要有：（1）停止侵害。（2）排除妨碍。（3）消除危险。（4）返还财产。（5）恢复原状。（6）修理、重作、更换。（7）赔偿损失。（8）支付违约金。（9）消除影响、恢复名誉。（10）赔礼道歉。

以上承担民事责任的方式，可以单独适用，也可以合并适用。

3. 建设工程中常见的民事责任

建筑工程民事法律责任是指建设法律关系主体违反《建筑法》及其他相关法律而应承担的法律后果。民事法律责任的特点主要是以补偿性为主。建筑工程涉及的民事责任主要包括勘察设计单位、施工单位、监理单位的民事责任，责任形式主要包括赔偿损失、排除妨碍、消除危险、返工等。一般会出现以下几种情况：

（1）施工单位转让、出借资质证书或以其他方式允许他人以本企业的名义承揽工程，对因该工程不符合规定的质量标准造成的损失，施工企业与使用本企业名义的单位或个人应承担连带赔偿责任。

（2）施工单位擅自将工程转包或分包。对因转包工程或违法分包工程不符合规定的质量标准造成的损失，施工单位应与转包或分包单位承担连带赔偿责任。

（3）施工单位在施工中偷工减料，使用不合格的建筑材料、构配件、设备的，或不按工程设计图纸或技术标准施工的行为，造成建筑工程质量不符合规定的质量标准，应承担返工、修理并赔偿因此造成的损失。

（4）施工单位不履行保修义务或拖延履行保修义务的，对在保修期内屋顶、墙面渗透开裂等质量瑕疵造成的损失，应承担赔偿责任。

（5）在公共场所、道旁或者通道上挖坑、修缮安装地下设施等，没有设置明显标志和采取安全措施造成他人损害的，施工人应当承担民事责任。

（6）建筑物或者其他设施以及建筑物上的搁置物、悬挂物发生倒塌、脱落、坠落造成他人损害的，它的所有人或者管理人应当承担民事责任，但能够证明自己没有过错的除外。

（7）设计单位不按照建筑工程质量、安全标准进行设计，造成建设单位损失的，应承担赔偿责任。

（8）监理单位与建设单位或者施工单位串通，弄虚作假，降低工程质量，造成损失的，应承担连带赔偿责任。

（9）在建筑工程合理使用寿命内，因建筑工程质量不合格受到人身或财产损害的，受损失一方有权向相关责任者要求赔偿。

6.4.2　建设工程行政责任的种类和承担方式

行政责任是指有违反有关行政管理的法律法规规定，但尚未构成犯罪的行为所依法应当受到的法律制裁。行政责任主要包括行政处罚和行政处分。

1. 行政处罚

行政处罚是指国家行政机关及其他依法可以实施行政处罚权的组织，对违反经济、行政管理法律、法规、规章，尚不构成犯罪的公民、法人及其他组织实施的一种法律制裁。

在我国工程建设领域，对于建设单位、勘察、设计单位、施工单位、工程监理单位等参建单位而言，行政处罚是更为常见的行政责任形式。

《中华人民共和国行政处罚法》是规范和调整行政处罚的设定和实施的法律依据。根据《行政处罚法》第 8 条的规定，行政处罚的种类包括：（1）警告；（2）罚款；（3）没收违法所得、没收非法财物；（4）责令停产停业；（5）暂扣或者吊销许可证、暂扣或者吊销执照；（6）行政拘留；（7）法律、行政法规规定的其他行政处罚。

在建设工程领域，法律法规所设定的行政处罚主要有：警告、罚款、没收违法所得、责令限期改正、责令停业整顿、责令停止施工、取消一定期限内参加依法必须招标项目的投标资格、降低资质等级、吊销营业执照和资质证书、责令停止执业、吊销执业资格证书或其他许可证等。例如在建筑工程质量管理的行政责任中，《建筑法》第 67 条规定，承包单位将承包的工程转包的，或者违法进行分包的，责令改正，没收违法所得，并处罚款，可以责令停业整顿，降低资质等级，情节严重的，吊销资质证书。《建设工程质量管理条例》第 54 条规定，建设单位将建设工程发包给不具备相应资质等级的勘察、设计、施工单位，或者委托不具有相应资质等级的工程监理单位的，责令改正，处 50 万元以上 100 万元以下的罚款。

2. 行政处分

行政处分是国家行政机关依照行政隶属关系对违法失职的公务员给予的惩戒。国家公务员有《公务员法》所列违纪行为，尚未构成犯罪的，或者虽然构成犯罪但是依法不追究刑事责任的，应当给予行政处分；违纪行为情节轻微，经过批评教育后改正的，也可以免予行政处分。

依据《公务员法》，行政处分分为：警告、记过、记大过、降级、撤职、开除。公务员在受处分期间不得晋升职务和级别，其中受记过、记大过、降级、撤职处分的，不得晋升工资档次。受撤职处分的，按照规定降低级别。公务员受开除以外的处分，在受处分期间有悔改表现，并且没有再发生违纪行为的，处分期满后，由处分决定机关解除处分并以书面形式通知本人。解除处分后，晋升工资档次、级别和职务不再受原处分的影响。但是，解除降级、撤职处分的，不视为恢复原级别、原职务。

如《建设工程质量管理条例》规定，国家机关工作人员在建设工程质量监督管理工作中玩忽职守、滥用职权、徇私舞弊，构成犯罪的，依法追究刑事责任；尚不构成犯罪的，依法给予行政处分。

6.4.3 建设工程刑事责任的种类和承担方式

1. 刑事责任种类

《刑法》是规定何种行为是犯罪和应负何种刑事责任，并给予何种刑罚的法律。刑事责任是指犯罪主体因违反刑法，实施犯罪行为所应当承担的法律责任。刑事责任是法律责任中最强烈的一种。其承担方式主要是刑罚。刑罚包括主刑和附加刑。主刑包括：管制、拘役、有期徒刑、无期徒刑、死刑。附加刑包括：罚金、剥夺政治权利、没收财产、驱逐出境。

2. 建设工程常见的刑事责任

建设工程中触犯刑律的罪名主要有：工程重大安全事故罪、重大责任事故罪、串通投标罪、滥用职权罪、玩忽职守罪等。责任主体承担刑事责任既涉及单位本身又涉及直接行为人或直接责任人。

（1）工程重大安全事故罪

工程重大安全事故罪是指建设单位、设计单位、施工单位、工程监理单位违反国家规定，降低工程质量标准，造成重大安全事故的行为。《刑法》第137条规定，建设单位、设计单位、施工单位、工程监理单位违反国家规定，降低工程质量标准，造成重大安全事故，对直接责任人员，处5年以下有期徒刑或者拘役，并处罚金；后果特别严重的，处5年以上10年以下有期徒刑，并处罚金。

（2）重大责任事故罪

重大责任事故罪是指在生产、作业中违反有关安全管理的规定，因而发生重大伤亡事故或者造成其他严重后果的行为。《刑法》第134和135条规定，在生产、作业中违反有关安全管理的规定，因而发生重大伤亡事故或者造成其他严重后果的，处3年以下有期徒刑或者拘役；情节特别恶劣的，处3年以上7年以下有期徒刑。强令他人违章冒险作业，因而发生重大伤亡事故或者造成其他严重后果的，处5年以下有期徒刑或者拘役；情节特别恶劣的，处5年以上有期徒刑。

安全生产设施或者安全生产条件不符合国家规定，因而发生重大伤亡事故或者造成其他严重后果的，对直接负责的主管人员和其他直接责任人员，处3年以下有期徒刑或者拘役；情节特别恶劣的，处3年以上7年以下有期徒刑。

上海2010年11月15日发生"11.15"大火案后，涉嫌重大责任事故罪的多名责任人员被依法逮捕，重大责任事故罪的主体范围问题再次成为焦点。该罪的犯罪主体的实质特征在于"与特定的生产、作业相联系"，具体到建筑施工领域，其不仅包括直接从事生产、作业的人员，还包括施工单位中的组织、指挥人员，以及总承包单位中的管理人员以及工程监理人员。如果他们在生产、作业中违反有关安全管理的规定，因而发生重大伤亡事故或者造成其他严重后果的，都可以构成该罪。

（3）串通投标罪

串通投标罪是指投标者相互串通投标报价，损害招标人或者其他投标人利益，或者投标者与招标者串通投标，损害国家、集体、公民的合法权益，情节严重的行为。《刑法》第223条规定，投标人相互串通投标报价，损害招标人或者其他投标人利益，情节严重的，处3年以下有期徒刑或者拘役，并处或者单处罚金。投标人与招标人串通投标，损害国家、集体、公民的合法利益的，依照以上规定处罚。

（4）滥用职权罪、玩忽职守罪

滥用职权罪是指国家机关工作人员违反法律规定的权限和程序，滥用职权，致使公共财产、国家和人民利益遭受重大损失的行为。玩忽职守罪，是指国家机关工作人员玩忽职守，致使公共财产、国家和人民利益遭受重大损失的行为。

《刑法》第397条规定，国家机关工作人员滥用职权或者玩忽职守，致使公共财产、国家和人民利益遭受重大损失的，处3年以下有期徒刑或者拘役；情节特别严重的，处3年以上7年以下有期徒刑。本法另有规定的，依照规定。国家机关工作人员徇私舞弊，犯滥用职权罪、玩忽职守罪的，处5年以下有期徒刑或者拘役；情节特别严重的，处5年以上10年以下有期徒刑。本法另有规定的，依照规定。

例如《建筑法》第79条规定：负责颁发建筑工程施工许可证的部门及其工作人员，对不符合施工条件的建筑工程颁发施工许可证的，负责工程质量监督检查或者竣工验收的部门及其工作人员对不合格的建筑工程出具质量合格文件或者按合格工程验收的，除追究行政责任外，构成犯罪的，依法追究刑事责任。

6.5 案 例 分 析

【案例6-5-1】悬挂物坠落致人损害的民事责任

1. 事件背景

甲某因公出差到某市一家旅馆住宿，夜晚在房间休息时，天花板上的吊灯突然脱落，正好砸到甲某身上，致使甲某身上多处受伤，为此，甲某花去医疗费3013元。于是，甲某要求旅馆赔偿损失，但旅馆老板不同意，理由是吊灯属于某装修队安装的，旅馆本身没有过错。甲某只得又去找某装修队，但该装修队认为，吊灯脱落是由于吊灯经多年使用螺钉磨损严重造成的，装修队不承担责任。两家相互推诿，甲某于是诉至法院。

2. 案例分析

本案是一起特殊的民事侵权案件。《民法通则》第126条规定：建筑物或者其他设施以及建筑物上的搁置物、悬挂物发生倒塌、脱落、坠落造成他人损害的，它的所有人或者管理人应当承担民事责任，但能够证明自己没有过错的除外。本案中的归责原则应是过错推定责任原则。本案中，旅馆作为吊灯的所有人和管理人，对于吊灯脱落致人损害应当依法承担民事赔偿责任。如果能够证明这一损害结果是由装修队造成的，举证责任在于旅馆方。即使在这种情况下，也应由旅馆首先负责赔偿，然后再向真正过错方—装修队追偿。如果旅馆不能证明自己无过错，则推定其有过错，并承担甲某的损失赔偿责任。

【案例6-5-2】装修施工的公共通道要对行人负责

1. 事件背景

某商住楼15层房屋由某服务公司管理、使用，该楼层的部分房屋出租给了甲公司。某年年初服务公司对该楼层房屋及走廊进行装修。服务公司在施工现场的地面上放置了一些防滑木板。客户乙某到15楼的甲公司办事，在经过走廊前往电梯时，由于没有木板可踩而滑倒摔伤，经医院诊断为左股骨颈骨折，经鉴定为8级伤残。乙某多次要求服务公司赔偿未果，遂向法院起诉，要求赔偿住院费等共计112000元。

2. 案例分析

根据法律规定，在公共场所、道旁或者通道上挖坑、修缮安装地下设施等，没有设置明显标志和采取安全措施造成他人损害的，施工人应承担民事责任。那么乙某摔倒的地方算不算公共场所、道旁或通道上呢？

一审法院认为，本案中的装修地点是服务公司自己所有的房屋，不同于一般意义上的公共场所、通道。服务公司在装修场地采取了安全措施，而乙某作为一个具有完全民事行为能力人，应当预见在装修现场应小心谨慎，其责任不在于服务公司。一审法院没有支持乙的诉讼请求。随后，乙某上诉到中院。经过审理后，中院表示，服务公司将房屋出租给甲公司等单位从事经营活动，且甲公司的经营场所必然会有工作人员以及客户等人员出入，15楼走廊应该属于公共场所。据此，中院认为，服务公司安全措施不充分、不到位，应承担相应的责任。由于乙某是具有完全民事行为能力的人，应当有在施工现场小心谨慎的意识，因未足够谨慎造成受伤，也要承担责任。因此，中院判决服务公司负担70%赔偿责任，其余30%由乙某自行负担。

【案例6-5-3】 建设主管部门降低企业资质的行政处罚

建设部行政处罚决定书

被处罚人：××建筑金属结构有限公司

法定代表人：××

××年××月××日，由你公司施工的某网架工程，发生一起屋面网架坍塌的重大施工伤亡事故，造成6人死亡，5人轻伤。××市人民政府在《关于对××工程重大坍塌事故有关责任人处理意见的批复》中认定你公司严重违反建筑施工安装和质量检验的有关规范和标准，致使网架安装施工存在严重的质量安全隐患，对事故的发生负有直接责任。依据《中华人民共和国行政处罚法》第31条、第32条之规定，我部于××年××月××日向你单位发出了《建设部行政处罚意见告知书》（建质罚告字［20××］第××号）。××月××日收到你单位的陈述材料。本机关对你单位陈述材料所列举的事实情况进行了充分研究，认为处罚事实清楚、证据充分，应予认定。

依据《中华人民共和国建筑法》第74条之规定，我部决定给予你单位降低资质等级的行政处罚，将钢结构工程专业承包资质等级由一级降为二级。请你单位在收到本处罚决定书之日起，15日内持《建筑业企业资质证书》正、副本通过××省建设厅到建设部办理资质降级手续。

联 系 人：××

联系电话：×××××××××

中华人民共和国住房和城乡建设部

二〇〇×年××月××日

【案例6-5-4】重庆綦江虹桥垮塌案：主要责任人犯重大工程重大安全事故罪

1. 事件过程

"虹桥"系綦江县形象工程，形似彩虹而得名，该桥跨越长江支流—綦河，连接城东城西，于某年11月5日动工建设，两年后的2月16日竣工，桥净空跨度120m，耗资368万。某年1月4日晚6时50分左右，彩虹桥整体垮塌，包括18名年轻武警战士在内的40人遇难。同年3、4月，"綦江虹桥垮塌案"涉案的14名责任人被重庆第一中级人民法院一审宣判，10人提起上诉，同年12月，重庆市高院作出终审判决。原綦江县委员会副书记林××、原綦江县城乡建设管理委员会主任张××、原重庆市市政工程质量监督站站长赵××、原綦江县人大常委会副主任贺××、工程组织承建者费××等人，分别因受贿罪、玩忽职守罪、重大工程重大安全事故罪、玩忽职守罪等罪名，被判处有期徒刑6年至死刑，并对其中部分责任人处以2万至50万元罚款。

2. 主要设计者5年后回国被追诉

綦江彩虹桥主要设计者、原市政勘察设计研究院（现更名为重庆市市政设计研究院）退休职工赵××，因涉嫌工程重大安全事故罪，被重庆市渝中区检察院提起公诉。"虹桥"的主要设计者赵××已年近八旬，某年从市政勘察设计研究院退休前系该院的工程师，曾参与多个桥梁的设计施工。事发之后，由于当时赵××人在国外，对警方的侦察造成许多困难，经过公安机关的努力，某年5月，警方侦察终结。同年11月18日，已经回国的赵××，被检察院以涉嫌重大安全事故罪提起公诉。

3. 事故责任：设计粗糙、错诊异响

某年8月，赵××应原重庆市市政设计院院长助理段××之邀，私下组织重庆交通学院教师吴××、周××等人，为綦江县设计了"中承式钢管混凝土提篮拱人行桥"（即"虹桥"）。此举已经违反设计程序规定，随后又冒用市勘察设计院的图签出图。事发后，图纸经专家专家鉴定，确认该图"粗糙、更改随意，构造也有不当之处"。某年端午节，彩虹桥竣工不到半年，綦江举办龙舟赛时，彩虹桥曾发出"嘎"的一声炸响，桥上观众吓得惶恐四散，事后有关部门邀请赵××以设计方主要负责人的专家身份到现场勘察。赵××推断，"异响系应力调整，属正常现象"，这一错误的结论直接致使綦江县原县委书记张××作出继续上人通行的决定。

【案例6-5-5】监理人员在工程安全责任事故中涉嫌重大责任事故罪

1. 事件背景

某年9月5日22时10分左右，位于西单北大街西侧的由中国××冶金建设公司施工的"××工程"4号地项目，在进行高大厅堂顶盖模板支架预应力混凝土空心板现场浇筑施工时，发生模板支撑体系坍塌事故，造成8人死亡、21人受伤。

2. 案例分析

两年后的3月31日，对该重大责任事故负有责任的5人被北京市第一中级人民法院终审判刑，其中监理人员在安全责任事故中被判承担刑事责任在北京尚属首次。据调查，施工单位土建总工程师李××作为模板支架施工设计方案审核人，在该方案尚未批准情况下，便要求劳务队按该方案搭设模板支架，对事故发生负有重要技术责任。项目部总工程师杨××明知模板支架施工设计方案存在问题，但其对违反工作程序的施工搭建行为未采取措施，对事故发生负有主要技术管理责任。项目经理胡××在模板支架施工方案未经监理方书面批准且支架搭建工程未经监理方验收合格的情况下，对违反程序的模板支架施工不予制止，并组织进行混凝土浇筑作业，对事故发生负直接责任。监理总监吕××未按规定履行职责，在明知模板支架施工设计方案未经审批、已搭建的模板支架存在严重安全隐患的情况下，默许项目部进行模板支架施工，对事故发生负有重要责任。监理员吴××未认真履行职责，在明知施工方案未经审批、已搭建的模板支架存在严重安全隐患且施工方已进行混凝土浇筑的情况下，不予制止，涉嫌重大责任事故罪。

【案例 6-5-6】上海"倒楼"案一审宣判：6 人犯重大责任事故罪被判有期徒刑

1. 事件背景

某年 6 月 27 日 5 时 30 分，上海市××区××路一在建楼盘工地发生楼体倒覆事件，致 1 名工人死亡。事故调查组认定其为重大责任事故。法院经审理查明，在"莲花河畔景苑"项目工程作业中，被告人秦××作为建设方上海××房地产开发有限公司的现场负责人，秉承张××（另案处理）的指令，将属于施工方总包范围的地下车库开挖工程直接交予没有公司机构且不具备资质的被告人张××组织施工，并违规指令施工人员开挖堆土，对倒楼事故的发生负有现场管理责任。

2. 事件处理和分析

被告人张××身为施工方上海××建筑有限公司主要负责人，违规使用他人专业资质证书投标承接工程，致使工程项目的专业管理缺位，且放任建设单位违规分包土方工程给其没有专业资质的亲属，对倒楼事故的发生负有领导和管理责任。

被告人夏××作为施工方××公司的现场负责人，施工现场的安全管理是其应负的职责，但其任由工程施工在没有项目经理实施专业管理的状态下进行，且放任建设方违规分包土方工程、违规堆土，致使工程管理脱节，对倒楼事故的发生亦负有现场管理责任。

被告人陆××虽然挂名担任工程项目经理，实际未从事相应管理工作，但其任由施工方在工程招标投标及施工管理中以其名义充任项目经理，默许甚至配合施工方以此应付监管部门的监督管理和检查，致使工程施工脱离专业管理，由此造成施工隐患难以通过监管被发现、制止，因而对倒楼事故的发生仍负有不可推卸的责任。

被告人张××没有专业施工单位违规承接工程项目，并盲从建设方指令违反工程安全管理规范进行土方开挖和堆土施工，最终导致倒楼事故发生，系倒楼事故发生的直接责任人员。

被告人乔××作为监理方上海××建设监理有限公司的总监理，对工程项目经理名实不符的违规情况审查不严，对建设方违规发包土方工程疏于审查，在对违规开挖、堆土提出异议未果后，未能有效制止，对倒楼事故发生负有未尽监理职责的责任。

法院认为，作为工程建设方、施工单位、监理方的工作人员以及土方施工的具体实施者，6 名被告人在"莲花河畔景苑"工程项目的不同岗位和环节中，本应上下衔接、互相制约，却违反安全管理规定，不履行、不能正确履行或者消极履行各自的职责、义务，最终导致"莲花河畔景苑"7 号楼整体倾倒、1 人被压死亡和经济损失 1900 余万元的重大事故的发生。

据此，法院认为 6 名被告人均已构成重大责任事故罪，且属情节特别恶劣。鉴于 6 名被告人均具有自首情节，故依法作出上述判决。

【案例6-5-7】重大劳动安全事故罪与重大责任事故罪的判定

1. 事件过程

某年8月，深圳某工程有限公司承揽了深圳市某中学教学楼外墙修缮工程，并由杨××具体负责该项工程。杨××决定将工程外包，并违反有关规定同意使用明令禁止的毛竹搭建脚手架。深圳市××监理有限公司在监理过程中向杨某某提出整改意见，但杨××并未进行整改。同年8月27日15时许，工地毛竹脚手架坍塌，正在该脚手架上作业的多名工人坠落，造成1人死亡，4人受伤的重大责任事故。同年12月15日，杨××接到公安机关电话传唤后，主动前往公安机关接受调查，并如实交代其主要犯罪事实。当天，杨××因涉嫌犯重大劳动安全事故罪被深圳市公安局××分局刑事拘留。次年1月19日被逮捕。事故发生后，深圳市××区安全生产监督管理局对事故进行了调查，认定某教学楼外墙装修工程脚手架坍塌事故，是一起因违规施工导致的生产安全责任事故，事故的直接原因是违规使用毛竹搭建脚手架，施工人员和堆放的材料荷载导致脚手架整体失稳坍塌。调查报告对事故责任进行了划分，其中，被告人杨××作为深圳某工程有限公司在该工程工地的主要负责人应负直接领导责任。事故发生后，深圳某工程有限公司赔偿死者家属人民币286，000元，赔偿上述4名伤者人民币23，800元。

2. 法院判决

3月23日深圳市××区检察院以被告人杨××犯重大劳动安全事故罪，向××区法院提起公诉，请求依法判处，并提供了相关证据。法院依照《中华人民共和国刑法》第134条和第67条第1款之规定，判决被告人杨××犯重大责任事故罪，判处有期徒刑七个月。

3. 案例分析

本案中，检察院以涉嫌重大劳动安全事故罪起诉被告人杨××，但法院最终判决被告人杨××构成重大责任事故罪。实际上，本案争议焦点在于使用毛竹搭建脚手架到底属于"在生产、作业中违反有关安全管理规定"，还是将毛竹搭建脚手架视为"安全生产设施或者安全生产条件"。

目前，我国尚无关于禁止使用竹脚手架的国家规定，但大规模的基本建设导致竹材供应日益减少，而且毛竹材料无论是在竹材的生长年限，还是竹材直径都不符合规定，架子强度及稳定性均难以达到要求，成为施工安全的隐患。在广东地区，由于高温、多雨潮湿，毛竹更容易受损变形，毛竹脚手架发生垮塌事故的概率远高于钢管脚手架和木材脚手架等其他类型脚手架。因此，广东省和深圳市建设行政主管部门都颁布规范性文件，对建设工程使用竹脚手架进行规范和限制。其中1994年8月23日《深圳市建设局关于在建筑工程施工中停止使用竹脚手架的通知》规定，从1994年10月1日起，在深圳市施工现场停止使用竹脚手架，一律采用钢管脚手架。2003年4月22日《广东省建设工程限制使用竹脚手架管理规定》第二条规定：县级以上市、县（区）的城区以及上述区域外，搭设高度超过18m的工程，禁止使用竹脚手架。本案被告人杨××同意使用明令禁止的毛竹搭建脚手架，显然违反了上述规定，属于刑法上"在生产、作业中违反有关安全管理的规定"情形。另外，建筑用脚手架的主要作用是在高处作业时供堆料、短距离水平运输以及作业人员在上面施工作业，不同于专门用于保护劳动者人身安全的劳动安全设施（如安全帽、安全带、安全网、防护手套、防护服、绝缘鞋等），不属于刑法中的"安全生产设施或者安全生产条件"。综上所述,被告人杨××违反规定,同意使用明令禁止的毛竹搭建脚手架并发生重大伤亡事故,其行为构成重大责任事故罪,而非重大劳动安全事故罪。

【案例6-5-8】强行野蛮施工涉嫌犯重大劳动安全事故罪

1. 事件过程

被告人运××系河南某建设工程有限公司××分公司(下称分公司)负责人,被告人常××系运××雇佣的负责组织现场施工活动的管理人员。在分公司承建的某施工项目过程中,于某年5月5日,××县建设工程安全监理站(下称安监站)向建设单位和施工单位下达了建设工程安全监督指令书,指出该施工工地存在没有安全警示标志、用电不合格、外架搭设不符合规范、没有办理安全监督手续、龙门架没有监测5项安全问题,限于同月7日前整改完毕,把材料报安监站。两公司均未按照该指令书指定内容和期限进行整改,同月15日,安监站又向分公司下达了责令停止施工的通知,分公司亦未按照要求停止施工。同年5月25日,被告人运××代表分公司与建设单位签订了书面建设工程承包合同。同年7月1日下午,在无任何拆除方案的情况下,分公司安排不具备拆卸资质的施工人员常××等5人拆卸未在建设主管部门办理备案登记并未经检验的龙门架,在拆除过程中,吊货盘骤降,常××等3人随吊货盘坠落,不同程度受伤。同月4日,常××经抢救无效死亡。

2. 法院判决

法院审理认为,被告人运××作为河南省某工程有限责任公司××分公司负责人,在施工设备未经检验,相关安全监管部门向其单位下达安全监督指令书,责令其单位整改、后责令其停止施工的情况下,仍雇佣无资质人员施工;被告人常××在未编制施工方案的情况下,组织现场施工,造成1人死亡、2人受伤(其中1人重伤,三级伤残)的重大劳动安全事故。其行为均已构成重大劳动安全事故罪,鉴于2被告人能够自愿认罪,已赔偿死亡人员近亲属及受伤人员,确有悔罪表现,依照《中华人民共和国刑法》第135条第1款、第72条第1款、第73条第2、3款及《最高人民法院、最高人民检察院、司法部关于适用普通程序审理"被告人认罪案件"的若干意见(试行)》第9条之规定,经本院审判委员会讨论决定,判决被告人运××犯重大劳动安全事故罪,判处有期徒刑2年缓刑3年;被告人常××犯重大劳动安全事故罪,判处有期徒刑2年缓刑3年。

【案例6-5-9】串通投标罪案例:60万元幕后搞定投标?

1. 事件背景

某年7月间,在厦门某教育培训中心改造工程招投标工程中,被告人吴某裕挂靠福建省××三建公司参加投标。他通过向福建××工程招标投标公司职员被告人张某索取的投标单位报名单,向其他二十余家投标单位"买标",遭到其中挂靠××建设集团有限公司包工头被告人吴某的拒绝后,吴某裕向吴某出价人民币60万元,愿意串通所有投标单位,帮助吴某拿下此工程,吴某同意并拉合伙投标的被告人陈某共同出资。随即,吴某再次找张某取得通过资格预审的投标单位名单,按名单上联系人及电话串通各投标单位配合"围标"。7月28日,吴某、陈某交给吴某60万元,由吴某分发给各配合围标的单位2万~4万元不等的补偿金(共计50万元),各单位按要求将投标报价控制在该工程控制价540万元以下降3万元以内。同时,确定吴某挂靠的省××建设集团公司为中标第一候选人(投标报价为535.77万元),福建省××建筑工程公司为第二候选人(投标报价为约定540万元以下降3.3万元以内）。7月29日，吴某等发现"围标"中漏掉通过资格预审的福建省××县建筑工程公司,就赶紧与该公司负责人联系让标,但没有结果。当晚,5名被告人到茶馆商量对策,5人想了两个方案:第一,次日开标前付钱给××县建筑工程公司,向他们买标;第二是让被告人无业的傅某雇人将该公司参加投标人员强行带离投标现场。7月30日上午,吴某等人联系不到××县建筑公司的负责人,就到他家里纠缠、威胁,但最后也没有结果。当天下午临近3点开标前,吴某唆使傅某雇来的两人当打手,把××县建筑公司参加投标的一名主要人员绑架并带离投标现场,争执中打手还对该公司其他投标人员大打出手,导致××县建筑公司无法竞标,整个工程投标程序十分混乱。吴某从60万元围标款中非法获利10万元,用于还债等,其余50万元赃款已追回37.5万元。

2. 事件处理和分析

公安机关接警后,于某年8月5日下午抓获被告人张某,其余犯罪嫌疑人也在几天内陆续被抓获。次年1月27日,厦门××区法院开庭审理这起围标案。这是自新刑法设立了串通投标罪的新罪名以来,厦门第一起涉及此罪名的案子。5名被告的身份是酒楼老板、建材公司人员、工程咨询中心职员、工程招标公司职员、无业人员。

第7章 建设工程规模标准

7.1 建筑业企业资质管理

7.1.1 资质管理基本制度

资质即资格与素质。资质制度是建设行政主管部门对从事建筑经营活动的施工、勘察、设计和监理企业的人员素质、管理水平、资金数量、业务能力等进行审查，以确认其承担任务的范围并发相应的资格证书的一种制度。企业资质管理是对从事工程建设活动的企业进入市场的准入性审查，属于行政许可法的调整范围，是一种准入性的行政许可制度，属于政府管制行为，是对建筑市场进行管理的重要行政手段。

为了加强对建筑活动的监督管理，维护公共利益和建筑市场秩序，保证建设工程质量安全，根据《中华人民共和国建筑法》、《中华人民共和国行政许可法》、《建设工程质量管理条例》、《建设工程安全生产管理条例》等法律、行政法规，国家建设主管部门制定了《建筑业企业资质管理规定》（建设部令第 159 号）、《建筑业企业资质管理规定实施意见》、《建筑业企业资质等级标准》（建建〔2001〕82 号）和《施工总承包企业特级资质标准》（建市〔2007〕72 号）等文件，实施对建筑业企业资质监督管理。

从事土木工程、建筑工程、线路管道设备安装工程、装修工程的新建、扩建、改建等活动的建筑业企业，应当按照其拥有的注册资本、专业技术人员、技术装备和已完成的建筑工程业绩等条件申请资质，经审查合格，取得建筑业企业资质证书后，方可在资质许可的范围内从事建筑施工活动。

《建筑法》第 26 条明确规定：禁止建筑施工企业超越本企业资质等级许可的业务范围或者以任何形式用其他建筑施工企业的名义承揽工程。禁止建筑施工企业以任何形式允许其他单位或者个人使用本企业的资质证书、营业执照，以本企业的名义承揽工程。《最高人民法院关于审理建设工程施工合同纠纷案件适用法律问题的解释》第 4 条明确规定：承包人非法转包、违法分包建设工程或者没有资质的实际施工人以有资质的建筑施工公司的名义与他人签订建设工程施工合同的行为无效。人民法院可以收缴当事人已经取得的非法所得。

7.1.2 资质序列、类别和等级

建筑业企业资质分为施工总承包、专业承包和劳务分包三大序列。施工总承包资质、专业承包资质、劳务分包资质序列按照工程性质和技术特点分别划分为若干资质类别。各资质类别按照规定的条件划分为若干资质等级。逐步形成和优化施工总承包、专业承（分）包、劳务分包三个序列的行业组织结构体系，扶植发展一批实力雄厚的大企业和企

业集团，提高其产业集中度和国内外两个市场的竞争力，并促进中小企业向"专、精、特"方向发展。

7.1.2.1 施工总承包序列企业资质

取得施工总承包资质的企业（以下简称施工总承包企业），可以承接施工总承包工程。施工总承包企业可以对所承接的施工总承包工程内各专业工程全部自行施工，也可以将专业工程或劳务作业依法分包给具有相应资质的专业承包企业或劳务分包企业。施工总承包序列企业是指对工程实行施工全过程承包或主体工程施工承包的建筑业企业。施工总承包序列企业资质将设特级、一、二、三共四个等级，划分为 12 个资质类别，包括：房屋建筑工程、公路工程、铁路工程、港口与航道工程、水利水电工程、电力工程、矿山工程、冶炼工程、化工石油工程、市政公用工程、通信工程、机电安装工程共 12 个施工总承包企业资质等级标准。

1. 施工总承包企业特级资质标准和承包范围

施工总承包企业申请特级资质，必须具备以下条件：

（1）企业资信能力

1）企业注册资本金 3 亿元以上。

2）企业净资产 3.6 亿元以上。

3）企业近三年上缴建筑业营业税均在 5000 万元以上。

4）企业银行授信额度近三年均在 5 亿元以上。

（2）企业主要管理人员和专业技术人员要求

1）企业经理具有 10 年以上从事工程管理工作经历。

2）技术负责人具有 15 年以上从事工程技术管理工作经历，且具有工程序列高级职称及一级注册建造师或注册工程师执业资格；主持完成过两项及以上施工总承包一级资质要求的代表工程的技术工作或甲级设计资质要求的代表工程或合同额 2 亿元以上的工程总承包项目。

3）财务负责人具有高级会计师职称及注册会计师资格。

4）企业具有注册一级建造师（一级项目经理）50 人以上。

5）企业具有本类别相关的行业工程设计甲级资质标准要求的专业技术人员。

（3）科技进步水平

1）企业具有省部级（或相当于省部级水平）及以上的企业技术中心。

2）企业近三年科技活动经费支出平均达到营业额的 0.5% 以上。

3）企业具有国家级工法 3 项以上；近五年具有与工程建设相关的，能够推动企业技术进步的专利 3 项以上，累计有效专利 8 项以上，其中至少有一项发明专利。

4）企业近十年获得过国家级科技进步奖项或主编过工程建设国家或行业标准。

5）企业已建立内部局域网或管理信息平台，实现了内部办公、信息发布、数据交换的网络化；已建立并开通了企业外部网站；使用了综合项目管理信息系统和人事管理系统、工程设计相关软件，实现了档案管理和设计文档管理。

（4）代表工程业绩

不同的工程类别不同，以下以房屋建筑工程为例。

近 5 年承担过下列 5 项工程总承包或施工总承包项目中的 3 项，工程质量合格。

1）高度 100m 以上的建筑物；

2）28 层以上的房屋建筑工程；

3）单体建筑面积 5 万 m^2 以上房屋建筑工程；

4）钢筋混凝土结构单跨 30m 以上的建筑工程或钢结构单跨 36m 以上房屋建筑工程；

5）单项建安合同额 2 亿元以上的房屋建筑工程。

施工总承包企业承包范围如下：

1）取得施工总承包特级资质的企业可承担本类别各等级工程施工总承包、设计及开展工程总承包和项目管理业务；

2）取得房屋建筑、公路、铁路、市政公用、港口与航道、水利电力等专业中任意 1 项施工总承包特级资质和其中 2 项施工总承包一级资质，即可承接上述各专业工程的施工总承包、工程总承包和项目管理业务，及开展相应设计主导专业人员齐备的施工图设计业务。

3）取得房屋建筑、矿山、冶炼、石油化工、电力等专业中任意 1 项施工总承包特级资质和其中 2 项施工总承包一级资质，即可承接上述各专业工程的施工总承包、工程总承包和项目管理业务，及开展相应设计主导专业人员齐备的施工图设计业务。

4）特级资质的企业，限承担施工单项合同额 3000 万元以上的房屋建筑工程。

2. 施工总承包企业一级资质标准和承包范围

以房屋建筑工程施工总承包企业资质标准为例（下同）。房屋建筑工程是指工业、民用与公共建筑（建筑物、构筑物）工程。工程内容包括地基与基础工程，土石方工程，结构工程，屋面工程，内、外部的装修装饰工程，上下水、供暖、电器、卫生洁具、通风、照明、消防、防雷等安装工程。

（1）企业近 5 年承担过下列 6 项中的 4 项以上工程的施工总承包或主体工程承包，工程质量合格。

1）25 层以上的房屋建筑工程；

2）高度 100m 以上的构筑物或建筑物；

3）单体建筑面积 3 万 m^2 以上的房屋建筑工程；

4）单跨跨度 30m 以上的房屋建筑工程；

5）建筑面积 10 万 m^2 以上的住宅小区或建筑群体；

6）单项建安合同额 1 亿元以上的房屋建筑工程。

（2）企业经理具有 10 年以上从事工程管理工作经历或具有高级职称；总工程师具有 10 年以上从事建筑施工技术管理工作经历并具有本专业高级职称；总会计师具有高级会计职称；总经济师具有高级职称。企业有职称的工程技术和经济管理人员不少于 300 人，其中工程技术人员不少于 200 人；工程技术人员中，具有高级职称的人员不少于 10 人，具有中级职称的人员不少于 60 人。企业具有的一级资质项目经理不少于 12 人。

（3）企业注册资本金 5000 万元以上，企业净资产 6000 万元以上。

（4）企业近 3 年最高年工程结算收入 2 亿元以上。

（5）企业具有与承包工程范围相适应的施工机械和质量检测设备。

一级企业的承包范围：可承担单项建安合同额不超过企业注册资本金 5 倍的下列房屋建筑工程的施工：

1）40 层及以下、各类跨度的房屋建筑工程；

2）高度 240m 及以下的构筑物；

3）建筑面积 20 万 m^2 及以下的住宅小区或建筑群体。

3. 施工总承包企业二级资质标准和承包范围

（1）企业近 5 年承担过下列 6 项中的 4 项以上工程的施工总承包或主体工程承包，工程质量合格。

1）12 层以上的房屋建筑工程；

2）高度 50m 以上的构筑物或建筑物；

3）单体建筑面积 1 万 m^2 以上的房屋建筑工程；

4）单跨跨度 21m 以上的房屋建筑工程；

5）建筑面积 5 万 m^2 以上的住宅小区或建筑群体；

6）单项建安合同额 3000 万元以上的房屋建筑工程。

（2）企业经理具有 8 年以上从事工程管理工作经历或具有中级以上职称；技术负责人具有 8 年以上从事建筑施工技术管理工作经历并具有本专业高级职称；财务负责人具有中级以上会计职称。企业有职称的工程技术和经济管理人员不少于 150 人，其中工程技术人员不少于 100 人；工程技术人员中，具有高级职称的人员不少于 2 人，具有中级职称的人员不少于 20 人。企业具有的二级资质以上项目经理不少于 12 人。

（3）企业注册资本金 2000 万元以上，企业净资产 2500 万元以上。

（4）企业近 3 年最高年工程结算收入 8000 万元以上。

（5）企业具有与承包工程范围相适应的施工机械和质量检测设备。

二级企业的承包范围：可承担单项建安合同额不超过企业注册资本金 5 倍的下列房屋建筑工程的施工：

1）28 层及以下、单跨跨度 36m 及以下的房屋建筑工程；

2）高度 120m 及以下的构筑物；

3）建筑面积 12 万 m^2 及以下的住宅小区或建筑群体。

4. 施工总承包企业三级资质标准和承包范围

（1）企业近 5 年承担过下列 5 项中的 3 项以上工程的施工总承包或主体工程承包，工程质量合格。

1）6 层以上的房屋建筑工程；

2）高度 25m 以上的构筑物或建筑物；

3）单体建筑面积 5000m^2 以上的房屋建筑工程；

4）单跨跨度 15m 以上的房屋建筑工程；

5）单项建安合同额 500 万元以上的房屋建筑工程。

（2）企业经理具有 5 年以上从事工程管理工作经历；技术负责人具有 5 年以上从事建筑施工技术管理工作经历并具有本专业中级以上职称；财务负责人具有初级以上会计职称。企业有职称的工程技术和经济管理人员不少于 50 人，其中工程技术人员不少于 30 人；工程技术人员中，具有中级以上职称的人员不少于 10 人。企业具有的三级资质以上项目经理不少于 10 人。

（3）企业注册资本金 600 万元以上，企业净资产 700 万元以上。

（4）企业近 3 年最高年工程结算收入 2400 万元以上。

（5）企业具有与承包工程范围相适应的施工机械和质量检测设备。

三级企业的承包范围：可承担单项建安合同额不超过企业注册资本金 5 倍的下列房屋建筑工程的施工：

1）14 层及以下、单跨跨度 24m 以下的房屋建筑工程；

2）高度 70m 及以下的构筑物；

3）建筑面积 6 万 m^2 及以下的住宅小区或建筑群体。

7.1.2.2 专业承包序列企业资质

取得专业承包资质的企业（以下简称专业承包企业），可以承接施工总承包企业分包的专业工程和建设单位依法发包的专业工程。专业承包企业可以对所承接的专业工程全部自行施工，也可以将劳务作业依法分包给具有相应资质的劳务分包企业。专业承包序列企业是指具有专业化施工技术能力，主要在专业分包市场上承接专业施工任务的建筑业企业。专业承包序列资质设 2~3 个等级，划分为 60 个资质类别，包括：地基与基础工程、土石方工程、建筑装修装饰工程、建筑幕墙工程、预拌商品混凝土、混凝土预制构件、园林古建筑工程、钢结构工程、高耸构筑物工程、电梯安装工程、消防设施工程、建筑防水工程、防腐保温工程、附着升降脚手架、金属门窗工程、预应力工程、起重设备安装工程、机电设备安装工程、爆破与拆除工程、建筑智能化工程、环保工程、电信工程、电子工程、桥梁工程、公路路面工程、隧道工程、公路路基工程、公路交通工程、铁路电务工程、铁路铺轨架梁工程、铁路电气化工程、机场场道工程、机场空管工程及航站楼弱电系统工程、机场目视助航工程、港口与海岸工程、港口装卸设备安装工程、航道工程、通航建筑工程、通航设备安装工程、水上交通管制工程、水工建筑物基础处理工程、水工金属结构制作与安装工程、水利水电机电设备安装工程、河湖整治工程、堤防工程、水工大坝工程、水工隧洞工程、火电设备安装工程、送变电工程、核工程、炉窑工程、冶炼机电设备安装工程、化工石油设备管道安装工程、管道工程、无损检测工程、海洋石油工程、城市轨道交通工程、城市及道路照明工程、体育场地设施工程、特种专业工程。

以下以地基与基础工程专业承包企业为例，说明相应的资质等级标准和承包范围。地基与基础工程专业承包企业资质分为一级、二级、三级。

1. 专业承包序列一级资质标准和承包范围

（1）企业近 5 年承担过下列 5 项中的 3 项以上所列工程的施工，工程质量合格。

1）25 层以上房屋建筑或高度超过 100m 构筑物的地基与基础工程；

2）深度超过 15m 的软弱地基处理；

3）单桩承受荷载在 6000kN 以上的地基与基础工程；

4）深度超过 11m 的深大基坑围护及土石方工程；

5）单项工程造价 500 万元以上地基与基础工程 2 人或 200 万元以上地基与基础工程 4 个。

（2）企业经理具有 10 年以上从事工程管理工作经历或具有高级职称；总工程师具有 10 年以上从事地基与基础施工技术管理工作经历并具有相关专业高级职称；总会计师具有中级以上会计职称。企业有职称的工程技术和经济管理人员不少于 60 人，其中工程技术人员不少于 50 人；工程技术人员中，地下、岩土、机械等专业人员不少于 25 人，具有中级以上职称的人员不少于 20 人。企业具有的一级资质项目经理不少于 6 人。

（3）企业注册资本金 1500 万元以上，企业净资产 1800 万元以上。

（4）企业近 3 年最高年工程结算收入 5000 万元以上。

（5）企业具有专用施工设备 20 台以上和相应的运输、检测设备。

一级企业的承包范围：可承担各类地基与基础工程的施工。

2. 专业承包序列二级资质标准和承包范围

（1）企业近 5 年承担过下列 4 项中的 2 项以上所列工程的施工，工程质量合格。

1）12 层以上房屋建筑或高度超过 60m 构筑物的地基与基础工程；

2）深度超过 13m 的软弱地基处理；

3）深度超过 8m 的深大基坑围护及土石方工程；

4）单项工程造价 500 万元以上地基与基础工程 1 人或 200 万元以上地基与基础工程 2 个。

（2）企业经理具有 8 年以上从事工程管理工作经历或具有中级以上职称；技术负责人具有 8 年以上从事地基与基础施工技术管理工作经历并具有相关专业高级职称；财务负责人具有中级以上会计职称。企业有职称的工程技术和经济管理人员不少于 40 人，其中工程技术人员不少于 30 人；工程技术人员中，地下、岩土、机械等专业人员不少于 15 人，具有中级以上职称的人员不少于 10 人。企业具有的二级资质以上项目经理不少于 6 人。

（3）企业注册资本金 800 万元以上，企业净资产 1000 万元以上。

（4）企业近 3 年最高年工程结算收入 2000 万元以上。

（5）企业具有专用施工设备 10 台以上和相应的运输、检测设备。

二级企业的承包范围：可承担工程造价 1000 万元及以下各类地基与基础工程的施工。

3. 专业承包序列三级资质标准和承包范围

（1）企业近 5 年承担过下列 4 项中的 2 项以上所列工程的施工，工程质量合格。

1）6 层以上房屋建筑物的工程或高度超过 25m 构筑物的地基与基础工程；

2）软弱地基处理；

3）地基与基础混凝土浇筑量累计 1 万 m^3 以上；

4）单项工程造价 100 万元以上地基与基础工程。

（2）企业经理具有 3 年以上从事工程管理工作经历；技术负责人具有 3 年以上从事地基与基础施工技术管理工作经历并具有相关专业中级以上职称；财务负责人具有初级以上会计职称。企业有职称的工程技术和经济管理人员不少于 20 人，其中工程技术人员不少于 15 人；工程技术人员中，地下、岩土、机械等专业人员不少于 10 人，具有中级以上职称的人员不少于 5 人。企业具有的三级资质以上项目经理不少于 3 人。

（3）企业注册资本金 300 万元以上，企业净资产 350 万元以上。

（4）企业近 3 年最高年工程结算收入 500 万元以上。

（5）企业具有专用施工设备 6 台以上和相应的运输、检测设备。

三级企业承包范围：可承担工程造价 300 万元及以下各类地基与基础工程的施工。

7.1.2.3 劳务分包序列企业资质

取得劳务分包资质的企业（以下简称劳务分包企业），可以承接施工总承包企业或专业承包企业分包的劳务作业。劳务分包序列企业，是指具有一定数量的技术工人和工程管理人员、专门在建筑劳务分包市场上承接任务的建筑业企业。劳务分包序列资质设 1～2 个等级，划分为 13 个资质类别，包括：木工作业、砌筑作业、抹灰作业、石制作、油漆作业、钢筋作业、混凝土作业、脚手架作业、模板作业、焊接作业、水暖电安装作业、钣金作业、架线作业。

1. 木工作业分包企业资质标准和分包范围

木工作业分包企业资质分为一级、二级。

（1）一级资质标准

1）企业注册资本金 30 万元以上。

2）企业具有相关专业技术员或本专业高级工以上的技术负责人。

3）企业具有初级以上木工不少于 20 人，其中，中、高级工不少于 50%；企业作业人员持证上岗率 100%。

4）企业近 3 年最高年完成劳务分包合同额 100 万元以上。

5）企业具有与作业分包范围相适应的机具。

（2）二级资质标准

1）企业注册资本金 10 万元以上。

2）企业具有本专业高级工以上的技术负责人。

3）企业具有初级以上木工不少于 10 人，其中，中、高级工不少于 50%；企业作业人员持证上岗率 100%。

4）企业近 3 年承担过 2 项以上木工作业分包，工程质量合格。

5）企业具有与作业分包范围相适应的机具。

（3）作业分包范围

一级企业：可承担各类工程的木工作业分包业务，但单项业务合同额不超过企业注册资本金的 5 倍。

二级企业：可承担各类工程的木工作业分包业务，但单项业务合同额不超过企业注册资本金的 5 倍。

2. 砌筑作业分包企业资质标准和分包范围

砌筑作业分包企业资质分为一级、二级。

（1）一级资质标准：

1）企业注册资本金 30 万元以上。

2）企业具有相关专业技术员或高级工以上的技术负责人。

3）企业具有初级以上砖瓦、抹灰技术工人不少于 50 人，其中，中、高级工不少于 50%；企业作业人员持证上岗率 100%。

4）企业近 3 年最高年完成劳务分包合同额 100 万元以上。

5）企业具有与作业分包范围相适应的机具。

（2）二级资质标准：

1）企业注册资本金 10 万元以上。

2）企业具有相关专业技术员或中级工等级以上的技术负责人。

3）企业具有初级以上砖瓦、抹灰技术工人不少于 20 人，其中，中、高级工不少于

30%；企业作业人员持证上岗率100%。

4）企业近3年承担过2项以上砌筑作业分包，工程质量合格。

5）企业具有与作业分包范围相适应的机具。

（3）作业分包范围

一级企业：可承担各类工程砌筑作业（不含各类工业炉窑砌筑）分包业务，但单项业务合同额不超过企业注册资本金的5倍。

二级企业：可承担各类工程砌筑作业（不含各类工业炉窑砌筑）分包业务，但单项业务合同额不超过企业注册资本金的5倍。

3. 抹灰作业分包企业资质标准和分包范围

抹灰作业分包企业资质不分等级。

（1）企业注册资本金30万元以上。

（2）企业具有相关专业技术员或本专业高级工以上的技术负责人。

（3）企业具有初级以上抹灰工不少于50人，其中，中、高级工不少于50%；企业作业人员持证上岗率100%。

（4）企业近3年承担过2项以上抹灰作业分包，工程质量合格。

（5）企业具有与作业分包范围相适应的机具。

作业分包范围：可承担各类工程的抹灰作业分包业务，但单项业务合同额不超过企业注册资本金的5倍。

4. 石制作分包企业资质标准和分包范围

石制作分包企业资质不分等级。

（1）企业注册资本金30万元以上。

（2）企业具有相关专业技术员或具有5年以上石制作经历的技术负责人。

（3）企业具有石制作工人不少于10人。

（4）企业近3年承担过2项以上石制作作业分包，工程质量合格。

（5）企业具有与作业分包范围相适应的机具。

作业分包范围：可承担各类石制作分包业务，但单项业务合同额不超过企业注册资本金的5倍。

5. 油漆作业分包企业资质标准和分包范围

油漆作业分包企业资质不分等级。

（1）企业注册资本金30万元以上。

（2）企业具有相关专业技术员或本专业高级工以上的技术负责人。

（3）企业具有初级以上油漆工不少于20人，其中，中、高级工不少于50%；企业作业人员持证上岗率100%。

（4）企业近3年承担过2项以上油漆作业分包，工程质量合格。

（5）企业具有与作业分包范围相适应的机具。

作业分包范围：可承担各类工程油漆作业分包业务，但单项业务合同额不超过企业注册资本金的5倍。

6. 钢筋作业分包企业资质标准和分包范围

钢筋作业分包企业资质分为一级、二级。

（1）一级资质标准

1）企业注册资本金30万元以上。

2）企业具有相关专业助理工程师或技师以上职称的技术负责人。

3）企业具有初级以上钢筋、焊接技术工人不少于20人，其中，中、高级工不少于50%；企业作业人员持证上岗率100%。

4）企业近3年最高年完成劳务分包合同额100万元以上。

5）企业具有与作业分包范围相适应的机具。

（2）二级资质标准

1）企业注册资本金10万元以上。

2）企业具有专业技术员或高级工以上的技术负责人。

3）企业具有初级以上钢筋、焊接技术工人不少于10人，其中，中、高级工不少于30%；企业作业人员持证上岗率100%。

4）企业近3年承担过2项以上钢筋绑扎、焊接作业分包，工程质量合格。

5）企业具有与作业分包范围相适应的机具。

（3）作业分包范围

一级企业：可承担各类工程钢筋绑扎、焊接作业分包业务，但单项业务合同额不超过企业注册资本金的5倍。

二级企业：可承担各类工程钢筋绑扎、焊接作业分包业务，但单项业务合同额不超过企业注册资本金的5倍。

7. 混凝土作业分包企业资质标准和分包范围

混凝土作业分包企业资质不分等级。

（1）企业注册资本金30万元以上。

（2）企业具有相关专业助理工程师职称或技师以上的技术负责人。

（3）企业具有初级以上混凝土技术工人不少于30人，其中，中、高级工不少于50%；企业作业人员持证上岗率100%。

（4）企业近3年最高年完成劳务分包合同额100万元以上。

（5）企业具有与作业分包范围相适应的机具。

作业分包范围：可承担各类工程混凝土作业分包业务，但单项业务合同额不超过企业注册资本金的5倍。

8. 脚手架作业分包企业资质标准和分包范围

脚手架作业分包企业资质分为一级、二级。

（1）一级资质标准

1）企业注册资本金50万元以上。

2）企业具有相关专业助理工程师或技师以上的技术负责人。

3）企业具有初级以上架子工技术工人不少于50人，其中，中、高级工不少于50%；企业作业人员持证上岗率100%。

4）企业近3年最高年完成劳务分包合同额100万元以上。

5）企业具有与作业分包范围相适应的机具。

（2）二级资质标准

1）企业注册资本金 20 万元以上。

2）企业具有相关专业技术员或高级工以上的技术负责人。

3）企业具有初级以上架子工技术工人不少于 20 人，其中，中、高级工不少于 30%；企业作业人员持证上岗率 100%。

4）企业具有与作业分包范围相适应的机具。

（3）作业分包范围

一级企业：可承担各类工程的脚手架（不含附着升降脚手架）搭设作业分包业务，但单项业务合同额不超过企业注册资本金的 5 倍。

二级企业：可承担 20 层或高度 60m 以下各类工程的脚手架（不含附着升降脚手架）作业分包业务，但单项业务合同额不超过企业注册资本金的 5 倍。

9. 模板作业分包企业资质标准和分包范围

模板作业分包企业资质分为一级、二级。

（1）一级资质标准

1）企业注册资本金 30 万元以上。

2）企业具有相关专业助理工程师或技师以上的技术负责人。

3）企业具有初级以上相应专业的技术工人不少于 30 人，其中，中、高级工不少于 50%；企业作业人员持证上岗率 100%。

4）企业近 3 年最高年完成劳务分包合同额 100 万元以上。

5）企业具有与作业分包范围相适应的机具。

（2）二级资质标准

1）企业注册资本金 10 万元以上。

2）企业具有相关专业技术员或高级工以上的技术负责人。

3）企业具有初级以上相应专业的技术工人不少于 15 人，其中，中、高级工不少于 30%；企业作业人员持证上岗率 100%。

4）企业具有与作业分包范围相适应的机具。

（3）作业分包范围

一级企业：可承担各类工程模板作业分包业务，但单项业务合同额不超过企业注册资本金的 5 倍。

二级企业：可承担普通钢模、木模、竹模、复合模板作业分包业务，但单项业务合同额不超过企业注册资本金的 5 倍。

10. 焊接作业分包企业资质标准和分包范围

焊接作业分包企业资质分为一级、二级。

（1）一级资质标准

1）企业注册资本金 30 万元以上。

2）企业具有相关专业助理工程师或技师以上的技术负责人。

3）企业具有初级以上焊接技术工人不少于 20 人，其中，中、高级工不少于 50%；企业作业人员持证上岗率 100%。

4）企业近 3 年最高年完成劳务分包合同额 100 万元以上。

5）企业具有与作业分包范围相适应的机具。

（2）二级资质标准

1）企业注册资本金 10 万元以上。

2）企业具有相关专业技术员或高级工以上的技术负责人。

3）企业具有初级以上焊接技术工人不少于 10 人，其中，中、高级工不少于 30%；企业作业人员持证上岗率 100%。

4）企业近 3 年承担过 2 项以上焊接作业分包，工程质量合格。

5）企业具有与作业分包范围相适应的机具。

（3）作业分包范围

一级企业：可承担各类工程焊接作业分包业务，但单项业务合同额不超过企业注册资本金的 5 倍。

二级企业：可承担普通焊接作业分包业务，但单项业务合同额不超过企业注册资本金的 5 倍。

11. 水暖电安装作业分包企业资质标准和分包范围

水暖电安装作业分包企业资质不分等级。

（1）企业注册资本金 30 万元以上。

（2）企业具有相关专业助理工程师或技师以上的技术负责人。

（3）企业具有初级以上水暖、电工及管道技术工人不少于 30 人，其中，中、高级工不少于 50%；企业作业人员持证上岗率 100%。

（4）企业近 3 年承担过 2 项以上水暖电安装作业分包，工程质量合格。

（5）企业具有与作业分包范围相适应的机具。

作业分包范围：可承担各类工程的水暖电安装作业分包业务，但单项业务合同额不超过企业注册资本金的 5 倍。

12. 钣金作业分包企业资质标准和分包范围

钣金作业分包企业资质不分等级。

（1）企业注册资本金 30 万元以上。

（2）企业具有相关专业助理工程师或技师以上的技术负责人。

（3）企业具有初级以上钣金等技术工人不少于 20 人，其中，中、高级工不少于 50%；企业作业人员持证上岗率 100%。

（4）企业近 3 年承担过 2 项以上钣金作业分包，工程质量合格。

（5）企业具有与作业分包范围相适应的机具。

作业分包范围：可承担各类工程的钣金作业分包业务，但单项业务合同额不超过企业注册资本金的 5 倍。

13. 架线作业分包企业资质标准和分包范围

架线作业分包企业资质不分等级。

（1）企业注册资本金 50 万元以上。

（2）企业具有本关专业工程师以上职称的技术负责人。

（3）企业具有初级以上架线技术工人不少于 60 人，其中，中、高级工不少于 50%；企业作业人员持证上岗率 100%。

（4）企业近 3 年承担过 2 项以上架线作业分包，工程质量合格。

（5）企业具有与作业分包范围相适应的机具。

作业分包范围：可承担各类工程的架线作业分包业务，但单项业务合同额不超过企业注册资本金的5倍。

7.1.3 资质许可制度

国务院建设主管部门负责全国建筑业企业资质的统一监督管理。国务院铁路、交通、水利、信息产业、民航等有关部门配合国务院建设主管部门实施相关资质类别建筑业企业资质的管理工作。省、自治区、直辖市人民政府建设主管部门负责本行政区域内建筑业企业资质的统一监督管理。省、自治区、直辖市人民政府交通、水利、信息产业等有关部门配合同级建设主管部门实施本行政区域内相关资质类别建筑业企业资质的管理工作。

建筑业企业资质证书分为正本和副本，正本一份，副本若干份，由国务院建设主管部门统一印制，正、副本具备同等法律效力。建筑业企业可以申请一项或多项建筑业企业资质；申请多项建筑业企业资质的，应当选择等级最高的一项资质为企业主项资质。

1. 国务院建设主管部门实施的资质许可

下列建筑业企业资质的许可，由国务院建设主管部门实施：

（1）施工总承包序列特级资质、一级资质；

（2）国务院国有资产管理部门直接监管的企业及其下属一层级的企业的施工总承包二级资质、三级资质；

（3）水利、交通、信息产业方面的专业承包序列一级资质；

（4）铁路、民航方面的专业承包序列一级、二级资质；

（5）公路交通工程专业承包不分等级资质、城市轨道交通专业承包不分等级资质。

申请上述所列资质的，应当向企业工商注册所在地省、自治区、直辖市人民政府建设主管部门提出申请。其中，国务院国有资产管理部门直接监管的企业及其下属一层级的企业，应当由国务院国有资产管理部门直接监管的企业向国务院建设主管部门提出申请。

省、自治区、直辖市人民政府建设主管部门应当自受理申请之日起20日内初审完毕并将初审意见和申请材料报国务院建设主管部门。

国务院建设主管部门应当自省、自治区、直辖市人民政府建设主管部门受理申请材料之日起60日内完成审查，公示审查意见，公示时间为10日。其中，涉及铁路、交通、水利、信息产业、民航等方面的建筑业企业资质，由国务院建设主管部门送国务院有关部门审核，国务院有关部门在20日内审核完毕，并将审核意见送国务院建设主管部门。

2. 省、自治区、直辖市人民政府建设主管部门实施的资质许可

下列建筑业企业资质许可，由企业工商注册所在地省、自治区、直辖市人民政府建设主管部门实施：

（1）施工总承包序列二级资质（不含国务院国有资产管理部门直接监管的企业及其下属一层级的企业的施工总承包序列二级资质）；

（2）专业承包序列一级资质（不含铁路、交通、水利、信息产业、民航方面的专业承包序列一级资质）；

（3）专业承包序列二级资质（不含民航、铁路方面的专业承包序列二级资质）；

（4）专业承包序列不分等级资质（不含公路交通工程专业承包序列和城市轨道交通

专业承包序列的不分等级资质）。

上述规定的建筑业企业资质许可的实施程序由省、自治区、直辖市人民政府建设主管部门依法确定。省、自治区、直辖市人民政府建设主管部门应当自作出决定之日起 30 日内，将准予资质许可的决定报国务院建设主管部门备案。

3. 市级人民政府建设主管部门实施的资质许可

下列建筑业企业资质许可，由企业工商注册所在地设区的市人民政府建设主管部门实施：

（1）施工总承包序列三级资质（不含国务院国有资产管理部门直接监管的企业及其下属一层级的企业的施工总承包三级资质）；

（2）专业承包序列三级资质；

（3）劳务分包序列资质；

（4）燃气燃烧器具安装、维修企业资质。

上述规定的建筑业企业资质许可的实施程序由省、自治区、直辖市人民政府建设主管部门依法确定。企业工商注册所在地设区的市人民政府建设主管部门应当自作出决定之日起 30 日内，将准予资质许可的决定通过省、自治区、直辖市人民政府建设主管部门，报国务院建设主管部门备案。

7.1.4 企业申请资质应提交的材料

首次申请或者增项申请建筑业企业资质，应当提交以下材料：

（1）建筑业企业资质申请表及相应的电子文档；

（2）企业法人营业执照副本；

（3）企业章程；

（4）企业负责人和技术、财务负责人的身份证明、职称证书、任职文件及相关资质标准要求提供的材料；

（5）建筑业企业资质申请表中所列注册执业人员的身份证明、注册执业证书；

（6）建筑业企业资质标准要求的非注册的专业技术人员的职称证书、身份证明及养老保险凭证；

（7）部分资质标准要求企业必须具备的特殊专业技术人员的职称证书、身份证明及养老保险凭证；

（8）建筑业企业资质标准要求的企业设备、厂房的相应证明；

（9）建筑业企业安全生产条件有关材料；

（10）资质标准要求的其他有关材料。

建筑业企业申请资质升级的，应当提交以下材料：

（1）上述材料中的第（1）、（2）、（4）、（5）、（6）、（8）、（10）项所列资料；

（2）企业原资质证书副本复印件；

（3）企业年度财务、统计报表；

（4）企业安全生产许可证副本；

（5）满足资质标准要求的企业工程业绩的相关证明材料。

企业应当按照有关规定，向资质许可机关提供真实、准确、完整的企业信用档案信息。企业的信用档案应当包括企业基本情况、业绩、工程质量和安全、合同履约等情况。被投诉举报和处理、行政处罚等情况应当作为不良行为记入其信用档案。企业的信用档案信息按照有关规定向社会公示。

7.1.5 企业资质的有效期、变更、升级和增项

1. 企业资质的有效期及续期

资质证书有效期为5年。有效期的起始时间：以企业首次取得最高等级主项资质的日期为资质证书有效期计算起始时间。企业资质发生变更的，有效期不变，其中涉及主项升级，或分立、合并事项的，按新批准时间作为有效期的起始日。

企业应于资质证书有效期届满60日前，按原资质申请途径申请资质证书有效期延续。在资质证书有效期内遵守有关法律、法规、规章、技术标准和职业道德，信用档案中无不良记录且注册资本和专业技术人员满足标准要求的，经资质许可机关同意，在其资质证书副本上签发有效期延续5年的意见；对有违法违规行为、信用档案中有不良记录或企业资质条件发生变化的，资质许可机关应对其资质情况进行重新核定。

企业在资质证书有效期届满前60日内申请资质延续的，资质受理部门可受理其申请，但自有效期到期之日至批准延续的时间内资质证书失效。资质证书有效期届满仍未提出延续的，其资质证书自动失效。如需继续开展工程建设活动，企业必须重新申请建筑业企业资质。

2. 企业资质的变更

建筑业企业在资质证书有效期内名称、地址、注册资本、法定代表人等发生变更的，应当在工商部门办理变更手续后30日内办理资质证书变更手续。

由国务院建设主管部门颁发的建筑业企业资质证书，涉及企业名称变更的，应当向企业工商注册所在地省、自治区、直辖市人民政府建设主管部门提出变更申请，省、自治区、直辖市人民政府建设主管部门应当自受理申请之日起2日内将有关变更证明材料报国务院建设主管部门，由国务院建设主管部门在2日内办理变更手续。

上述规定以外的资质证书变更手续，由企业工商注册所在地的省、自治区、直辖市人民政府建设主管部门或者设区的市人民政府建设主管部门负责办理。省、自治区、直辖市人民政府建设主管部门或者设区的市人民政府建设主管部门应当自受理申请之日起2日内办理变更手续，并在办理资质证书变更手续后15日内将变更结果报国务院建设主管部门备案。

涉及铁路、交通、水利、信息产业、民航等方面的建筑业企业资质证书的变更，办理变更手续的建设主管部门应当将企业资质变更情况告知同级有关部门。

申请资质证书变更，应当提交以下材料：

（1）资质证书变更申请；

（2）企业法人营业执照复印件；

（3）建筑业企业资质证书正、副本原件；

（4）与资质变更事项有关的证明材料。

企业改制的，除提供上述规定资料外，还应当提供改制重组方案、上级资产管理部门或者股东大会的批准决定、企业职工代表大会同意改制重组的决议。

3. 企业申请资质增项和升级的规定

取得建筑业企业资质的企业，申请资质升级、资质增项，在申请之日起前 1 年内有下列情形之一的，资质许可机关不予批准企业的资质升级申请和增项申请：

(1) 超越本企业资质等级或以其他企业的名义承揽工程，或允许其他企业或个人以本企业的名义承揽工程的；

(2) 与建设单位或企业之间相互串通投标，或以行贿等不正当手段谋取中标的；

(3) 未取得施工许可证擅自施工的；

(4) 将承包的工程转包或违法分包的；

(5) 违反国家工程建设强制性标准的；

(6) 发生过较大生产安全事故或者发生过两起以上一般生产安全事故的；

(7) 恶意拖欠分包企业工程款或者农民工工资的；

(8) 隐瞒或谎报、拖延报告工程质量安全事故或破坏事故现场、阻碍对事故调查的；

(9) 按照国家法律、法规和标准规定需要持证上岗的技术工种的作业人员未取得证书上岗，情节严重的；

(10) 未依法履行工程质量保修义务或拖延履行保修义务，造成严重后果的；

(11) 涂改、倒卖、出租、出借或者以其他形式非法转让建筑业企业资质证书；

(12) 其他违反法律、法规的行为。

企业领取新的建筑业企业资质证书时，应当将原资质证书交回原发证机关予以注销。

企业需增补（含增加、更换、遗失补办）建筑业企业资质证书的，应当持资质证书增补申请等材料向资质许可机关申请办理。遗失资质证书的，在申请补办前应当在公众媒体上刊登遗失声明。资质许可机关应当在 2 日内办理完毕。

7.1.6 企业资质的撤回、撤销和注销

1. 企业资质的撤回

企业取得建筑业企业资质后不再符合相应资质条件的，建设主管部门、其他有关部门根据利害关系人的请求或者依据职权，可以责令其限期改正；逾期不改的，资质许可机关可以撤回其资质。被撤回建筑业企业资质的企业，可以申请资质许可机关按照其实际达到的资质标准，重新核定资质。

2. 企业资质的撤销

有下列情形之一的，资质许可机关或者其上级机关，根据利害关系人的请求或者依据职权，可以撤销建筑业企业资质：

(1) 资质许可机关工作人员滥用职权、玩忽职守作出准予建筑业企业资质许可的；

(2) 超越法定职权作出准予建筑业企业资质许可的；

(3) 违反法定程序作出准予建筑业企业资质许可的；

(4) 对不符合许可条件的申请人作出准予建筑业企业资质许可的；

(5) 依法可以撤销资质证书的其他情形。

以欺骗、贿赂等不正当手段取得建筑业企业资质证书的，应当予以撤销。

3. 企业资质的注销

有下列情形之一的，资质许可机关应当依法注销建筑业企业资质，并公告其资质证书作废，建筑业企业应当及时将资质证书交回资质许可机关：

（1）资质证书有效期届满，未依法申请延续的；

（2）建筑业企业依法终止的；

（3）建筑业企业资质依法被撤销、撤回或吊销的；

（4）法律、法规规定的应当注销资质的其他情形。

有关部门应当将监督检查情况和处理意见及时告知资质许可机关。资质许可机关应当将涉及有关铁路、交通、水利、信息产业、民航等方面的建筑业企业资质被撤回、撤销和注销的情况告知同级有关部门。

7.1.7 企业资质管理的法律责任

1. 建筑业企业的法律责任

申请人隐瞒有关情况或者提供虚假材料申请建筑业企业资质的，不予受理或者不予行政许可，并给予警告，申请人在1年内不得再次申请建筑业企业资质。

以欺骗、贿赂等不正当手段取得建筑业企业资质证书的，由县级以上地方人民政府建设主管部门或者有关部门给予警告，并依法处以罚款，申请人3年内不得再次申请建筑业企业资质。

建筑业企业有《建筑业企业资质管理规定》第21条行为之一（即上述资质许可机关不予批准企业的资质升级申请和增项申请的12种情形），《中华人民共和国建筑法》、《建设工程质量管理条例》和其他有关法律、法规对处罚机关和处罚方式有规定的，依照法律、法规的规定执行；法律、法规未作规定的，由县级以上地方人民政府建设主管部门或者其他有关部门给予警告，责令改正，并处1万元以上3万元以下的罚款。

建筑业企业未按照本规定及时办理资质证书变更手续的，由县级以上地方人民政府建设主管部门责令限期办理；逾期不办理的，可处以1000元以上1万元以下的罚款。

建筑业企业未按照本规定要求提供建筑业企业信用档案信息的，由县级以上地方人民政府建设主管部门或者其他有关部门给予警告，责令限期改正；逾期未改正的，可处以1000元以上1万元以下的罚款。

县级以上地方人民政府建设主管部门依法给予建筑业企业行政处罚的，应当将行政处罚决定以及给予行政处罚的事实、理由和依据，报国务院建设主管部门备案。

2. 建设主管部门及其工作人员的法律责任

建设主管部门及其工作人员，违反《建筑业企业资质管理规定》，有下列情形之一的，由其上级行政机关或者监察机关责令改正；情节严重的，对直接负责的主管人员和其他直接责任人员，依法给予行政处分：

（1）对不符合条件的申请人准予建筑业企业资质许可的；

（2）对符合条件的申请人不予建筑业企业资质许可或者不在法定期限内作出准予许可决定的；

（3）对符合条件的申请不予受理或者未在法定期限内初审完毕的；

（4）利用职务上的便利，收受他人财物或者其他好处的；

（5）不依法履行监督管理职责或者监督不力，造成严重后果的。

7.2 小型建设工程项目负责人的执业规模标准

7.2.1 关于小型建设工程项目负责人的地方规定

《注册建造师执业管理办法（试行）》的通知（建市〔2008〕48号）第5条规定：大中型工程施工项目负责人必须由本专业注册建造师担任。一级注册建造师可担任大、中、小型工程施工项目负责人，二级注册建造师可以承担中、小型工程施工项目负责人。各专业大、中、小型工程分类标准按《关于印发〈注册建造师执业工程规模标准（试行）〉的通知》（建市〔2007〕171号）执行。其中，第28条规定：小型工程施工项目负责人任职条件和小型工程管理办法由各省、自治区、直辖市人民政府建设行政主管部门会同有关部门根据本地实际情况规定。以下以广东省和江苏省为例。

1. 广东省小型建设工程项目负责人的任职条件和要求

广东省住房和城乡建设厅为进一步加强和规范小型工程项目施工管理，确保工程质量安全，出台了《关于加强小型工程项目施工管理及明确小型工程项目负责人任职条件的通知》（粤建市〔2010〕26号），规定：小型工程项目的施工负责人，由建筑施工企业聘请注册建造师（含临时建造师），或符合小型工程施工项目负责人任职条件的人员担任（对分类专业工程的小型项目施工负责人，分类专业工程行政主管部门另有规定的从其规定）。小型工程项目负责人，在获得建筑施工企业聘任后，应当参加建筑施工企业项目负责人安全生产考核、专业技术继续教育培训，并取得相应的合格证书。小型工程项目负责人，只能应聘担任一个小型工程项目的施工管理，不得同时受聘担任两个及两个以上小型工程项目的施工管理。

小型工程项目的规模划分及分类，按照建设部《关于印发〈注册建造师执业工程规模〉（试行）的通知》（建市〔2007〕171号）的规模划分及分类标准执行。

建筑施工企业小型工程项目负责人任职应符合下列条件：

（1）具有注册建造师（含临时建造证）证件，或建筑施工企业小型工程项目负责人聘任文书；

（2）取得建筑施工企业项目负责人安全生产考核合格证书；

（3）取得省住房和城乡建设行政主管部门认定的继续教育培训机构颁发的培训考核合格证书。

聘任小型工程项目负责人的要求：

除上述条件外，建筑施工企业聘任小型工程项目负责人还应符合下列要求：

（1）近3年有担任过2个以上小型工程项目施工管理工作业绩（本人担任项目正、副职项目经理、技术负责人工作业绩），且负责管理的工程项目未发生过一般等级以上工程质量安全事故及违法违规不良行为记录；

（2）取得国家认定的土木工程类助理工程师以上专业技术职称；

（3）聘任专业应与本人已取得专业技术职称相对应；

（4）身体健康，年龄不超过60周岁。

2. 江苏省小型建设工程项目负责人的任职条件和要求

江苏省为适应建筑业企业项目经理资质管理制度向建造师执业资格制度的改革，确保三级项目经理的平稳过渡，加强对小型工程施工活动的监督管理，维护建筑市场秩序，提高工程建设项目管理水平，保证工程质量和安全，制定了《江苏省建筑业企业小型项目管理师管理办法（暂行）》，自 2009 年 1 月 1 日起实施。

该管理办法规定：小型项目管理师是指通过全省统一考试合格，取得江苏省建筑业企业小型项目管理师证书，担任施工单位小型工程施工项目负责人的专业技术人员。小型项目管理师不分专业，证书有效期 3 年。小型项目管理师不得同时在两个及两个以上的建设工程项目上担任施工单位项目负责人。不得超出职业范围和聘用企业业务范围从事施工管理活动。

小型项目管理师承接工程的范围按照建设部《关于印发〈注册建造师执业工程规模标准〉（试行）的通知》（建市［2007］171 号）执行。

申领小型项目管理师证书应当具备下列条件：

（1）经全省统考合格；

（2）受聘于一个单位；

（3）具有相当于高中以上学历；

（4）年龄在 65 周岁以下；

（5）有 5 年以上从事本行业工作经历，具有工程类或工程经济类大专以上学历或初级以上职称的人员，从事本行业的工作经历为 3 年以上；

（6）没有下列规定的情形。

申请人有下列情形之一的，不予核发小型项目管理师证书：

（1）不具有完全民事行为能力的；

（2）申请人在两个或者两个以上单位工作的；

（3）受到刑事处罚，刑事处罚尚未执行完毕的；

（4）因职业活动受到刑事处罚，自刑事处罚执行完毕之日起至申领证书之日止不满 5 年的；

（5）因前项规定以外的原因受到刑事处罚，自处罚决定之日起至申领证书之日止不满 3 年的；

（6）被吊销一级或二级建造师注册证书或被收回小型项目管理师证书，自决定之日起至申领证书之日止不满 2 年的；

（7）已经取得建造师注册证书的；

（8）在申请小型项目管理师证书之日前 3 年内担任项目负责人期间，所负责项目发生过质量和安全事故的；

（9）年龄超过 65 周岁的；

（10）法律、法规规定的其他情形。

7.2.2 关于小型建设工程项目负责人的执业规模标准

1. 注册建造师执业工程范围

注册建造师的执业工程范围参见表 7-1。

序号	注册专业	工程范围
1	建筑工程	房屋建筑、装饰装修、地基与基础、土石方、建筑装修装饰、建筑幕墙、预拌商品混凝土、混凝土预制构件、园林古建筑、钢结构、高耸建筑物、电梯安装、消防设施、建筑防水、防腐保温、附着升降脚手架、金属门窗、预应力、爆破与拆除、建筑智能化、特种专业
2	公路工程	公路、地基与基础、土石方、预拌商品混凝土、混凝土预制构件、钢结构、消防设施、建筑防水、防腐保温、预应力、爆破与拆除、公路路面、公路路基、公路交通、桥梁、隧道、附着升降脚手架、起重设备安装、特种专业
3	铁路工程	铁路、土石方、地基与基础、预拌商品混凝土、混凝土预制构件、钢结构、附着升降脚手架、预应力、爆破与拆除、铁路铺轨架梁、铁路电气化、铁路桥梁、铁路隧道、城市轨道交通、铁路电务、特种专业
4	民航机场工程	民航机场、土石方、预拌商品混凝土、混凝土预制构件、钢结构、高耸构筑物、电梯安装、消防设施、建筑防水、防腐保温、附着升降脚手架、金属门窗、预应力、爆破与拆除、建筑智能化、桥梁、机场场道、机场空管、航站楼弱电系统、机场目视助航、航油储运、暖通、空调、给水排水、特种专业
5	港口与航道工程	港口与航道、土石方、地基与基础、预拌商品混凝土、混凝土预制构件、消防设施、建筑防水、防腐保温、附着升降脚手架、爆破与拆除、港口及海岸、港口装卸设备安装、航道、航运梯级、通航设备安装、水上交通管制、水工建筑物基础处理、水工金属结构制作与安装、船台、船坞、滑道、航标、灯塔、栈桥、人工岛、简仓、堆场道路及陆域构筑物、围堤、护岸、特种专业
6	水利水电工程	水利水电、土石方、地基与基础、预拌商品混凝土、混凝土预制构件、钢结构、建筑防水、消防设施、起重设备安装、爆破与拆除、水工建筑物基础处理、水利水电金属结构制作与安装、水利水电机电设备安装、河湖整治、堤防、水工大坝、水工隧洞、送变电、管道、无损检测、特种专业
7	矿业工程	矿山、地基与基础、土石方、高耸构筑物、消防设施、防腐保温、环保、起重设备安装、管道、预拌商品混凝土、混凝土预制构件、钢结构、建筑防水、爆破与拆除、隧道、窑炉、特种专业
8	市政公用工程	市政公用、土石方、地基与基础、预拌商品混凝土、混凝土预制构件、预应力、爆破与拆除、环保、桥梁、隧道、道路路面、道路路基、道路交通、城市轨道交通、城市及道路照明、体育场地设施、给水排水、燃气、供热、垃圾处理、园林绿化、管道、特种专业
9	通信与广电工程	通信与广电、通信线路、微波通信、传输设备、交换、卫星地球站、移动通信基站、数据通信及计算机网络、本地网、接入网、通信管道、通信电源、综合布线、信息化工程、铁路信号、特种专业
10	机电工程	机电、石油化工、电力、冶炼、钢结构、电梯安装、消防设施、防腐保温、起重设备安装、机电设备安装、建筑智能化、环保、电子、仪表安装、火电设备安装、送变电、核工业、炉窑、冶炼机电设备安装、化工石油设备、管道安装、管道、无损检测、海洋石油、体育场地设施、净化、旅游设施、特种专业

2. 小型建设工程项目负责人的执业规模标准

小型工程项目的规模划分及分类，按照建设部《关于印发〈注册建造师执业工程规模〉（试行）的通知》（建市〔2007〕171 号）的规模划分及分类标准执行。参见表 7-2 ~ 表 7-15。

注册建造师执业工程规模标准（房屋建筑工程）

表 7-2

序号	工程类别	项目名称	单位	规模			备注
				大型	中型	小型	
1	一般房屋建筑工程	工业、民用与公共建筑工程	层	≥25	5～25	<5	建筑物层数
			m	≥100	15～100	<15	建筑物高度
			m	≥30	15～30	<15	单跨跨度
			m²	≥30000	3000～30000	<3000	单体建筑面积
		住宅小区或建筑群体工程	m²	≥100000	3000～100000	<3000	建筑群建筑面积
		其他一般房屋建筑工程	万元	≥3000	300～3000	<300	单项工程合同额
2	高耸构筑物工程	冷却塔及附属工程	m²	>3500	2000～3500	<2000	淋水面积
		高耸构筑物工程	m	≥120	25～120	<25	构筑物高度
		其他高耸构筑物工程	万元	≥3000	300～3000	<300	单项工程合同额
3	地基与基础工程	房屋建筑地基与基础工程	层	≥25	5～25	<5	建筑物层数
		构筑物地基与基础工程	m	≥100	25～100	<25	构筑物高度
		基坑围护工程	m	≥8	3～8	<3	基坑深度
		软弱地基处理工程	m	≥13	4～13	<4	地基处理深度
		其他地基与基础工程	万元	≥1000	100～1000	<100	单项工程合同额
4	土石方工程	挖方或填方工程	万 m³	≥60	15～60	<15	土石方量
		其他挖方或填方工程	万元	≥3000	300～3000	<300	单项工程合同额
5	园林古建筑工程	仿古建筑工程、园林建筑工程	m²	≥800	200～800	<200	单体建筑面积
		国家级重点文物保护单位的古建筑修缮工程	m²	≥200	<200	无	修缮建筑面积
		省级重点文物保护单位的古建筑修缮工程	m²	≥300	100～300	<100	修缮建筑面积
		其他园林古建筑工程	万元	≥1000	200～1000	<200	单项工程合同额
6	钢结构工程	钢结构建筑物或构筑物工程（包括轻钢结构工程）	m	≥30	10～30	<10	钢结构跨度
			t	≥1000	100～1000	<100	总重量
			m²	≥20000	3000～20000	<3000	单体建筑面积
		网架结构的制作安装工程	m	≥70	10～70	<10	网架工程边长
			t	≥300	50～300	<50	总重量
			m²	≥6000	200～6000	<200	单体建筑面积
		其他钢结构工程	万元	≥3000	300～3000	<300	单项工程合同额
7	建筑防水工程	各类房屋建筑防水工程	万元	≥200	50～200	<50	单项工程合同额
8	防腐保温工程	各类防腐保温工程	万元	≥200	50～200	<50	单项工程合同额

序号	工程类别	项目名称	单位	规模			备 注
				大型	中型	小型	
9	附着升降脚手架	各类附着升降脚手架设计、制作、安装工程	m	≥80	15～80	＜15	高 度
10	金属门窗工程	铝合金、塑钢等金属门窗工程	层	≥25	5～25	＜5	建筑物层数
			m	≥80	15～80	＜15	建筑物高度
			m²	≥8000	1000～8000	＜1000	单体建筑面积
			万元	≥500	100～500	＜100	单项工程合同额
11	预应力工程	各类房屋建筑预应力工程	m	≥30	10～30	＜10	跨 度
			万元	≥800	100～800	＜100	单项工程合同额
12	爆破与拆除工程	大爆破工程	级	≥C	D～C	＜D	爆破等级
		复杂环境深孔爆破、拆除爆破及城市控制爆破及其他爆破与拆除工程	级	≥B	D～B	＜D	爆破等级
		机械和人工拆除工程	万元	≥500	200～500	＜200	单项工程合同额
13	体育场地设施工程	高尔夫球场、室内外迷你高尔夫球场和练习场工程	公顷	≥55	25～55	＜25	单项工程占地面积
			万元	≥3200	300～3200	＜300	单项工程合同额
			洞	≥18	9～18	＜9	洞数
		体育场田径场地设施工程	万人	≥2	0.5～2	＜0.5	容纳人数
			万元	≥1000	300～1000	＜300	单项工程合同额
		体育馆（包括游泳馆、冬季项目馆）设施工程	人	≥5000	300～5000	＜300	容纳人数
		合成面层网球、篮球、排球场地设施工程	m²	≥7000	2000～7000	＜2000	建筑面积
		其他体育场地设施工程	万元	≥800	150～800	＜150	单项工程合同额
14	特种专业工程	建筑物纠偏和平移等工程	万元	≥500	100～500	＜100	单项工程合同额
		结构补强、特殊设备的起重吊装、特种防雷技术等工程	万元	≥200	50～200	＜50	单项工程合同额

注：1. 大中型工程项目负责人必须由本专业注册建造师担任；

2. 一级注册建造师可担任大中小型工程项目负责人，二级注册建造师可担任中小型工程项目负责人。

注册建造师执业工程规模标准（公路工程） 表 7-3

序号	工程类别	项目名称	单位	规模			备 注
				大 型	中 型	小 型	
1	高速公路各工程类别		m	＞0			
2	桥梁工程		m	单跨≥50	13≤单跨＜50	单跨＜13	
			m	桥长≥1000	30≤桥长＜1000	桥长＜30	

序号	工程类别	项目名称	单位	规模			备注
				大型	中型	小型	
3	隧道工程		m	长度≥1000	0≤长度<1000		
4	单项合同额		万元	>3000	500～3000	<500	

注：1. 一级注册建造师可担任大中小型工程项目负责人，二级注册建造师担任中小型工程项目负责人；

2. 不同工程类别所要求的注册建造师执业资格不同时，以较高资格执行。

注册建造师执业工程规模标准（铁路工程） 表 7-4

序号	工程类别	项目名称	单位	规模			备注
				大型	中型	小型	
1		铁路桥梁	m	500m（含）以上	100m（含）～500m	100m 以下	
2		铁路隧道	m	3000m（含）以上	1000m（含）～3000m	1000m 以下	
3		铁路综合工程	万元	5000 万元（含）以上	3000 万（含）～5000 万元	3000 万元以下	单项工程合同额

注：大中型工程项目负责人必须由本专业一级注册建造师担任。

注册建造师执业工程规模标准（通信与广电工程） 表 7-5

序号	工程类别	项目名称	单位	规模			备注
				大型	中型	小型	
1	通信	通信线路工程		跨省通信线路工程或投资 3000 万元及以上	省内通信线路工程且投资在 1000 万～3000 万元内	投资小于 1000 万元	
		微波通信工程		跨省微波通信工程或投资 2000 万元及以上	省内微波通信工程且投资在 800 万～2000 万元内	投资小于 800 万元	
		传输设备工程		跨省传输设备工程或投资 3000 万元及以上	省内传输设备工程且投资在 1000 万～3000 万元内	投资小于 1000 万元	
		交换工程		5 万门及以上；	1 万门及以上	1 万门以下	
		卫星地球站工程		天线口径 12m 及以上（含上下行）；500 个及以上 VSAT	天线口径 6～12m（含上下行）；500 个以下 VSAT	天线口径 6m 以下卫星单收站	
		移动通信基站工程		50 个及以上基站	20 个及以上基站	20 个以下基站	
		数据通信及计算机网络工程		跨省数据通信及计算机网络工程或投资 1200 万元及以上	省内数据通信及计算机网络工程且投资在 600 万～1200 万元内	投资小于 600 万元的项目	
		本地网工程		单项工程投资额 1200 万元及以上	单项工程投资额 300 万元及以上	单项工程投资额 300 万元以下	
		接入网工程			单项工程投资额 300 万元及以上	单项工程投资额 300 万元以下	
		通信管道工程			单项工程合同额 200 万元及以上	单项工程合同额 200 万元以下	
		通信电源工程			综合通信局电源系统	配套电源工程	

序号	工程类别	项目名称	单位	规　模			备注
				大　型	中　型	小　型	
2	广电	电视中心工程		自制节目 2 套及以上	自制节目 1 套		
		广播中心工程		自制节目 4 套及以上	自制节目 2 套及以上	自制节目 1 套	
		中短波发射台工程		单机发射功率 100kW 及以上	单机发射功率 50kW 及以上	单机发射功率 50kW 以下	
		调频、电视发射台工程		单机发射功率 5kW 及以上	单机发射功率 1kW 及以上	单机发射功率 1kW 及以下	
		有线电视工程		用户终端 3 万户及以上	用户终端 1 万户及以上	用户终端 1 万户及以下	
		卫星接收站工程		接收广播电视节目 50 套及以上	接收广播电视节目 30 套及以上	接收广播电视节目 30 套以下	
		其他广电工程		单项工程合同额 2000 万元及以上	单项工程合同额 1000 万元及以上	单项工程合同额 1000 万元及以下	

注：大中型工程项目负责人必须由本专业一级注册建造师担任。

注册建造师执业工程规模标准（民航机场工程）　　表 7-6

序号	工程类别	项目名称	单位	规　模			备　注
				大型	中型	小型	
1	机场场道工程	土方工程	万元	≥5000	<5000		单项工程合同额
		基础工程					
		道面工程					
		排水工程					
		滑行道桥工程					
		其　他					
2	机场空管工程	通信工程	万元	≥2000	<2000		单项工程合同额（含设备）
		导航工程					
		航管工程					
		气象工程					
3	航站楼弱电系统工程	航站楼弱电系统工程	万元	≥1000	<1000		
4	机场目视助航工程	机场目视助航工程	万元	≥2000	<2000		

注：1. 飞行区指标 4E 及以上的机场场道工程（不含其他）均视为大型工程；

　　2. 大中型工程项目负责人必须由本专业注册建造师担任。

注册建造师执业工程规模标准（港口与航道工程） 表 7-7

序号	工程类别	项目名称	单位	规模			备注
				大 型	中 型	小 型	
1	港口工程	沿海码头工程	吨级	≥30000	10000～30000	<10000	
		内河码头工程	吨级	≥5000	3000～5000	<3000	
		防波堤		水深≥5m，600m 以上	3m≤水深<5m，300m 以上	水深<3m，300m 以下	
		围堤护岸工程	m	≥1000	500～1000	<500	
		港区堆场工程	万 m²	度	10～15	<10	
2	修造船厂水工工程	船坞	船舶吨位	≥50000	10000～50000	<10000	
		船台、滑道	船体重量（t）	≥5000	1000～5000	<1000	
3	通航建筑工程	航电枢纽	通航吨级	≥1000	300～1000	<300	
		船闸	通航吨级	≥1000	300～1000	<300	
		升船机	通航吨级	≥300	50～300	<50	
4	航道工程	沿海航道工程	通航吨级	≥50000	20000～50000	<20000	
		内河航道工程	通航吨级	≥1000	300～1000	<300	
		疏浚工程	万 m³	≥500	100～500	<100	
		吹填造地工程	万 m³	≥400	100～400	<100	
		水下炸礁、清礁工程	万 m³	≥3	1～3	<1	
5	单项工程合同额	沿海	万元	≥10000	2000～10000	<2000	
		内河	万元	≥5000	1000～5000	<1000	

注：1. 大中型工程项目负责人必须由本专业一级注册建造师担任；

　　2. 化学品、油、气等危险品码头工程无论规模大小，项目负责人必须由本专业一级注册建造师担任。

注册建造师执业工程规模标准（水利水电工程） 表 7-8

序号	工程类别	项目名称	单位	规模			备注
				大型	中型	小型	
1	水库工程（蓄水枢纽工程）		亿 m³	≥1.0	0.001～1.0	<0.001	总库容（总蓄水容积）
		主要建筑物工程（包括大坝、隧洞、溢洪道、电站厂房、船闸等）	级	1、2	3、4、5		建筑物级别
		次要建筑物工程	级		3、4	5	建筑物级别
		临时建筑物工程	级		3、4	5	建筑物级别
		基础处理工程	级	1、2	3、4、5		相应建筑物级别
		金属结构制作与安装工程	级	1、2	3、4、5		相应建筑物级别
		机电设备安装工程	级	1、2	3、4、5		相应建筑物级别

序号	工程类别	项目名称	单位	规模			备 注
				大型	中型	小型	
2	防洪工程			特别重要、重要	中等、一般		保护城镇及工矿企业的重要性
			10^4 亩	≥100	5~100	<5	保护农田
		主要建筑物工程	级	1、2	3、4	5	建筑物级别
		次要建筑物工程	级		3、4	5	建筑物级别
		临时建筑物工程	级		3、4	5	建筑物级别
		基础处理工程	级	1、2	3、4	5	相应建筑物级别
		金属结构制作与安装工程	级	1、2	3、4	5	相应建筑物级别
		机电设备安装工程	级	1、2	3、4	5	相应建筑物级别
3	治涝工程		10^4 亩	≥60	3~60	<3	治涝面积
		主要建筑物工程	级	1、2	3、4	5	建筑物级别
		次要建筑物工程	级		3、4	5	建筑物级别
		临时建筑物工程	级		3、4	5	建筑物级别
		基础处理工程	级	1、2	3、4	5	相应建筑物级别
		金属结构制作与安装工程	级	1、2	3、4	5	相应建筑物级别
		机电设备安装工程	级	1、2	3、4	5	相应建筑物级别
4	灌溉工程		10^4 亩	≥50	0.5~50	<0.5	灌溉面积
		主要建筑物工程	级	1、2	3、4	5	建筑物级别
		次要建筑物工程	级		3、4	5	建筑物级别
		临时建筑物工程	级		3、4	5	建筑物级别
		基础处理工程	级	1、2	3、4	5	相应建筑物级别
		金属结构制作与安装工程	级	1、2	3、4	5	相应建筑物级别
		机电设备安装工程	级	1、2	3、4	5	相应建筑物级别
5	供水工程			特别重要、重要	中等、一般		供水对象重要性
		主要建筑物工程	级	1、2	3、4		建筑物级别
		次要建筑物工程	级		3、4	5	建筑物级别
		临时建筑物工程	级		3、4	5	建筑物级别
		基础处理工程	级	1、2	3、4	5	相应建筑物级别
		金属结构制作与安装工程	级	1、2	3、4	5	相应建筑物级别
		机电设备安装工程	级	1、2	3、4	5	相应建筑物级别

序号	工程类别	项目名称	单位	规模			备注
				大型	中型	小型	
6	发电工程		10^4kW	≥30	1~30	<1	装机容量
		主要建筑物工程（包括大坝、隧洞、溢洪道、电站厂房、船闸等）	级	1、2	3、4	5	建筑物级别
		次要建筑物工程	级		3、4	5	建筑物级别
		临时建筑物工程	级		3、4	5	建筑物级别
		基础处理工程	级	1、2	3、4	5	相应建筑物级别
		金属结构制作与安装工程	级	1、2	3、4	5	相应建筑物级别
		机电设备安装工程	级	1、2	3、4	5	相应建筑物级别
7	拦河水闸工程		m^3/s	≥1000	20~1000	<20	过闸流量
		主要建筑物工程	级	1、2	3、4	5	建筑物级别
		次要建筑物工程	级		3、4	5	建筑物级别
		临时建筑物工程	级		3、4	5	建筑物级别
		基础处理工程	级	1、2	3、4	5	相应建筑物级别
		金属结构制作与安装工程	级	1、2	3、4	5	相应建筑物级别
		机电设备安装工程	级	1、2	3、4	5	相应建筑物级别
8	引水枢纽工程		m^3/s	≥50	2~50	<2	引水流量
		主要建筑物工程	级	1、2	3、4	5	建筑物级别
		次要建筑物工程	级		3、4	5	建筑物级别
		临时建筑物工程	级		3、4	5	建筑物级别
		基础处理工程	级	1、2	3、4	5	相应建筑物级别
		金属结构制作与安装工程	级	1、2	3、4	5	相应建筑物级别
		机电设备安装工程	级	1、2	3、4	5	相应建筑物级别
9	泵站工程（提水枢纽工程）		m^3/s	≥50	2~50	<2	装机流量
			10^4kW	≥1	0.01~1	<0.01	装机功率
		主要建筑物工程	级	1、2	3、4	5	建筑物级别
		次要建筑物工程	级		3、4	5	建筑物级别
		临时建筑物工程	级		3、4	5	建筑物级别
		基础处理工程	级	1、2	3、4	5	相应建筑物级别
		金属结构制作与安装工程	级	1、2	3、4	5	相应建筑物级别
		机电设备安装工程	级	1、2	3、4	5	相应建筑物级别

序号	工程类别	项目名称	单位	规　模			备　注
				大型	中型	小型	
10	堤防工程		【重现期（年）】	≥50	20～50	<20	防洪标准
		堤基处理及防渗工程	级	1、2	3、4	5	堤防级别
		堤身填筑（含戗台、压渗平台）及护坡工程	级	1、2	3、4	5	堤防级别
		交叉、连接建筑物工程（含金属结构与机电设备安装）	级	1、2	3、4	5	堤防级别
		填塘固基工程	级		1、2、3	4、5	堤防级别
		堤顶道路（含坡道）工程	级		1、2、3	4、5	堤防级别
		堤岸防护工程	级		1、2、3	4、5	堤防级别
11	灌溉渠道或排水沟		m^3/s	≥300	20～300	<20	灌溉流量
			m^3/s	≥500	50～500	<50	排水流量
			级	1	2、3	4、5	工程级别
12	灌排建筑物		m^3/s	≥100	5～100	<5	过水流量
		永久建筑物工程	级	1、2	3、4	5	建筑物级别
		临时建筑物工程	级		3、4	5	建筑物级别
		基础处理工程	级	1、2	3、4	5	相应建筑物级别
		金属结构制作与安装工程	级	1、2	3、4	5	相应建筑物级别
		机电设备安装工程	级	1、2	3、4	5	相应建筑物级别
13	农村饮水工程		万元	≥3000	200～3000	<200	单项合同额
14	河湖整治工程（含疏浚、吹填工程等）		万元	≥3000	200～3000	<200	单项合同额
15	水土保持工程（含防浪林）		万元	≥3000	200～3000	<200	单项合同额
16	环境保护工程		万元	≥3000	200～3000	<200	单项合同额
17	其他	其他强制要求招标的项目或上述小型工程项目	万元	≥3000	200～3000	<200	单项合同额

注：1. 大中型工程项目负责人必须由本专业注册建造师担任，其中大型工程项目负责人必须由本专业一级注册建造师担任；

2. 对综合利用的水利水电工程，当各综合利用项目的分等（级）指标对应的规模不同时，应按最高规模确定；

3. 水利水电工程包含的通航、过木（竹）、桥梁、公路、港口和渔业等建筑物，注册建造师执业工程规模标准应参照本表中相关工程类别确定。

序号	工程类别	项目名称	单位	规 模			备注
				大型	中型	小型	
1	火电机组（含燃气发电机组）	主厂房建筑	kW	30万kW及以上机组建筑工程	10～30万kW机组建筑工程	10万kW以下机组建筑工程	
		烟囱	kW	30万kW及以上机组烟囱工程	10～30万kW机组烟囱工程	10万kW以下机组烟囱工程	
		冷却塔	kW	30万kW及以上机组冷却塔工程	10～30万kW机组冷却塔工程	10万kW以下机组冷却塔工程	
		机组安装	kW	30万kW及以上机组安装工程	10～30万kW及以上机组安装工程	10万kW以下机组安装工程	
		锅炉安装	kW	30万kW及以上机组锅炉安装工程	10～30万kW机组锅炉安装工程	10万kW以下机组锅炉安装工程	
		汽轮发电机安装	kW	30万kW及以上机组汽轮机安装工程	10～30万kW机组汽轮机安装工程	10万kW以下机组汽轮机安装工程	
		升压站	kW	30万kW及以上机组升压站工程	20万kW及以上机组升压站工程	20万kW以下机组升压站工程	
		环保工程	kW	30万kW及以上机组环保工程	20万kW及以上机组环保工程	20万kW以下机组环保工程	
		附属工程	kW	30万kW及以上机组附属工程	20万kW及以上机组附属工程	20万kW以下机组附属工程	
		消防	kW	30万kW及以上机组消防工程	10～30万kW机组消防工程	10万kW以下机组消防工程	
		单项工程合同额	万元	1000万元及以上的发电工程	500～1000万元的发电工程	500万元以下的发电工程	
2	送变电	送电线路	kV	330kV及以上或220kV30公里及以上送电线路工程	220kV30公里以下送电线路工程	110万kV及以下送电线路工程	
		变电站	kV	330kV及以上变电站	220kV变电站	110kV以下变电站	
		电力电缆	kV	220kV及以上电缆工程	110kV电缆工程	110kV以下电缆工程	
		单项工程合同额	万元	800万元及以上送变电工程	400万～800万元的送变电工程	400万元以下的送变电工程	
3	核电	升压站安装	kW	30万kW及以上机组升压站工程	10～30万kW机组升压站工程	10万kW以下机组升压站工程	
		常规岛工程	kW	30万kW及以上机组常规岛安装工程	30万kW以下机组常规岛安装工程		
		附属工程	kW	30万kW及以上机组附属安装工程	10～30万kW机组附属安装工程	10万kW以下机组附属安装工程	
		单项工程合同额	万元	1000万元及以上核电工程	500万～1000万元核电工程	500万元以下核电工程	
4	风电	单项工程合同额	万元	600万元及以上风电工程	400万～600万元风电工程	400万元以下风电工程	

表 7-10

注册建造师执业工程规模标准（矿山工程）

序号	工程类别	项目名称	单位	规　　　模			备　注
				大　型	中　型	小　型	
1	煤炭矿山	立井井筒		符合下列条件之一： 1. 年产 >90 万 t/年； 2. 单项工程合同额 ≥2000 万元； 3. 45～90 万 t/年矿井，相对瓦斯涌出量 >10m³/t 或绝对瓦斯涌出量 >40m³/min 的井下巷道工程	符合下列条件之一： 1. 年产 45 万～90 万 t/年； 2. 单项工程合同额 1000 万～2000 万元	符合下列条件之一： 1. 年产 ≤30 万 t/年； 2. 单项工程合同额 <1000 万元	
		斜井井筒					
		平硐					
		井底车场与硐室工程					
		轨道大巷					
		运输大巷					
		上、下山巷道					
		回风大巷					
		立井冻结井筒	m	≥300	<300		冻结深度
		大钻机钻井		大钻机法钻井			
		开拓或开采巷道	万 m	≥1	0.6～1	<0.6	标准进尺累计
		矿井筒永久提升机安装					
		立井井筒装备安装					
		矿井永久主排水设备安装	万元	≥2000	1000～2000	<1000	单项工程合同额
		矿井永久通风机设备安装					
		矿井永久主压风机设备安装					
		矿井综采设备安装					
		矿井井下带式输送机安装					
		35kV 及以上地面变电站设备安装	万元	≥2000	1000～2000	<1000	单项工程合同额
		井下中央变电所设备安装					
		永久井架安装					

216

续表

序号	工程类别	项目名称	单位	规模 大型	规模 中型	规模 小型	备注
1	煤炭矿山	矿井地面生产系统		符合下列条件之一：1. 年产>90万t/年；2. 单项土建工程合同额≥2000万元；3. 单项安装工程合同额≥1000万元	符合下列条件之一：1. 年产45万~90万t/年；2. 单项土建工程合同额1000万~2000万元；3. 单项安装工程合同额500万~1000万元	符合下列条件之一：1. 年产≤30万t/年；2. 单项土建工程合同额<1000万元；3. 单项安装工程合同额<500万元	矿井地面生产系统包括：1. 矿井筛选车间、转载点、原料仓（产品仓）以及相互连接的皮带输送机栈桥的土建工程；2. 与上述土建工程相对应的设备安装工程（包括机械设备、电气设备及管路安装工程）
		选煤厂主厂房及相应配套设施					
		选煤厂原料仓（产品仓）					
		铁路专用线					系指铁路专用线或铁路站线工程
		选煤厂机电设备安装工程（机械、电气、管路）		符合下列条件之一：1. 洗选能力>90万t/年；2. 模块选煤厂工程合同额1000万元及以上；3. 非模块选煤厂合同额1500万元及以上	符合下列条件之一：1. 洗选能力45~90万t/年；2. 模块选煤厂工程合同额500万~1000万元；3. 非模块选煤厂合同额1000万~1500万元	符合下列条件之一：1. 洗选能力30万t/年及以下；2. 模块选煤厂工程合同额<500万元；3. 非模块选煤厂工程合同额<1000万元	机械安装包括破碎、筛分、主选、浮选、磁选、浓缩脱水、压滤；电气安装包括集中整制系统及配电安装等安装
2	冶金矿山（黑色、有色、黄金）	露天矿山剥离	万m³	≥80	60~80	<60	剥离量
		露天铁矿采矿	万t矿石/年	≥200 或投资≥1亿元	60~200 或投资<1亿元		
			万t矿岩/年	≥1000 或投资≥1亿元	300~1000 或投资<1亿元		
		地下铁矿采矿	万t矿石/年	≥100 或投资≥1亿元	30~1000 或投资<1亿元		
		铁矿选矿	万t矿石/年	≥200 或投资≥1亿元	200~60 或投资<1亿元		
		砂矿采选	万t矿石/年	≥200	200~100		
		脉矿采选（有色）	万t矿石/年	≥100	<100		
		脉矿采选（黄金）	万t矿石/年	≥30	6~30	<6	
		砂金船采	万m³/年	≥300	60~300	<60	
		砂金机采	万m³/年	≥100	20~100	<20	

217

序号	工程类别	项目名称	单位	规模（大型）	规模（中型）	规模（小型）	备注
3	化工矿山	竖井工程		符合下列条件之一： 1. 磷矿山建设工程年产大于100万t； 2. 硫铁矿山建设工程年产大于100万t； 3. 石灰石矿产大于100万t；工程年产大于100万t； 4. 单项工程合同额大于3000万元	符合下列条件之一： 1. 磷矿山建设工程年产30万~100万t； 2. 硫铁矿山建设工程年产20万~100万t； 3. 石灰石矿产大于50万t；工程年产大于50万t； 4. 单项工程合同额大于2000万~3000万元	符合下列条件之一： 1. 磷矿产年产小于30万t； 2. 硫铁矿产小于20万t；工程年产小于50万t； 3. 石灰石矿产小于50万t；工程年产小于50万t； 4. 单项工程合同额小于2000万元	
		斜井工程					
		平硐					
		盲竖井					
		盲斜井					
		中段石门、中段					
		中段运输平巷					
		通风平巷					
		井底车场、绕道、盲井、上下部车场					
		通风井、联络井					
		流干巷道					
		主溜井、检查井、充填井					
		水仓、水车库、矿仓、炸药库、卷扬机房、装载硐室、翻罐笼室、机修室、变配电室、地磅室、候车室、调度室					
		采区巷道工程	万m	≥1	0.6~1	<0.6	标准进尺累计
		竖井永久性提升机安装	万元	≥3000	1000~3000	<1000	单项工程合同额
		斜井、平硐设备安装					
		井筒永久性主压风机设备安装					

序号	工程类别	项目名称	单位	规模			备注
				大型	中型	小型	
3	化工矿山	井巷永久性排水设备安装	万元	≥3000	1000~3000	<1000	单项工程合同额
		井巷永久性通风设备安装					
		井巷带式运输机安装					
		35kV及以上运输机安装					
		井下变电所设备安装					
		矿井地面生产系统					
		磷矿采掘工程	万t/年	>100	30~100	<30	
		硫铁矿采掘工程	万t/年	>100	20~100	<20	
		石灰石矿采掘工程	万t/年	>100	50~100	<50	
		其他矿种采掘工程	万元	总投资>2000	总投资1000~2000	总投资<1000	
		采选联合矿山工程	万t/年	>100	30~100	<30	
		露天矿山剥离工程	万m³/年	>100	50~100	<50	
4	铀矿山	铀矿山	t	无	100~200	<100	核工业矿山的规模系按照金属铀的氧化物产品量确定
5	建材矿山	石灰石矿山	万t/年	≥120	80~120	<80	露天
		砂岩矿	万t/年	≥20	10~20	<10	地下
		石膏矿	万t/年	≥40	20~40	<20	
		石墨矿	万t/年	≥20	5~20	<5	
		石棉矿	万t/年	≥1	0.5~1	<0.5	
		高岭土矿	万t/年	≥2	1~2	<1	
		膨润土矿	万t/年	≥10	2~10	<2	
		大理石矿	万t/年	≥50	5~50	<5	
		石材矿	万m³/年	≥50	10~50	<10	

序号	工程类别	项目名称	单位	规　　模			备注
				大　型	中　型	小型	
1	烧结球团	烧结球团		≥360m² 或投资 ≥1 亿元	< 360m² 或投资 < 1 亿元		
2	焦化	焦炉工程		碳化室高度 ≥5m 或投资 ≥1 亿元	碳化室高度 < 5m 或投资 < 1 亿元		
3	冶金	高炉工程		≥2000m³ 或投资 ≥2 亿元	< 2000 m³ 或投资 < 2 亿元		
		铁水预处理		投资 ≥1 亿元	投资 < 1 亿元		
		转炉工程		≥ 120t 或投资 ≥ 2 亿元	< 120t 或投资 < 2 亿元		
		电炉工程		≥70t 或投资 ≥2 亿元	< 70t 或投资 < 2 亿元		
		冷轧工程		≥80 万 t 或投资 ≥8 亿元	< 80t 或投资 < 8 亿元		
		铜、铝、锌、镍工程	万 t	≥10	5 ~ 10	< 5	
		氧化铝工程	万 t	≥30	10 ~ 30	< 10	
		板带工程		≥80 万 t 或投资 ≥5 亿元	< 80 万 t 或投资 < 5 亿元		
		无缝钢管工程		≥50 万 t 或投资 ≥5 亿元	< 50 万 t 或投资 < 5 亿元		
		棒线材工程		≥50 万 t 或投资 ≥3 亿元	< 50 万 t 或投资 < 3 亿元		
4	制氧	制氧机工程		≥10000m³ 或投资 ≥1 亿元	< 10000m³ 或投资 < 1 亿元		
5	煤气	煤气柜工程		≥15 万 m³ 或投资 ≥ 0.5 亿元	< 15 万 m³ 或投资 < 0.5 亿元		
6	建材	熟料新型干法水泥生产线	t/日	≥4000	2000 ~ 4000	< 2000	
		上浮法玻璃生产线	t/日	≥400	100 ~ 400	< 100	
		石灰生产线	t/日	≥300	100 ~ 300	< 100	

序号	工程类别	项目名称	单位	规模			备注
				大型	中型	小型	
1	石油天然气建设项目	油田地面建设	万 t/年	≥30	20 ~ 30	≤20	产能、技改、单项工程合同额
			万元	≥1000	100 ~ 1000		
		气田地面建设	亿 m³/年	≥1.5	0.5 ~ 1.5	≤0.5	产能、技改、单项工程合同额
			万元	≥1500	200 ~ 1500		
		管道输油工程	万 t/年	≥600	300 ~ 600	≤300	输油能力
			km	≥120	<120		管线长度
		管道输气工程	亿 m³/年	≥10	5 ~ 10	≤5	输气能力
			km	≥120	<120		管线长度
		城镇燃气	亿 m³/年	≥3	1 ~ 3	≤1	生产能力
		原油、成品油储库工程	万 m³	≥8	3 ~ 8	≤3	总库容
			万 m³	≥2	0.5 ~ 2	≤0.5	单罐容积
		天然气储库工程	万 m³	≥1.5	1 ~ 1.5	≤1	总库容
			万 m³	≥0.5	0.2 ~ 0.5	≤0.2	单罐容积
		液化石油气及轻烃储库（常温）	m³	≥2000	1000 ~ 2000	≤1000	总库容
			m³	≥400	200 ~ 400	≤200	单罐容积
		液化石油气及轻烃储库（低温）	m³	≥20000	10000 ~ 20000	≤10000	总库容
			m³	≥10000	< 10000		单罐容积
		地下储气库工程	亿 m³/年	≥3	1 ~ 3	≤1	有效库容
		天然气处理加工工程	万 m³/日	≥100	25 ~ 100	≤25	加工能力
		石油机械制造与修理工程	万元	≥5000	2000 ~ 5000	≤2000	投资
		海洋石油工程	亿元	≥8	4 ~ 8	≤4	投资
		海洋石油导管制造与安装	t	≥2500	800 ~ 2500	≤800	安装能力
		海洋石油模块制造与安装	t	≥2500	800 ~ 2500	≤800	安装能力
		海底管线工程	km	≥15	< 15		安装能力
2	石油炼制工程	常减压蒸馏	万 t/年	≥250	<250		生产能力
		焦化	万 t/年	≥140	<140		生产能力
		气体分馏	万 t/年	≥30	10 ~ 30	≤10	生产能力
3	石油产品深加工	催化反应加工	万 t/年	≥200	<200		生产能力
		加氢裂化	万 t/年	≥140	<140		生产能力
		加氢精制	万 t/年	≥200	<200		生产能力
		制氢	万标 m³/h	≥6	<6		生产能力
		气体脱硫	万 t/年	≥30	10 ~ 30	≤10	生产能力
		液化气脱硫	万 t/年	≥60	30 ~ 60	≤30	生产能力
		制硫	万 t/年	≥10	6 ~ 10	≤6	生产能力
		重整装置	万 t/年	≥60	40 ~ 60	≤40	生产能力
		渣油加工	万 t/年	≥1	0.3 ~ 1	≤0.3	生产能力
		气体加工	万 t/年	≥10	<10		生产能力
		润滑油加工	万 t/年	>15	5 ~ 15	≤5	加工能力

序号	工程类别	项目名称	单位	规模			备注
				大型	中型	小型	
4	有机化工、石油化工	乙烯	万t/年	≥30	14～30	≤14	生产能力
		对二甲苯	万t/年	≥15	<15		生产能力
		丁二烯	万t/年	≥5	<5		生产能力
		乙二醇	万t/年	≥10	<10		生产能力
		精对苯二甲酸	万t/年	≥25	15～25	≤15	生产能力
		醋酸乙烯	万t/年	≥8	<8		生产能力
		甲醇	万t/年	≥10	5～10	≤5	生产能力
		氯乙烯	万t/年	≥8	<8		生产能力
		苯乙烯	万t/年	≥10	<10		生产能力
		醋酸	万t/年	≥10	<10		生产能力
		环氧丙烷	万t/年	≥4	<4		生产能力
		苯酐	万t/年	≥4	<4		生产能力
		苯酚丙酮	万t/年	≥6	<6		生产能力
		丙烯腈	万t/年	≥5	<5		生产能力
		高压聚乙烯	万t/年	≥18	<18		生产能力
		低压聚乙烯	万t/年	≥14	<14		生产能力
		全密度聚乙烯	万t/年	≥14	<14		生产能力
		聚苯乙烯	万t/年	≥10	<10		生产能力
		聚氯乙烯（乙烯法）	万t/年	≥10	<10		生产能力
		聚乙烯醇（电石法）	万t/年	≥5	<5		生产能力
		乙内酰胺	万t/年	≥6	<6		生产能力
		聚酯（乙烯法）	万t/年	≥10	<10		生产能力
		聚酯（PTA法）	万t/年	≥18	15～18	≤15	生产能力
		尼龙66	万t/年	≥2	<2		生产能力
		聚丙烯	万t/年	≥7	<7		生产能力
		ABS	万t/年	≥6	<6		生产能力
		顺丁橡胶	万t/年	≥5	<5		生产能力
		丁苯橡胶	万t/年	≥5	<5		生产能力
		丁基橡胶	万t/年	≥3	<3		生产能力
		乙丙橡胶	万t/年	≥3	<3		生产能力
		丁腈橡胶	万t/年	≥5	<5		生产能力
5	无机化工	合成氨	万t/年	>18	8～18	≤8	生产能力
		尿素	万t/年	>30	13～30	≤13	生产能力
		硫酸、硝酸	万t/年	>16	8～16	≤8	生产能力
		磷酸	万t/年	>12	3～12	≤3	生产能力
		烧碱	万t/年	>5	3～5	≤3	生产能力
		纯碱	万t/年	>30	8～30	≤8	生产能力
		磷肥	万t/年	>50	20～50	≤20	生产能力
		复肥	万t/年	>20	10～20	≤10	生产能力
		无机盐	万元	>10000	5000～10000	≤5000	单项工程合同额

序号	工程类别	项目名称	单位	规　　模			备　注
				大型	中型	小型	
6	化工医药	电石	万t/年	≥5	2～5	≤2	生产能力
		炼焦	万t/年	≥60	20～60	≤20	生产能力
		农药	万t/年	≥3	0.3～3	≤0.3	生产能力
		新型高级农药	万t/年	≥0.1	0.01～0.1	≤0.01	生产能力
		高效低毒农药	t/年	≥1000	＜1000		生产能力
		化学原料药工程	亿元	≥2	1～2	≤1	单项工程合同额
		生物药工程	亿元	≥1	0.5～1	≤0.5	单项工程合同额
		中药工程	亿元	≥0.8	0.5～0.8	≤0.5	单项工程合同额
		制剂药综合项目	亿元	≥1	0.5～1	≤0.5	综合项目
		药用包装材料综合项目	亿元	≥1	0.5～1	≤0.5	综合项目
		其他化学工业	万元	≥10000	3000～10000	≤3000	单项工程合同额
		引进技术项目	万美元	≥3000	500～3000	≤500	单项工程合同额
7	合成材料及加工	树脂成型加工	万t/年	≥3	1～3	≤1	生产能力
		橡胶轮胎工程	万套/年	≥30	10～30	≤10	生产能力
		其他橡胶制品	万元	≥5000	＜5000		单项工程合同额
		塑料	万t/年	≥4	＜4		生产能力
		塑料薄膜	万t/年	≥0.3	0.1～0.3	≤0.1	生产能力
		塑料编织袋	万条/年	≥500	＜500		生产能力
		油漆及涂料（不含高级油漆）	万t/年	≥4	1～4	≤1	生产能力
8	精细化工	精细化工工程	万元	≥5000	3000～5000	≤3000	单项工程合同额
9	化工矿山工程	磷矿	万t/年	≥100	30～100	≤30	生产能力
		硫铁矿	万t/年	≥100	30～100	≤30	生产能力
		其他石化工程	亿元	≥3	1～3	≤1	单项工程合同额
10	化纤工程	涤纶长丝工程	万t/年	≥5	1～5	≤1	生产能力
		丙纶长丝工程	万t/年	≥1.5	0.75～1.5	≤0.75	生产能力
		锦纶长丝工程	万t/年	≥1.5	0.5～1.5	≤0.5	生产能力
		粘胶长丝工程	万t/年	≥0.6	＜0.6		生产能力
		醋纤长丝工程	万t/年	≥1	＜1		生产能力
		涤纶工业丝工程	万t/年	≥1.5	0.4～1.5	≤0.4	生产能力
		锦纶工业丝工程	万t/年	≥1.5	0.4～1.5	≤0.4	生产能力
		涤纶短纤工程	万t/年	≥5	1.5～5	≤1.5	生产能力
		丙纶短纤工程	万t/年	≥1.5	1～1.5	≤1	生产能力
		腈纶短纤工程	万t/年	≥5	1～5	≤1	生产能力
		粘胶短纤工程	万t/年	≥5	＜5		生产能力
		氨纶工程	万t/年	≥0.1	0.05～0.1	≤0.05	生产能力
		特种纤维工程	万t/年	≥1	＜1		生产能力
		无纺布工程	万t/年	≥1.2	0.5～1.2	≤0.5	生产能力
		特种纤维工程	万t/年	≥1	＜1		生产能力
		特种纤维工程	万t/年	≥0.1	＜0.1		生产能力

表 7-13

注册建造师执业工程规模标准（市政公用工程）

序号	工程类别	项目名称	单位	规模 大型	规模 中型	规模 小型	备注
1	城市道路	路基工程		城市快速路、主干道路路基工程≥5km，单项工程合同额≥3000万元	城市快速路、主（次）干道路路基工程2～5km，单项工程合同额1000万～3000万元	城市次干道路基工程<2km，单项工程合同额<1000万元	含城市快速路，城市环路，不含城际间公路
		路面工程		高等级路面≥10万m²，单项工程合同额≥3000万元	高等级路面5万～10万m²，单项工程合同额1000万～3000万元	次高等级路面，单项工程合同额<1000万元	
2	城市公共广场	广场工程		广场面积≥5万m²，单项工程合同额≥3000万元	广场面积2万～5万m²，单项工程合同额1000万～3000万元	单项工程合同额<1000万元	含体育场
3	城市桥梁	桥梁工程		单跨跨度≥40m；单项工程合同额≥3000万元	单跨的跨度20～40m；单项工程合同额1000万～3000万元	单跨跨度<20m；单项工程合同额<1000万元	含过街天桥
4	地下交通	隧道工程		内径（宽或高）≥5m或单洞洞长单洞洞长≥1000m，单项工程合同额≥3000万元	内径（宽或高）3～5m，单项工程合同额1000万～3000万元	内径（宽或高）<3m，单项工程合同额<1000万元	含地下街通道；小型工程不含盾构施工
		车站工程		单项工程合同额≥3000万元	单项工程合同额<3000万元		小型工程不含车站工程
5	城市供水	供水厂		日处理量≥5万t，单项工程合同额≥3000万元	日处理量3～5万t，单项工程合同额1000万～3000万元	日处理量<3万t，单项工程合同额<1000万元	含中水工程，加压站工程
		供水管道		管径≥1.5m，单项工程合同额≥3000万元	管径0.8～1.5m，单项工程合同额1000万～3000万元	管径<0.8m，单项工程合同额<1000万元	含中水工程，本表中的管径为公称直径DN
6	城市排水	污水处理厂		日处理量≥5万t，单项工程合同额≥3000万元	日处理量3～5万t，单项工程合同额1000万～3000万元	日处理量<3万t，单项工程合同额<1000万元	含泵站
		排水管道工程		管径≥1.5m，单项工程合同额≥3000万元	管径0.8～1.5m，单项工程合同额1000万～3000万元	管径<0.8m，单项工程合同额<1000万元	含小型泵站，本表中的管径为公称直径DN

序号	工程类别	项目名称	单位	规模			备注
				大 型	中 型	小 型	
7	城市供气	燃气源工程		日产气量≥30万m³，单项工程合同额≥3000万元	日产气量10万~30万m³，单项工程合同额1000万~3000万元	日产气量<10万m³，单项工程合同额<1000万元	
		燃气管道工程		高压以上管道，单项工程合同额≥3000万元	次高压管道，单项工程合同额1000万~3000万元	中压以下管道，单项工程合同额<1000万元	
		储备厂（站）工程		设计压力>2.5MPa或总贮存容积>1000m³的液化石油气或>400m³的液化天然气贮罐厂（站）或供气规模>15万m³/d的燃气工程，单项合同额≥3000万元的工程	设计压力2.0~2.5MPa或总贮存容积500~1000m³的液化石油气或200~400m³的液化天然气贮罐厂（站）或供气规模5~15万m³/d的燃气工程，单项合同额1000万~3000万元的工程	设计压力<2.0MPa或总贮存容积<500的液化石油气或<200m³的液化天然气贮罐厂（站）或供气规模<5万m³/d的燃气工程，单项合同额<1000万元的工程	含调压站、混气站、气化站、压缩天然气站、汽车加气站等
8	城市供热	热源工程		产热量≥250t/h或供热面积>30万m²，单项工程合同额≥3000万元	产热量80~250t/h或供热面积10万~30万m²，单项工程合同额1000万~3000万元	产热量<80t/h或供热面积<10万m²，单项工程合同额<1000万元	
		管道工程		管径≥500mm，单项工程合同额≥3000万元	管径200~500mm，单项工程合同额1000万~3000万元	管径<200mm，单项工程合同额<1000万元	本表中的管径为公称直径DN
9	生活垃圾	填埋场工程		日处理量≥800t，单项工程合同额≥3000万元	日处理量400~800t，单项工程合同额1000万~3000万元	日处理量<400t，单项工程合同额<1000万元	填埋面积应折成处理量计
		焚烧厂工程		日处理量≥300t，单项工程合同额≥3000万元	日处理量100~300t，单项工程合同额1000万~3000万元	日处理量<100t，单项工程合同额<1000万元	

序号	工程类别	项目名称	单位	规模			备注
				大 型	中 型	小 型	
10	交通安全设施	交通安全防护工程		单项工程合同额≥500万元	单项工程合同额200万~500万元	单项工程合同额<200万元	含护栏、隔离带、防护墩
11	机电系统	机电设备安装工程		单项工程合同额≥1000万元	单项工程合同额500万~1000万元	单项工程合同额<500万元	
12	轻轨交通	路基工程		路基工程≥2km，单项工程合同额≥3000万元	路基工程1~2km，单项工程合同额1000万~3000万元	路基工程<1km，单项工程合同额<1000万元	不含轨道铺设
		桥涵工程		单跨跨度≥40m，单项工程合同额≥3000万元	单跨的跨度20~40m，单项工程合同额1000万~3000万元	单跨跨度<20m，单项工程合同额<1000万元	不含轨道铺设
13	城市园林	庭院工程		单项工程合同额≥500万元	单项工程合同额500万~1000万元	单项工程合同额<500万元	含厅阁、走廊、假山、草坪、广场、景观
		绿化工程		单项工程合同额≥500万元	单项工程合同额300万~500万元	单项工程合同额<300万元	绿化、景观

注册建造师执业工程规模标准（机电安装工程）

表 7-14

序号	工程类别	项目名称	单位	规模			备注
				大 型	中 型	小 型	
1	一般工业、民用、公用建设工程	机电安装工程	万元	>1500	200~1500	<200	单项工程造价
		通风空调工程	万m²	>2	1~2	<1	建筑面积
			万元	>1000	200~1000	<200	单位工程造价
			冷t	>800	300~800	<300	空调制冷量
		建筑智能化工程	万元	>500	200~500	<200	单项工程造价

226

序号	工程类别	项目名称	单位	大型	中型	小型	备注
1	一般工业、民用、公用建设工程	消防工程	万m²	>2	1~2	<1	含火灾报警及联动控制系统
		自动控制系统工程（有计算机集散系统）	台（套）	>30	10~30	<10	计算机或可编程控制器
		防腐保温工程	万元	>300	100~300	<100	单项工程造价
		非标设备制安工程	t	>300	100~300	<100	工程量
		管道安装工程	万元	>1000	300~1000	<300	单项工程造价
			m	直径≥150mm，且长度≥2000m	直径<150mm，且长度<2000m		工程量
				直径≥1.0m，且长度≥5000m供水管道	直径<1.0m，且长度<5000m供水管道		工程量
				≥10000	<10000		工程量
		变配电站工程		电压10~35kV，且容量>5000kVA	电压10~35kV，且容量5000~1600kVA	电压10kV，且容量<1600kVA	工程规模
		电气动力照明工程	万元	≥1000	200~1000	<200	单项工程造价
2	净化工程	电子、医院、制药、生物、食品光电、精密机械工程	万元	≥1000	<1000		单项工程造价
			级	≥4	<4		洁净等级
3	工业炉窑安装工程		t	≥500	100~500	<100	单位工程砌筑或浇注各种耐火材料实物量

续表

序号	工程类别	项目名称	单位	规模			备注
				大型	中型	小型	
4	动力安装工程	锅炉房		压力>2.5MPa，且蒸发量≥75t/h	压力1.6~2.5MPa，且蒸发量20~75t/h		锅炉房额定容量
		热水交换站工程	万元	≥500	200~500		单项工程造价
		氧气站	m³/h	≥6000	3000~6000	<3000	制氧量
		煤气站、制冷站等	万元	≥500	200~500	<200	单项工程造价
		一般起重设备安装	kN·m	≥1000	<1000		额定起重重量
5	起重设备安装工程	起重机（或龙门起重机）安装或拆卸	t	>100	50~100	<50	额定起重重量
		电梯安装及维修工程		速度>2.5m/s，且台数≥4	速度>2.5m/s，且台数<4；或速度1~2.5m/s	速度≤1m/s	电梯运行速度及电梯数量
		索道、游乐设施安装工程	万元	>500	200~500	<200	单项工程造价
6	电子工程	电子自动化、电子机房、电子设备工程	万元	>800	200~800	<200	单项工程造价
		噪声、有害气体、粉尘、工业污水、废料综合处理	万元	>1000	500~1000	<500	单项工程造价
7	环保工程	禽、畜粪厌氧沼气工程	m³	>400	200~400	<200	单池容积
		厌氧生化处理池工程	m³	>500	300~500	<300	单池容积
		烟气脱硫工程	燃煤锅炉蒸发量t/h	>35	20~35	<20	压力3.9MPa
		医疗污水处理工程		高于二级乙等	二级乙等~一级甲等	低于一级甲等	医院等级

228

序号	工程类别	项目名称	单位	规模			备注
				大型	中型	小型	
8	体育场馆工程	体育场地机电安装工程	万元	>1000	200~1000	<200	单项工程造价
		高尔夫球场设施安装工程	公顷	≥55	<55		单项工程占地面积
			万元	≥3200	<3200		投资额
		体育场田径场地设施安装工程	万人	≥5	<5		容纳人数
			万元	≥1000	<1000		投资额
		体育馆设施安装工程	人	≥5000	<5000		容纳人数
		网球、篮球、排球场地设施安装工程	m²	≥7000	<7000		场地合成面层
9	机械、汽车制造工业工程	机械设备安装工程	万元	≥3000	<3000		单项工程投资
			万元	≥1000	<1000		主体工程单项造价
		矿冶设备制造厂安装工程	万t	≥0.5	<0.5		年产量
		石油化工设备制造厂安装工程	万t	≥0.5	<0.5		年产量
		工程机械部件制造厂安装工程	万t	≥0.5	<0.5		年产量
		通用设备制造厂安装工程	万元	≥3000	<3000		投资额
		汽车生产线安装工程	万辆	≥5	<5		汽车年产量
			千辆	≥1	<1		重型汽车年产量
		拖拉机生产线安装工程	千台	≥5	<5		年产量
		柴油机生产线安装工程	万马力	≥30	<30		年产量

序号	工程类别	项目名称	单位	规模 大型	规模 中型	规模 小型	备注
10	轻纺工业建设工程	烟草制造、酿造、医药、饮料、手表、缝纫机、医疗器械、塑料制品工业等安装工程	万元	≥1000	500~1000	<500	单项工程造价
		化纤纺织设备安装工程	万元	≥1000	500~1000	<500	单项工程造价
		棉纺织设备安装工程	棉纺锭 万枚	≥5	<5		生产规模
		毛纺织设备安装工程	毛纺锭 万枚	≥0.5	<0.5		生产规模
		印染设备安装工程	亿 m	≥0.5	<0.5		年产量
		造纸设备安装工程	万 t	≥10	<10		年产量
		制糖设备安装工程	t	≥500	<500		日处理量
		制盐设备安装工程	万 t	≥20	<20		年产量
		啤酒设备安装工程	万 t	≥10	<10		年产量
11	森林工业工程	机电安装工程	万元	>2000	1000~2000	<1000	投资额
		机电安装工程	m³	>15	10~15	<10	年产量
12	其他相关专业工程	机电安装工程	万元	3000	3000		投资额
		机电安装工程	万元	>1000	500~1000		主体工程单项造价额

注册建造师执业工程规模标准（装饰装修工程） 表 7-15

序号	工程类别	项目名称	单位	规 模			备 注
				大 型	中 型	小型	
1	装饰装修工程	装饰装修工程	万元	≥1000	1000～100	<100	单项工程合同额
		幕墙工程		单体建筑幕墙高度≥60m，或面积≥6000m²	单体建筑幕墙高度<60m，且面积<6000m²		

7.3 案 例 分 析

【案例7-3-1】建设主管部门对不符合条件的施工企业撤回资质

××工程公司：

根据群众举报，××城乡建设委员会于某年5月30日，对你公司资质条件和市场行为进行了核查，发现你公司现有的"房屋建筑工程施工总承包二级、市政公用工程施工总承包三级、地基与基础工程专业承包三级和建筑装修装饰工程专业承包三级资质"不再符合建筑业企业资质相关标准要求。对此，我委于某年1月28日，向你公司下发了《责令改正通知书》，责令你公司于某年4月30日前完成整改。

整改期届满后，××区住房和城乡建设委员会于某年5月10日对你公司整改情况进行了复查，经查：（1）你公司提供一级临时注册建造师1人、二级临时注册建造师5人（标准要求二级以上注册建造师不少于12人）。（2）你公司提供有效的有职称的工程技术和经济管理人员51人（标准要求150人），其中，工程技术人员32人（标准要求100人），高级职称0人（标准要求2人），中级职称9人（标准要求20人）。

从上述情况来看，你公司现有人员条件不符合房屋建筑工程施工总承包二级、市政公用工程施工总承包三级、地基与基础工程专业承包三级以及建筑装修装饰工程专业承包三级资质标准，并且近2年没有开展经营活动。依据《建筑业企业资质管理规定》（建设部令第159号）第27条规定，我委决定撤回你公司以下资质：（1）主项房屋建筑工程施工总承包二级资质；（2）增项：市政公用工程施工总承包三级资质；（3）地基与基础工程专业承包三级资质；（4）建筑装修装饰工程专业承包三级资质。请你公司在某年6月25日前将上述资质证书交回我委，逾期不交回的，我委将公告上述资质证书作废。你公司可以按照《建筑业企业资质管理规定》的规定申请重新核定资质。

如对本决定不服，你公司可在收到本决定之日起60日内，依法向北京市人民政府或中华人民共和国住房和城乡建设部申请行政复议，也可在收到本决定之日起3个月内，依法直接向北京市海淀区人民法院提起行政诉讼。

××城乡建设委员会

××年六月十七日

【案例 7-3-2】装修"游击队"无资质导致装修合同无效

1. 事件背景

某年 9 月，老李将旅馆交给老姚施工装修，总价 37 万元，约定当年 10 月 10 日前完工。9 月底，因施工质量问题引起二楼大面积漏水，导致旅馆无法营业。为此老李诉至法庭，要求老姚按照每拖延一天赔偿经营损失 3.7 万元的标准，支付 10 天的违约金 37 万元。

老姚辩称，旅馆漏水时他派工人维修，老李却和工人发生纠纷，导致所有工人撤场。此外，他在这个工程中已花费 31 万余元，却只收到 12 万元工程款，为此向法院提起反诉，要求老李支付装修款 19 万余元。

2. 事件处理和分析

法院审理认为，涉及旅馆等较大面积的装饰、安装工程应由具有相应资质的企业施工，老姚的装修队并不具备相关资质，因此双方签订的合同无效。双方因该合同取得的财产应当返还，不能返还或没必要返还的，应折价补偿。法院最终判决，由老李向老姚支付 6.7 万余元，鉴于工程无法按时竣工给老李造成损失，老姚应赔偿损失 1 万元。

【案例 7-3-3】企业出借资质可能导致巨额经济损失

1. 事件背景

某年初刘××通过关系联系了××市的地下施工工程，之后他找到××工程局借用企业资质进行挂靠。同年 7 月，发包方与××工程局签订了工程价款为两亿六千万的建设工程施工合同。同年 10 月××工程局与刘××签订了挂靠协议书—"工程项目管理责任书"，××工程局按竣工结算总价的 2.5% 收取管理费，任命刘××为该项目的项目经理，同时向刘××出具了委托书，将工程项目的材料采购、机械设备的采购及租赁、劳务分包及专业分包全部委托给刘××的项目经理部，约定一切责任由刘××承担。此后，刘××使用该工程局的委托书、项目部的公章签署了多份分包合同，收取了巨额保证金，给该工程局造成了 1300 万的亏空，刘××携款去向不明，被公安局抓捕后，退还了 400 万，其余款项用于挥霍、行贿，给××工程局造成了一千多万元损失。此外，该工程局还要承担施工合同中的违约责任。可见，资质挂靠会给被挂靠单位造成巨大的经济损失。

2. 案例分析

挂靠是指没有施工资质的单位或个人，借用具有资质的企业承揽工程，并向该企业交纳管理费，实际上具有资质的企业对工程并不实际管理的行为。挂靠属于法律、法规、规章禁止的行为，被挂靠企业要承担相当大的法律风险，主要有：

(1) 施工合同内的违约风险

挂靠就是没有资质的实际施工人借用有资质的建筑施工企业名义，或者是低资质的建筑企业借用高资质企业的名义签订建设工程合同，进行施工的违法行为。虽然挂靠协议中约定施工合同风险及一切责任全由挂靠人承担，但是因为施工合同是以被挂靠企业的名义签订的，出借营业执照和企业资质的被挂靠企业是施工合同的承包方，因此，一旦挂靠人出现合同违约，被挂靠企业首先要向发包方承担违约责任。

一旦发包方得知工程不是承包人实际施工，而工程实际施工人没有资质，或者资质不符，可以立即主张以下权利：第一，请求法院按照实际施工人的资质取费，结算工程款；第二，如果实际施工人没有资质，发包方可以请求仅支付工程价款的直接费。第三，如果合同中约定了非法转包、违法分包的违约责任，发包方当然可以依约主张权利。

（2）实际施工人所拖欠人工费、材料款和机械设备租赁费等风险

对于挂靠的实际施工人，一般会允许他使用项目部公章，委托他作为项目负责人。因此，对于挂靠单位签订的分包合同、材料买卖合同、设备租赁租赁合同和用工合同，挂靠人和被挂靠人之间就构成了职务行为或者代理关系。法院一般就认定被挂靠单位的项目经理（挂靠人），就是被挂靠单位的工作人员，依据民法通则第 43 条规定，企业法人对它的法定代表人和其他工作人员的经营活动，承担民事责任。一旦挂靠企业与材料商、机械、设备出租商等形成债务关系，法院通常判决由被挂靠单位直接承担责任，之后被挂靠单位再依据挂靠协议的约定，追究挂靠人的责任。但是往往由于挂靠企业或个人没有经济能力，被挂靠企业经常是空拿一纸判决书，无法兑现。

（3）农民工欠薪、工伤争议等风险

社会劳动保障部 2004 年 22 号文《建设领域民工工资支付管理暂行办法》第七条规定："企业应将工资直接发放给农民工本人，严禁发放给包工头或其他不具备用工主体资格的组织和个人"。如果挂靠人因工程原因中途撤场，工人的工资没有落实，虽然挂靠协议明确约定工人工资及工伤事故均由挂靠人承担，但因违反劳动法律而归于无效，由于合同无效，被挂靠企业须承担责任，必须支付工人工资。如果发生重大工伤事故，包工头也会跑路，这时工伤赔偿也会由企业承担。

（4）安全事故的连带赔偿责任

由于挂靠协议是典型的无效合同，合同中约定的由挂靠人负责安全生产的约定也就无效，依据总包单位对施工现场负有管理责任的一般原则，被挂靠企业对于施工中出现的安全事故也不能脱离关系，要承担连带赔偿责任。

（5）面临行政处罚

如果挂靠纠纷诉讼到法院，挂靠协议中约定的挂靠费，依法应当罚没。建设行政主管部门还可以对出借资质的企业进行罚款，降低直至取消资质的行政处罚。

【案例 7-3-4】无资质人施工出安全事故"发包人"应承担连带责任

1. 事件背景

某年 2 月，张某受雇于付某且为李某建筑房屋，付某答应每天支付张某 50 元工资。在建筑房屋的过程中，张某在施工的三楼楼梯间绑扎钢筋时，连人带钢筋被大风从施工的三楼卷下地面，造成张某失血性休克、内脏损伤，抢救无效后死亡。张某在医院抢救期间，共产生医疗费 1 万余元，其中李某支付 5100 元，付某支付 2000 元，共计 7100 元。事后，张某的家人找到付某想讨个说法，可是付某在百般推脱下竟然躲了起来，而李某也以其建房工程已发包给付某为由，不愿承担相关赔偿责任。张某的家人起诉至法院，最终法院经审理认为本案中作为雇主的付某应承担赔偿责任，李某将其建房施工工程发包给既没有资质、也不具备安全生产条件的付某，是发生此事件悲剧的必然因素，李某应当与雇主付某承担连带赔偿责任。

2. 事件处理和分析

依照最高人民法院《关于审理人身损害赔偿案件适用法律若干问题的解释》第 11 条"雇员在从事雇佣活动中因安全生产事故遭受人身损害，发包人、分包人知道或者应当知道接受发包或者分包业务的雇主没有相应资质或者安全生产条件的，应当与雇主承担连带

赔偿责任"的规定，以及《中华人民共和国民法通则》第 106 条第 3 款、第 119 条等规定，付某作为雇主有不可推卸责任，而李某将工程发包给既没有资质且不具备安全生产条件的付某，应依法承担连带赔偿责任。

【案例 7-3-5】超越法定资质签订合同后又获批符合项目要求新资质的合同效力问题

1. 事件背景

某公司是一家经营已久的建筑企业，连续三年年检合格，按照相关规定可以申请晋升上一个资质等级，该公司依法办理了申请手续。审批期间，该公司以审批中的资质承包了一项施工业务，并且告知了发包方真实情况，对方没有提出意见。《施工合同》签订后，该公司就按照合同约定组织人员设备入场施工。不久该公司的申请得到批准，取得了新的资质等级。但在施工过程中该公司与发包方发生了纠纷，发包方认为超越资质签订的施工合同无效，要求停止施工，退出施工场地。发包方的主张是否有法律依据？

2. 事件处理和分析

我国施行建筑企业资质等级管理制度。建筑业企业应当按照其拥有的注册资本、净资产、专业技术人员、技术装备和已完成的建筑工程业绩等资质条件申请资质，经审查合格，取得相应等级的资质证书后，方可在其资质等级许可的范围内从事建筑活动。

《建筑法》第 26 条规定，承包建筑工程的单位应当持有依法取得的资质证书，并在其资质等级许可的业务范围内承揽工程；禁止建筑施工企业超越本企业资质等级许可的业务范围或者以任何形式用其他建筑施工企业的名义承揽工程。因此，建筑企业超越资质等级承包工程的，因违反了法律的强制性规定，而一般认定无效。

但该公司在承建相关工程项目时资质有特殊变化。《最高人民法院关于审理建设工程施工合同纠纷案件适用法律问题的解释》针对这些特殊情况作了具体规定，该《解释》第 5 条规定：承包人超越资质等级许可的业务范围签订建设工程施工合同，在建设工程竣工前取得相应资质等级，当事人请求按照无效合同处理的，不予支持。

该公司在施工过程中已取得相应的资质，合同的效力已经得到补正，因此发包方以超越资质签订合同为由，请求确认合同无效与前述法律规定相悖。